# DRANG NACH LEBEN

## ERINNERUNGEN

W0045235

**Editorische Anmerkung**

Die englische Fassung *Destined to live: one woman's war, life, loves remembered* wurde von Sabine Zaplin ins Deutsche übersetzt und von Ulrich Baumann und Uwe Neumärker überarbeitet. Tagebucheinträge und Briefe wurden von Barbara Kurowska (Stiftung Denkmal) aus den polnischen Originaldokumenten, das Vorwort des Australischen Premierministers Kevin Rudd von Adam Kerpel-Fronius (Stiftung Denkmal) und die Rede vom 10. Mai 2005 von Angela Drösser in die deutsche Sprache übertragen.

Die Stiftung Denkmal dankt *HarperCollinsPublishers Australia* für die freundliche Genehmigung dieser deutschsprachigen Ausgabe.

**Impressum**

Herausgegeben von Ulrich Baumann und Uwe Neumärker
Stiftung Denkmal für die ermordeten Juden Europas

1. Auflage 2010
V. i. S. d. P.: Uwe Neumärker
Korrektorat: Margret Kowalke-Paz
Umschlagabbildung: ©Sabina van der Linden-Wolanski (Borysław, 20. Januar 1943: Sabina Haberman [Mitte] und ihr Bruder Josef [1. v. r.] mit ihren Freunden Imek Eisenstein [2. v. r.], Ducek Egit [2. v. l.] und Rolek Harmelin [1. v. l.] mit Armbinden.)
Design, Satz und Litho: buschfeld.com – graphic and interface design, Berlin
Druck und Bindung: Druckerei Conrad GmbH, Berlin

Sämtliche Ergebnisse bzw. Informationen
beziehen sich auf den Stand vom 31. März 2010.
Alle Rechte vorbehalten.

ISBN: 978-3-942240-02-4

Die Deutsche Nationalbibliothek verzeichnet diese Publikation in der Deutschen Nationalbibliografie. Detaillierte bibliografische Daten sind im Internet über ›http://dnb.ddb.de‹ abrufbar.

www.stiftung-denkmal.de

Sabina van der Linden-Wolanski mit Diana Bagnall

# DRANG NACH LEBEN
## ERINNERUNGEN

Mit einem Geleit von Bundespräsident Prof. Dr. Horst Köhler
und einem Vorwort des Australischen Premierministers Kevin Rudd

Stiftung Denkmal für die ermordeten Juden Europas
Herausgegeben von Ulrich Baumann und Uwe Neumärker

Stiftung
Denkmal für die
ermordeten Juden
Europas

Meinen Eltern, Sala und Fischel Haberman,
in liebendem Gedenken gewidmet,
sowie meinem Bruder, Josek, und meinen Großeltern,
Chana und Joel Kulawicz.
Und meinen Kindern, Josephine und Phillip:
Ihr habt meinem Leben einen Sinn gegeben.

# INHALT

Abb. 1: Berlin, 10. Mai 2005: Bundespräsident Prof. Dr. Horst Köhler und Sabina nach dem Festakt zur Eröffnung des Denkmals für die ermordeten Juden Europas.

*Der Bundespräsident*                    Berlin, den 26. August 2009

Sehr geehrte Frau Wolanski,

mir ist gut die bewegende Stunde in Erinnerung, als im Mai 2005 das Denkmal für
die ermordeten Juden Europas feierlich eingeweiht wurde. Sie haben damals stell-
vertretend für alle Überlebenden der Shoah ein Grußwort gesprochen, das alle Zu-
hörer und auch mich tief berührt hat. Ihre Worte haben damals nicht nur das uner-
messliche Leid in Erinnerung gerufen – Sie haben auch zur Versöhnung aufgerufen. Ihr Grußwort selber war ein Ausdruck von Mut zur Vergebung und Versöhnung. Dafür bin ich Ihnen bis heute dankbar.

Jetzt erscheinen Ihre Erinnerungen in deutscher Übersetzung. Sie sind aus dem
gleichen Geist und aus der gleichen Gesinnung geschrieben wie Ihr Grußwort. Ich
wünsche Ihrem Buch Erfolg und aufmerksame Leser. Möge es ein Beitrag dazu
sein, dass das Schreckliche, von dem Sie schreiben, sich nie mehr wiederholt. Möge es gerade auch den nachwachsenden Generationen ihre Verantwortung für ein
friedliches und gerechtes Zusammenleben aller Menschen zeigen.

Mit freundlichen Grüßen

Ihr Horst Köhler

Abb. 2: Berlin, 7. Juli 2009: der Australische Premierminister Kevin Rudd am Denkmal.

**Vorwort zur deutschen Ausgabe**

Sabina Wolanskis unglaubliche Lebensgeschichte ist eine Quelle der Inspiration für uns alle. Sabinas Mut und Entschlossenheit, angesichts unvorstellbarer Greuel zu überleben, sind ein Beleg für die Kraft der Menschlichkeit – die Kraft, selbst die schlimmsten Widrigkeiten zu überwinden, aber auch die Kraft, zu versöhnen, zu lieben und Wunden zu heilen.

In ihrer tief ergreifenden Rede bei der Eröffnung des Denkmals für die ermordeten Juden Europas in Berlin sprach Sabina 2005 davon, dass der menschliche Geist rohe Gewalt letztendlich besiegt. Ich habe 2009 dasselbe Denkmal in Berlin besucht, und Sabinas Botschaft voller Mut und Hoffnung bleibt ungeschmälert. Es ist eine Mahnung an uns alle, dass wir Derartiges nie wieder zulassen dürfen.

Dennoch: In Sabinas Geschichte geht es um viel mehr als um das bloße Überleben. Sie handelt auch von ihrem Mut, ihr Leben – nach allem, was sie ertragen musste, – wieder aufzubauen. Sabina kam 1950 nach Australien – gleich vielen anderen Überlebenden, die in Europa entsetzliche Grausamkeiten hinter sich ließen, um an unseren Ufern ein neues Leben zu beginnen. Sabina lebte in Australien ein erfülltes, ergiebiges und abenteuerliches Leben, sie zog ihre Kinder auf und betrieb erfolgreich Geschäfte. Sie leistete einen großen Beitrag zur Lebhaftigkeit und zum Schwung unserer Nation.

Ich möchte Sabina anlässlich der Übersetzung ihres Buches ins Deutsche wärmstens beglückwünschen und ihr dafür danken, dass sie ihr Leben und ihre Erfahrungen mit uns teilt.

Kevin Rudd
Premierminister Australiens

## FOREWORD FOR 'DESTINED TO LIVE'

Sabina Wolanski's incredible story is an inspiration to us all. Faced with unimaginable horror, Sabina's courage and determination to survive is a testament to the power of humanity. The power to overcome the worst of adversity, but also the power to reconcile, to love and to heal.

In her profoundly moving speech at the opening of the Memorial to the Murdered Jews of Europe in Berlin in 2005, Sabina spoke about the ultimate triumph of the human spirit against brute force. I visited the same memorial in Berlin in 2009, and Sabina's message of bravery and hope remains undiminished. It is a reminder to us all that we must never let this happen again.

But Sabina's story is about more than just survival. It is also about her courage to rebuild her life after everything she had endured. Sabina came to Australia in 1950, like many survivors who left behind unspeakable atrocities in Europe to begin a new life on our shores. Sabina has lived a full, rich and adventurous life in Australia, raising a family and running successful businesses. She has made a great contribution to the vitality and vibrancy of our great nation.

I offer my warmest congratulations to Sabina on the German translation of her book, and I thank her for sharing her life and experiences with us.

The Honourable Kevin Rudd MP
Prime Minister of Australia

Weh denen, die nicht singen dürfen,
die sterben müssen mit ihrer Musik im Inneren begraben.
Lasst uns wertschätzen die Zeit, die uns bleibt,
lasst uns beschließen, sie gut zu nutzen,
jeden einzelnen Moment für wertvoll zu erachten –
die Gelegenheit, etwas Wahrheit zu erfassen,
etwas der Schönheit zu erfahren,
etwas vom Bösen zu besiegen,
etwas Leid zu lindern,
zu lieben und geliebt zu werden,
etwas von bleibendem Wert zu schaffen.

Sha´arei Teshuva – Tore der Reue

## PROLOG

Ich wuchs am Fuße der Karpaten auf. Ich hatte den Geruch von Öl in der Nase und träumte derweil von Paris. Meine Mutter war eine Romantikerin. Ihre überschwängliche Natur fand ihre einzige Erfüllung darin, das Großhandelsgeschäft, das meine Eltern besaßen, zu führen und für ihre Kinder zu sorgen. Wir lebten in Borysław, einer vom schweren Arbeitsleben geprägten Erdölstadt im östlichen Polen, und soweit ich weiß, ist meine Mutter nie über die Grenzen unseres Provinzkaffs hinausgekommen. Doch sie fand die Vorstellung völlig normal, dass ihre kecke kleine Tochter Binka eines Tages die französische Hauptstadt im Sturm erobern würde.

Ich kam nach Paris, und wie meine Mutter es vorhergesagt hatte, war es genau meine Stadt. Das war im Jahr 1948, und die Tore zur Welt hatten sich für mich gerade erst einen Spaltbreit geöffnet. Ich war jung und verliebt. Ich war berauscht von der Atmosphäre. Ich konnte Luft holen, ganz ohne Angst. Es war nicht der Geruch des Öls, den ich mir aus meiner Nase herausatmen wollte, als ich Polen verließ, sondern der lähmende Gestank von Angst und Tod. Doch selbst als ich voll Freude in einem Schwimmbad am Ufer der Seine ins Wasser eintauchte, gekleidet in die Sensation der Saison, den Bikini, hätte ich alles dafür gegeben, einfach nach Hause gehen zu können, zu Mama. Mama war tot, genau wie mein Bruder und mein Vater, gestorben wie überhaupt das Leben in Polen für mich. Hitlers ›Drittes Reich‹ hatte dafür gesorgt.

Im Lauf der Jahrzehnte kehrte ich von meiner neuen Heimat Australien aus viele, viele Male nach Paris zurück. Es ist immer noch meine Stadt. Wie merkwürdig mutet es an, wie surreal, dass nun, beim Rückblick am Ende meines Lebens, ausgerechnet Berlin und nicht Paris oder Sydney jene Stadt ist, der ich den Vorzug geben muss.

Meine Mutter hat mir nie viel von Berlin erzählt, obwohl Deutsch ihre zweite Sprache war und die deutsche Kultur ihr beinahe so vertraut wie unsere eigene polnische Kultur. Ihr Lieblingsbruder, Adolf, lebte zwischen den beiden Weltkriegen in Berlin. Ich erinnere mich daran, wie er nach Borysław kam, um sich von uns zu verabschieden, bevor er im Jahr 1936 nach Amerika emigrierte. Als meine Eltern soweit waren, ihm zu folgen, war es zu spät. Unsere Familie blieb in Borysław, und was dann folgte, war, wie man sagt, Geschichte.

Meine Mutter, mein Vater und mein Bruder wurden von Hitlers Bestien ermordet. Ich, Sabina, Tochter von Sala und Fischel Haberman, jüngere Schwester von Josek, überlebte. Mehr als das: Ich habe gelebt, gut gelebt. Und obwohl ich niemals Paris im Sturm eroberte, habe ich Berlin erobert. Ich eroberte es nicht als Pianistin oder Schriftstellerin, wie Mama und ich es erträumt hatten, sondern als Holocaustüberlebende. Es war nicht das, was ich erwartet habe. Als der Krieg vorüber war, wollte ich nur noch vergessen, dass ich jemals das jüdische Schicksal geteilt hatte. Wem ging es nicht so? Ich war am Judentum als Religion nie sonderlich interessiert, und selbst jetzt kann ich nicht mit Sicherheit sagen, was es bedeutet, Jüdin zu sein. Aber ich wurde als Kind jüdischer Eltern im Jahr 1927 in Polen geboren, darum war es mein Schicksal, als Heranwachsende mit den grausamsten Auswüchsen des Bösen in der Menschheitsgeschichte konfrontiert zu werden, und jetzt, da ich alt werde, verspüre ich das dringende Bedürfnis, daran zu erinnern, welche Rolle meine Familie und ich in jenem Kapitel der Geschichte spielten. Erinnerung ist schmerzvoll, jedoch nicht so schmerzvoll wie das Vergessen und das Vergessenwerden.

So kam es, dass ich am 10. Mai 2005 auf ein Podium trat, um zur Eröffnung des deutschen Denkmals für die ermordeten Juden Europas im Herzen Berlins zu sprechen. Nach langem Ringen hatten die Deutschen beschlossen, das Denkmal, ein offenes und dauerhaftes Bekenntnis zu ihrer Scham und Schuld, einen Steinwurf entfernt von jener Stelle zu errichten, an der Hitlers Bunker einst stand. Neben dem weiten, sanft gewellten Feld aus steinernen Stelen gibt es ein Informationszentrum, das die Geschichte des Holocaust dokumentiert, darin auch unsere Geschichte, die Geschichte der Habermans aus Borysław, zusammen mit den Geschichten von 14 weiteren Familien europäischer Juden.

Mama, stell' Dir das vor: Deine kleine Binka sprach für die sechs Millionen jüdischer Opfer der Nazis und für all jene, die planmäßige Folter und Gemetzel überlebten. Wenn Du mich an jenem Tag hättest sehen können ... liebenswürdig lächelnd, händeschüttelnd, plaudernd – auf Englisch mit dem deutschen Außenminister und dem israelischen Botschafter, auf Deutsch mit dem deutschen Kanzler und dem Bundestagspräsidenten – bevor ich Platz nahm in der ersten Reihe. Ich weiß nicht, ob Du es den zweiten Blick genannt hättest, aber während ich darauf wartete, mit meiner Rede an der Reihe zu sein, sah ich vor meinem inneren Auge, was in unserer Stadt während des Krieges geschah. Stell' Dir vor, Mama: Ich war in Berlin, in der Höhle des Löwen. Ich hatte keine Angst, nicht mehr. Ich war nervös, ja, und besorgt, aber nicht ängstlich. Ich wusste, warum ich hier war und wofür ich hergekommen war.

Auf dem Programm war ich unter dem Namen Sabina van der Linden verzeichnet, dem Namen jenes Mannes, den ich meinen dritten Ehemann nenne (aber diese Geschichte folgt später). Meine beiden erwachsenen Kinder, die den Namen meines zweiten Ehemanns, ihres Vaters, Wolanski, tragen, waren bei mir in Berlin, gemeinsam mit ihren Kindern, meinen Enkeln. Mein vierter Ehemann, ein liebenswürdiger Däne, dessen Namen ich nie angenommen habe, war ebenfalls dabei. Ich selbst wäre gern unter dem Namen Sabina Haberman aufgetreten, aber die Zeit dafür war lange vorüber. Während jener Jahre, in denen ich meine jüdische Identität versteckte, hieß ich Sabina Kulawicz; das war der Name meiner Großeltern mütterlicherseits. Ich klammerte mich viele Jahre lang an ihn, nachdem die Russen unsere Stadt befreit hatten. Noch Jahre später wollte ich nicht zugeben, Jüdin zu sein. Als ich in Berlin aufstand, um zu sprechen, tat ich dies als langjährige Repräsentantin der Kunst des Täuschens.

Ich begann meine Rede mit diesen Worten: »Diesen außergewöhnlichen Tag hätte ich mir nicht einmal in meinen kühnsten Träumen ausmalen können.« Was ich nicht sagte, war, dass die einzigen Träume, die ich jahrelang hatte, Albträume waren, und dass ich es mir zur Regel gemacht habe, die Vergangenheit ruhen zu lassen. Es gibt ein polnisches Sprichwort: ›Co było a nie jest nie pisze się w rejestr‹, was soviel bedeutet wie: Was mal war und nicht mehr ist, sollte man vergessen. Ich besitze die Gabe, in der Gegenwart zu leben, und ich bin äußerst dankbar dafür. Doch nun war die Zeit gekommen, um zurückzublicken.

Die Medien trugen meine Worte in alle Welt und hoben dabei hervor, dass ich sagte: Ich glaube nicht an Kollektivschuld. Ich borgte mir diese Gedanken von dem großen Schriftsteller und Nobelpreisträger Elie Wiesel: »Die Kinder der Mörder sind keine Mörder.« Seine Vorstellung, dass die Kinder der Mörder nicht die Schuld für die Verbrechen ihrer Eltern zu tragen hätten, aber verantwortlich dafür seien, wie sie mit der Erinnerung an diese Verbrechen umgingen, war für mich nicht nur eine vage Idee. Meine tiefe Freundschaft mit der Tochter eines SS-Offiziers über vier Jahrzehnte hinweg hat mir zu dieser Einsicht verholfen.

Als Kind habe ich immer geschrieben. Während des Krieges habe ich eine Reihe von Tagebüchern geführt – meist in billigen Notizheften, die wir für Schularbeiten benutzten. Wundersamerweise besitze ich immer noch einige dieser Tagebücher oder zumindest Fragmente von ihnen, ebenso wie kostbare Fotos meiner Familie und Briefe, die mein Bruder mir schrieb, während ich unter falscher Identität versteckt lebte. Bis heute weiß ich nicht, wie das möglich ist. Wenn irgendjemand diese Dokumente, die meine jüdische Identität belegten, gefunden hätte, so wäre ich fraglos auf der Stelle erschossen worden.

Lange Zeit konnte ich micht nicht überwinden, einen Blick in meine Tagebücher zu werfen. Doch seit ich mir selbst gestattet habe, darin zu lesen, erinnere ich mich, wie mein Bruder, ich und seine Freunde, die auch meine Freunde waren, wie wir sogar in jenem Augenblick, als unsere Welt immer auswegloser wurde, darüber sprachen, was wir tun würden, wenn wir überlebten. Wir wollten studieren. Wir machten Pläne für die Zukunft. Natürlich begriffen wir die Hoffnungslosigkeit unserer Situation, und dennoch versuchten wir, weiterhin so zu denken und uns wie ganz normale junge Menschen zu benehmen. Es macht mich ein wenig verlegen, wenn ich heute erneut einen Brief lese, den Josek mir im Mai 1943 schrieb, während ich bei einer christlichen Familie versteckt war. Er schrieb mir von den Fortschritten beim Graben eines Erdlochs, das er und seine Freunde heimlich vorbereiteten, und davon, was rings um uns geschah – von einer bevorstehenden ›Aktion‹ (noch heute versetzt mich dieses furchtbare Wort in Angst), von der näherrückenden russischen Front und von vier Gestapo-Offizieren, die in unserer Bezirkshauptstadt Lemberg getötet worden waren. Dann schrieb er: »Ich habe Handschuhe für Dich bestellt, und außerdem Kölnisch Wasser.« Inmitten all dieser Schrecken fragte ich nach Handschuhen und Kölnisch Wasser! Ich war unverbesserlich. Doch ich habe mich nicht verändert. Noch heute brauche ich einen gewissen Luxus.

Meine Mutter sagte einmal zu mir, dass ich, obgleich ich nicht im klassischen Sinne schön sei, dennoch ›Pfeffer und Salz‹ besäße. Ich verstand nicht, was sie meinte. Sie erklärte mir, eines Tages würde ich es herausfinden. Heute würde sie vermutlich sagen, ich hätte ›Sexappeal‹. Ich mochte es, mich mit Jungs zu treffen, und als erwachsene Frau habe ich die Gesellschaft von Männern stets genossen. Ich glaube, sie sprach von meiner ›Joie de vivre‹, die niemals vollständig ausgelöscht werden konnte – nicht einmal in jener fürchterlichen Nacht, als ich aus dem Versteck, das mein Bruder und seine Freunde gebaut hatten, herausgerissen und in eine dreckige Polizeizelle geworfen wurde, wo ich meine Hinrichtung am nächsten Morgen erwartete.

Meine langjährige Freundin Róża, deren kühle Intelligenz mich mein Leben lang magnetisch angezogen hat, ermahnte mich einst in scharfem Tonfall, ich hätte den Unterschied zwischen ›sein Leben leben‹ und ›eine gute Zeit haben‹ nicht verstanden. Ich habe versucht, beides zu tun. Auch meine Mutter war eine Frau voller Lebenslust. Sie wurde ermordet, während ich überlebte, um zu leben und um gut zu leben – so, wie sie es sich für mich erträumt hat.


## I. KINDHEIT

Borysław liegt eingebettet in die weichen Hügel der unteren Karpaten – inmitten wunderschöner großer Wälder, die einst als größter Schatz des Ortes galten (Borysław bedeutet wörtlich: ›berühmte Wälder‹). Soweit ich weiß, genießen die heute dort lebenden Ukrainer die Naturschönheiten der Region ebenso, wie wir es einst taten. Als Kinder verbrachten wir die Sommerferien in nahegelegenen Bergdörfern mit kühlen Wasserfällen, im Winter fuhren wir Ski über Pulverschneehänge in der Nähe (Borysław liegt 900 Meter über dem Meeresspiegel). Doch vom Ort selbst, so wie ich ihn kannte, ist nicht viel übrig außer seinen kilometerlangen Straßen. Die westliche Ukraine ist, trotz der großen Fruchtbarkeit ihres Bodens und ihres vielgepriesenen demokratischen Geistes, heutzutage eines der Armenhäuser Europas, und Borysław, einst Inbegriff der polnischen Ölindustrie, liegt danieder.

Im Jahr 1939 betrug die Bevölkerung Borysławs rund 45.000 Menschen. Ungefähr ein Drittel war jüdisch, Polen und Ukrainer hielten sich die Waage. Die Grenzen in dieser traumatisch belasteten Region Europas sind oftmals getilgt und neu gezogen worden – und alte Feindschaften haben tiefe Narben in ihrem Boden hinterlassen. Doch ich muss ehrlich sagen: Ich war mir vor Ausbruch des Krieges der brisanten ethnischen Mischung in unserem Ort und seiner Veranlagung für blutige Verletzungen nicht bewusst. Wäre ich älter gewesen, so wäre ich möglicherweise besser vorbereitet gewesen. Ich hätte vielleicht gewusst, dass am Ende des 18. Jahrhunderts, als die drei europäischen Großmächte Polen untereinander aufteilten, Borysław zu einem Teil Galiziens wurde. Galizien war ein österreichisch-ungarisches Kronland, das ethnisch ukrainische Orte im Osten und rein polnische Städte im Westen umfasste. Galizien besaß ein reichhaltiges jüdisches Erbe (bedeutende Städte wie Krakau, Przemyśl und Lemberg wurden im 14. Jahrhundert von Juden besiedelt), doch mit der Teilung begann der andauernde Konflikt zwischen den Volksgruppen. Am Ende des Ersten Weltkriegs lieferten sich in dieser Ecke Osteuropas die Rote Armee, ukrainische Nationalisten und polnische Truppen fürchterliche Schlachten, und Zehntausende Juden, die man im Kampfgebiet gefangennahm, wurden ermordet. Ein Vertrag aus dem Jahr 1921 – der ›Friede von Riga‹ – schlug den größten Teil der Ukraine der Sowjetunion zu, während der neugeschaffene polnische Staat die ukrainisch besiedelten Gebiete Ostgaliziens übernahm. Dadurch gingen die ukrainischen Nationalisten leer aus – eine tickende politische Zeitbombe, von der ich allerdings nichts wusste.

Zu meiner Verteidigung muss gesagt werden, dass ich jung war und was über meinen unmittelbaren Familien- und Freundeskreis hinausging nicht wahrnahm. Mir war bewusst, dass unsere Familie recht wohlhabend und mein Vater eine bekannte Persönlichkeit im Ort war. Er war Bankdirektor und Großhandelskaufmann, er vertrieb Mehl, Reis und Zucker. Meine Mutter arbeitete ebenso hart im Geschäft wie mein Vater, zur Unterstützung bei der Hausarbeit beschäftigten wir noch ein Dienstmädchen und später eine Köchin.

Natürlich wusste ich, dass wir Juden waren, aber vor dem Krieg war das für meine Identität kaum von Bedeutung. Wir waren nicht besonders religiös. Ich kann mich nicht daran erinnern, dass unsere Familie – abgesehen von den hohen Feiertagen – die Synagoge besuchte. Am Schabbat jedoch arbeiteten meine Eltern niemals. Das war der Brauch. Alle jüdischen Geschäfte in Borysław hatten am Schabbat geschlossen. In einer Kleinstadt kennt jeder jeden, und man tat gut daran, zumindest den Anschein zu wahren, selbst wenn man im strengen Sinne nicht gläubig war. Hätte beispielsweise eine Frau unkoscheres Fleisch gekauft, so hätte es innerhalb von fünf Minuten jeder gewusst, und religiöse Menschen hätten davon abgesehen, mit ihrem Ehemann Geschäfte zu machen. Ich vermute, meine Eltern haben einen koscheren Haushalt geführt – schon allein aus Rücksicht gegenüber den Eltern meiner Mutter, die sich an die Gebote hielten. Ich besitze eine Studiofotografie meiner Großeltern mütterlicherseits, die mir ein Cousin aus Argentinien schickte: Sie sind darauf in ihrer besten Schabbatkleidung zu sehen; sie trägt eine Perücke, so wie es der Brauch für orthodoxe jüdische Frauen verlangte; er eine ›Jarmulke‹, ein Samtkäppchen, als Kopfbedeckung. Für mich war der Samstag etwas Besonderes, weil ich es genossen habe, dass ich meine Mutter bei mir zu Hause hatte. Als ich noch sehr klein war und die Abfolge der Wochentage noch nicht gelernt hatte, fragte ich jeden Morgen nach dem Aufstehen: »Mama, ist heute Samstag?« Und sie antwortete: »Heute nicht, mein Liebling. Ich werde Dir Bescheid sagen, wenn der Samstag kommt.«

Als ich älter war, ging ich samstags zur Schule. Orthodoxe Juden dürfen am Schabbat nicht einmal schreiben, doch mein Bruder und ich besuchten staatliche polnische Schulen. Zu Hause sprachen wir Polnisch, die Sprache jener Dichtkunst, die ich am meisten schätze. Eine kurze Zeitlang, als ich zehn oder elf Jahre alt war, bekam ich Hebräischunterricht. Doch alles, was mir im Gedächtnis blieb, ist ein kleiner Reim, der übersetzt soviel bedeutet wie ›Bina, Bina, in die Ecke mit Dir‹. Ich habe niemals gelernt, jiddisch zu sprechen.

Wenn meine Eltern nicht wollten, dass mein Bruder und ich mitbekamen, worüber sie sich unterhielten, sprachen sie deutsch miteinander. Für meine Eltern wie für alle gebildeten Polen ihrer Generation, die unter dem Einfluss Wiens aufgewachsen waren, stellte die deutsche Kultur den Inbegriff von Zivilisation dar. Bei mir war es anders. Ich bin auf polnischem Gebiet geboren, in der Republik Polen. Ich war eine Patriotin. Ich erinnere mich noch gut an jenen Tag im Mai 1935, als unser polnischer Held, der Staatsmann Marschall Józef Piłsudski, starb. Ich trug eine schwarze Armbinde und stimmte in das Weinen meiner Landsleute ein.

Borysław war nicht irgendein polnischer Ort, es hatte seine eigene ›raison d'être‹. Seine Währung waren das Öl und dessen ›Derivate‹, Profit und Arbeit. Die Menschen kamen nach Borysław, um ihr Glück mit diesem schwarzen klebrigen Zeug zu machen, das aus dem Boden heraussickerte und auf dem Fluss Tyśmienica schwamm, der durch das Stadtzentrum floss. (Ich nenne ihn Fluss, obwohl er normalerweise nur 15 Zentimeter tief war.) Ich erinnere mich, gesehen zu haben, wie arme Menschen klebrigen, öligen Dreck in ihren Händen mit Sägemehl verkneteten. Mit diesen Klumpen gingen sie hausieren und boten sie als Brennstoff an. Das Öl drang aus allen Poren unserer kleinen Stadt.

Der Ansturm auf das Öl begann in den 1840-er Jahren zunächst harmlos mit der Entdeckung des Ozokerit, eines wachsähnlichen fossilen Paraffins. Zu Beginn hoben einfache Landbesitzer tiefe Gräben und Schächte mit den Händen aus und förderten das schmutzige Wachs mühevoll aus den Steinen hervor. Es wurde für die Herstellung von Kerzen und Seife genutzt. Doch von dieser Arbeit konnte niemand reich werden. Erst die Entdeckung des Rohöls und die weltweite unersättliche Gier danach verwandelten das einstige Bergdorf in eine geschäftige, dreckige, stetig wachsende Stadt. Mitte des 19. Jahrhunderts begann ein starker Zuzug nach Borysław. Einer der ersten Fördertürme der Welt wurde im Jahr 1861 in Borysław errichtet – auf Grundlage der Arbeiten von Ignacy Łukasiewicz, einem Pionier der Ölindustrie, nach dem die Straße benannt war, in der wir lebten. Als die Ölförderung mehr und mehr automatisiert worden war, kauften große Banken und ausländische Gesellschaften in Erwartung großer Gewinne Land auf.

Seine Ausdehnung machte Borysław zur drittgrößten Stadt Polens – nach Warschau und Lodz. Doch anders als diese war es nicht für die Ewigkeit gebaut. Es war eine schlampig errichtete Grenzstadt, deren hölzerne Gehwege und schlammigen Straßen berüchtigt waren. Wenn es regnete oder im Frühjahr der Schnee schmolz, liefen die Rinnsteine über, und ein öliger Schlamm überzog die Bürgersteige, verdreckte die Schuhe und erschwerte das Gehen.

Borysław war keine traditionelle mittelalterliche Stadt – mit einem Marktplatz samt Rathaus und einem Straßennetz, das sich vom Stadtzentrum her ausbreitete. Es besaß eine lange Hauptstraße, die südwärts in Richtung Berge führte und dabei die Tyśmienica überquerte, und eine weitere Straße, die die andere im rechten Winkel kreuzte. Im Stadtzentrum gab es eine Brücke, auf der junge Leute sich trafen und Männer am Geländer lehnten und auf Gelegenheitsjobs warteten.

Außenstehende verspotteten Borysław als Kaff. Es gab eine Redensart, die besagte, dass Menschen, die in Drohobycz lebten (die Nachbarstadt, etwa elf Kilometer entfernt und das Verwaltungszentrum der Region), ihr Geld in Borysław verdienten und es in Wien ausgäben – einmal in der Woche verkehrte ein Zug zwischen Borysław und Wien. Doch wir, die wir hier lebten, Kleinstadtmenschen wie meine Eltern und ihre Familien, die ebenfalls von den Ölgewinnen profitierten (wenn auch nicht so viel, dass sie in der Lage gewesen wären, zum Einkaufsbummel nach Wien zu fahren), liebten ihre Heimatstadt über alles. Sie besaß eine rauhe Schale mit einem weichen Kern. Als London noch immer von schummrigen Gaslaternen beleuchtet wurde, waren Borysławs Hunderte Ölfördertürme mit elektrischen Glühbirnen ausgestattet. Nachts funkelte unser kleiner Ort wie eine Stadt voller Wolkenkratzer.

1927, in meinem Geburtsjahr, hatten die rumänischen Ölfelder Polen in seiner Bedeutung als Europas wichtigstem Zentrum der Förderung, Produktion und Raffinerie bereits den Rang abgelaufen. Doch das Gebiet um Drohobycz und Borysław war für Polen immer noch lebenswichtig, lieferte es doch den größten Teil an Öl und Ölprodukten des Landes. Die deutschen Besatzer fanden hier wertvolle Beute – eine Stadt, die einem einzigen, speziellen Zweck diente. Aber nicht besonders genug, als dass die Nazis und ihre Kollaborateure dieser Stadt ihr jüdisches Herz nicht herausgerissen hätten. Sie taten es nur langsamer als anderswo, um das Öl so lange wie möglich in die Kriegsmaschinerie fließen zu lassen. Dann, bevor die Stadt als Kriegsbeute in die Hände der sowjetischen ›Befreier‹ fiel, schlugen sie alles nieder, was von ihrer Seele noch übrig geblieben war. Tadeusz Wróbel, ein Professor für Ingenieurwesen aus Warschau, der seinen Ruhestand der Chronik seiner Heimatstadt gewidmet hatte, die er 1945 verließ, gab seinem ersten Buch den Titel *Borysław hat sein Lachen verloren*.

Meine Kindheit war voller Lachen. Ich war das Nesthäkchen in der Familie, geboren drei Jahre nach meinem Bruder Josek. Ich war ziemlich verwöhnt. Außerdem war ich sehr übermütig und zog es vor, alles auf meine Art zu machen. »Nein, nein, nein, ich will das selber machen«, erklärte ich meiner Mutter bestimmt, wenn sie anbot, mir zu helfen. Es gibt ein wunderschönes polnisches Gedicht über ein kleines Mädchen namens Zosia, auf dessen Namen sich das Wort ›samosia‹ reimt, was soviel wie ›selber‹ bedeutet. Dieses kleine Mädchen war ebenso willensstark wie ich, der Dichter nennt sie ›Zosia, samosia‹ – und genauso nannte meine Mutter mich.

Meine Eltern stammten nicht aus Borysław, doch mein Vater, Fischel Haberman, war im nahegelegenen Drohobycz geboren worden. Sein jüngerer Bruder, Joshua, lebte in unserem Ort und führte dort ein kleines Feinkostgeschäft. Dieser Onkel war verheiratet und hatte einen Sohn, Benjamin (der ›Benio‹ gerufen wurde). Doch unsere Familien standen einander nicht sonderlich nahe, und ich wusste ansonsten nichts über die weitere Familie meines Vaters. Als Kind interessierte er mich nicht die Spur. Ich fand ihn streng und distanziert, obwohl ich im Nachhinein glaube, dass er ein typischer europäischer Mittelklassemann seiner Zeit war. Nach dem Mittagessen hatten wir Kinder leise zu sein, damit er schlafen konnte. Mir war er schon immer ziemlich alt vorgekommen, obwohl er das natürlich nicht war – er war 29, als ich geboren wurde. Ganz sicher habe ich ihn nie für gutaussehend gehalten. Ich weiß das, weil ich mich daran erinnere, dass ich den Vater meiner Freundin Ilka ausgesprochen gutaussehend fand. Ich glaube, dass mein Vater mich vergötterte und mich sogar meinem Bruder vorzog, der manchmal seine harte Hand zu spüren bekam. Wenn er auf Handelsreisen ging, brachte er mir oft kleine Geschenke mit und meinem Bruder nichts. Doch ich hatte nur Augen für Mama. Mama, deren weiche dunkelgraue Strickjacke ich immer nah bei mir trug, wenn sie selbst nicht in meiner Nähe sein konnte. Die Fasern dieser edlen Wolle rochen nach ihr – leicht blumig; ein Duft, wie auch ich ihn immer bevorzugt habe. Meine Mutter Sala und mein Bruder Josek waren meine Erde und mein Himmel.

Als ich geboren wurde, lebte unsere Familie in einem bescheidenen kleinen Haus neben der Polizeiwache von Borysław. Im Jahr 2006, als ich den Ort kurz besuchte, habe ich das Haus wiedergefunden. Es hatte sich nicht viel verändert dort. Roter Fingerhut und die letzten großen Sonnenblumen des Sommers standen noch in ihrer Blüte vor dem abblätternden rosafarbenen Putz der Mauern. Rings um den Hinterhof gab es einen Hühnerauslauf und einen Gemüsegarten, in dem Mais, Kartoffeln und Bohnen angepflanzt waren. Der Holzzaun, gegen den Mama, Josek und ich uns auf einer frühen Fotografie, die ich besitze, lehnen, steht immer noch da, oder zumindest ein ähnlicher Zaun. Ich bin vier oder fünf auf diesem Foto, und auf meinem Gesicht liegt ein freches Lachen. Im Hintergrund erkennt man unseren Freund und Nachbarn Jurek Staniszewski, der im gleichen Alter wie Josek war, wie er durch seine Hände und seinen kleinen Hut in unseren Garten lugt. Wir waren eng befreundet. Josek und ich feierten regelmäßig Weihnachten mit Jurek und seinen Eltern. Ich liebte Weihnachtsbäume, und ich liebte es, zur Mitternachtsmesse zu gehen, wenn man sehen konnte, wie der Schnee am nächtlichen Himmel tanzte – wunderschöne träge Flocken, und wenn man das knirschende Geräusch der eigenen Schritte im frischen Schnee hören konnte. Und natürlich liebte ich Geschenke. Die Staniszewskis hatten stets auch Geschenke für meinen Bruder und mich.

Jurek und seine Familie lebten im Obergeschoss der Polizeiwache. Wir Kinder spielten immer zusammen im Garten hinter der Wache, wo es eine Schaukel gab. Ich erinnere mich, dass wir spielten, wir wären auf einem Schiff. Josek und Jurek waren beide Kapitän und ich der Kabinensteward. Mit dieser Rolle war ich nicht besonders zufrieden. Warum konnte ich nicht auch Kapitän sein? Ich erinnere mich an ein anderes Spiel, vermutlich einige Jahre später, denn ich besaß bereits ein bisschen Taschengeld, und mein Bruder überredete mich, ihm mein Geld zu geben. Er erklärte mir, er würde es neben seinem eigenen Geld vergraben, sodass sein Geld und meines zusammen Kinder bekämen. Ich gab ihm mein Geld, und dann wartete ich und wartete und wartete. »Also, was ist jetzt?«, fragte ich ihn schließlich. »Wo sind die Kinder?« Er antwortete: »Ich weiß es nicht.« Ich schlug vor, hinzugehen und nachzusehen. Also gingen wir zu der Stelle, wo er das Geld vergraben hatte, doch dort war nichts. Kein Geld. »Und?«, fragte ich. Er zuckte die Achseln. »Vielleicht ist es gestorben.«

Vielleicht war es so. Wenn mein Bruder das sagte, war ich bereit, es zu glauben. Er war mein Gott. Alles, was er tat, wollte auch ich tun. Und normalerweise bekam ich, was ich wollte. Als ich beschloss, es sei an der Zeit, die Schule zu besuchen, weil meine Freundin Ilka, die gegenüber auf der anderen Straßenseite wohnte und ein Jahr älter war als ich, bereits zur Schule ging, quengelte ich so lange, bis meine Mutter nachgab und mit mir dorthin ging. Die Direktorin erklärte, ich sei noch zu jung für die Einschreibung, doch meine Mutter bat sie inständig, mir einen Platz in der Klasse zu geben. Also ging ich bereits ein ganzes Jahr lang zur Schule, bevor ich offiziell aufgenommen wurde. Ich war so glücklich, lernen zu dürfen.

Wenn ich auch eine kleine Plage war, so war ich doch ein sehr geliebtes Kind. Ich erinnere mich an die Besuche bei meinen Großeltern auf dem Land. Wir fuhren nicht oft zu ihnen, denn sie lebten einige Stunden Zugfahrt entfernt von uns im Westen, in Hureczko – einem netten Dörfchen nahe Przemyśl, einer Kaufmannsstadt am Fluss San. Meine Großeltern hielten Kühe und Pferde und beschäftigten einige Feldarbeiter. Zu Mittag aßen sie gemeinsam mit ihren Angestellten. Meine Großmutter Chana saß am einen Ende des langen Tisches, und ich saß auf Großvater Joels Knien am anderen Ende. Ich hielt mich für eine äußerst wichtige Person. Dabei kann ich mich nicht daran erinnern, ein Gespräch mit meinem Großvater geführt zu haben, doch ich weiß noch, wie fasziniert ich von seinen unglaublich blauen Augen war, die genauso aussahen wie die meiner Mutter. Mein ganzes Leben lang habe ich eine Schwäche für helle Augen wie die ihren besessen.

Meine Großeltern lebten in einer kleinen ländlichen Kate, die mit ihrem Strohdach, den weiß gestrichenen Fensterrahmen, verziert mit buntem Ton, einen gewissen rustikalen Charme besaß. Ich erinnere mich, dass sie, als sie elektrisches Licht bekamen, es als erstes im Stall für die Tiere installierten. Sie teilten das Haus mit ihrem ältesten Sohn, Bernard, und dessen Familie. Meine Großeltern bewohnten zwei Zimmer. Das eine Zimmer war die Küche, in der sie auch aßen, und das zweite das Schlafzimmer. Das Schlafzimmer liebte ich noch mehr als die kleinen Plätzchen, die Großmutter eigens für mich buk. In einem der beiden Betten schlief ich zusammen mit meiner Großmutter. Ich erinnere mich an wunderbare weiße gestärkte Kissenbezüge, die Kissen übereinandergestapelt vom größten bis zum kleinsten. In der Ecke stand ein traditioneller polnischer Kachelofen, und auf dem Boden lagen hübsche Teppiche. Die Zweige eines Apfelbaums streiften die Fensterscheibe. Unter dem Fenster stand ein riesiger Schrankkoffer, in dem meine Großmutter ihre Schätze aufbewahrte. Manchmal erlaubte sie mir, einen Blick hineinzuwerfen.

Wenn Großmutter uns in Borysław besuchte, brachte sie stets frische Eier und Butter mit, denn sie missbilligte die haltbare Butter, die meine Mutter kaufte. Doch im Herzen war meine Mutter ein Mädchen vom Lande geblieben. Sie besaß die wunderbare Gewohnheit, die teuerste Butter zu kaufen, sie auszupacken, in Wasser zu legen, Salz beizugeben und sie so zu lagern, wie sie es als Mädchen getan hatte. In mir aber war nichts von einem Landmädchen. Meine Mutter akzeptierte das, doch Großmutter konnte einfach nicht glauben, wen sie da vor sich hatte. Ich zeigte keinerlei Begabung fürs Reiten, und im Gegensatz zu meinem Bruder, der Landwirtschaft studieren wollte, besaß ich überhaupt kein Interesse an dem, was auf den Feldern oder im Garten wuchs. Ich erinnere mich, wie sie mich aus dem frischen Heu in der Scheune zog und mir erklärte, es sei gefährlich: denn würde ich auf diesem himmlischen Lager einschlafen, so könnte ich daran sterben, weil ich giftige Gase einatmete. Ich war ein Stadtfräulein, aufgewachsen in einer großen Wohnung mit fließendem Wasser (wenn auch nur kaltem), eleganten, maßgeschreinerten Möbeln und einem Dienstmädchen, das mein langes dickes Haar wusch und zu Zöpfen flocht und das mir die Stiefel schnürte. (Zu der Zeit, als ich fünf oder sechs Jahre alt war, florierte das Geschäft meiner Eltern. Sie hatten ein Gebäude in derselben Straße, etwas weiter unten, gekauft und führten ihr Geschäft im Erdgeschoss, während wir im Stockwerk darüber wohnten.) Ich besaß mein eigenes Kreditkonto in einem Café, in dem ich meine Freunde zu Heißer Schokolade und Kuchen einladen durfte. Ich besaß neue Kleider, die zweimal im Jahr eigens für mich von einer Frau angefertigt wurden, die zum Nähen ins Haus kam. Ich bekam Klavierunterricht. Ich hatte meine Bücher. Einer meiner Lieblingsschmökerplätze war im Hinterraum des Geschäfts auf einem dicken Sack voll Zucker oder Reis (Mehl wäre zu staubig gewesen), wo ich obenauf saß, mich gegen einen anderen Sack lehnte und die Füße baumeln ließ. Meine Mutter wusste stets, wo sie mich finden konnte.

Bevor ich in die Schule kam, brachte sie mir jene Lehren bei, die mich für mein Leben prägen sollten. Die erste besagte, dass Menschen, die wohlhabender als andere seien, die Verantwortung besäßen, mit jenen zu teilen, die weniger hätten. Jeden Freitag buk sie gemeinsam mit der Köchin große Körbe voll Brot, um sie am Schabbat an arme Juden zu verteilen, von denen es viele in Borysław gab. (Sie kannte die Taschendiebe rings um die Stadt gut genug, um an deren schlechtes Gewissen zu appellieren und sie dazu zu bringen, die Uhr unseres Dienstmädchens Kasia, die sie gestohlen hatten, zurückzubringen.) Selbst unter der Naziherrschaft, als wir Juden nicht als Menschen galten, beraubt all unseres Besitzes, dachte sie an andere, die weit hungriger waren als wir, und half ihnen.

Mein Bestreben war es, ebenso höflich und großzügig wie meine Mutter zu sein, doch ich war leider keinesfalls wie sie. Ich war ein selbstsüchtiges kleines Mädchen. Ich erinnere mich, wie ich ein neues Kleid bekam, ein nach der neuesten Mode reich verziertes Kleid, das ich überhaupt nicht mochte. In der Schule gab es ein Mädchen namens Klara, von dem ich wusste, dass sie arm war, und so sah ich eine ausgezeichnete Gelegenheit gekommen, meine Mutter zu beeindrucken. Ich beschloss, dieses Kleid Klara zu schenken. Ich verpackte es sorgfältig und brachte es ihr nach Hause. Sie war erstaunt. Ich sagte, ich hätte es ihr aus Rücksicht auf ihre Gefühle, die ich nicht verletzen wollte, nicht in der Schule gegeben, und dann erklärte ich ihr in einer Feinfühligkeit, von der ich annahm, dass meine Mutter sie von mir erwartet hätte, dass ich noch ein anderes Kleid besäße und darum angenommen hätte, dieses hier würde ihr vielleicht gefallen.

Kurze Zeit später ergab es sich, dass meine Mutter das Kleid suchte und, als sie es nicht finden konnte, mich fragte, wo es sei. »Ich habe es Klara geschenkt.«, sagte ich. »Sie besitzt kein schönes Kleid, darum dachte ich, ich schenke ihr dieses.«

Meine Mutter zögerte. Dann sagte sie: »Das ist wirklich sehr lieb von dir. Doch ein Kleid genügt nicht. Du solltest ihr noch ein Kleid schenken, damit sie eine kleine Auswahl besitzt.« Dann nahm sie aus dem Kleiderschrank mein Lieblingskleid. »Ich finde, Du solltest ihr dieses Kleid schenken«, sagte sie.

Ich wusste genau, was ich falsch gemacht hatte. Ich nahm das andere Kleid, mein Lieblingskleid, und schenkte es Klara. Nach Hause zurückgekehrt, habe ich Rotz und Wasser geheult. Als ich aufhörte, sagte meine Mutter: »Ich weiß, dass Dir das wehtut, aber wenn Du etwas verschenkst, so musst Du es von ganzem Herzen geben und nicht, weil Du es loswerden willst.« Dann sagte sie noch etwas, das ich niemals vergessen werde: »Was die rechte Hand gibt, muss die linke nicht wissen. Du solltest niemals darüber reden.«

Erst als ich meine eigenen Kinder aufzog, begriff ich, wie weit sie ihrer Zeit voraus war. Sie war immer gesprächsbereit, man konnte mit ihr über alles und nichts reden. Ihre fortschrittlichen Gedanken hätten beinahe dafür gesorgt, dass ich von der Schule verwiesen wurde, obwohl sie nicht dazu neigte, Streit zu suchen oder ein radikaler Mensch zu sein. Ich bekam früh meine Menstruation, und um mir verstehen zu helfen, was in meinem Körper vor sich ging, erlaubte sie mir, ihre Ausgabe von *Die vollkommene Ehe* zu lesen, ein Bestseller und seinerzeit kontrovers diskutiertes Sexualkundehandbuch, geschrieben von dem holländischen Gynäkologen Theodoor van den Velde. Ich las nur das Kapitel über Menstruation, so wie Mama mich angewiesen hatte, und danach ließ ich meine Schulfreundinnen an meinem neuerworbenen Wissen eifrig teilhaben. Bald verbreiteten sich Gerüchte – und meine Mutter wurde zum Schuldirektor bestellt, der wissen wollte, ob ihr bekannt sei, was ihre Tochter so lesen würde. Sie teilte ihm mit, dass sie mir das Buch gegeben hätte und den ganzen Wirbel darum nicht verstünde. Sie sei im Gegenteil stolz darauf, dass ich mit meinen Freundinnen über Sexualität spräche.

Mama vertraute mir, und indem sie das tat, brachte sie mir bei, dass Menschen genau dann gedeihen, wenn ihnen vertraut wird. Zum Beispiel fragte sie niemals nach, wie hoch meine Rechnung im Café gewesen sei. Es war mir nicht erlaubt, Eis zu essen, da ich oft Halsinfektionen bekam. Ich hätte mir so viel Eis bestellen können, wie ich gewollt hätte, doch ich habe es nie getan. Ich habe auch nie mehr ausgegeben als die Summe, von der ich wusste, dass sie mir für den Monat gestattet war, obwohl mein Kreditkonto keine festgelegte Grenze besaß. Als sie nicht mehr bei mir war, wusste ich intuitiv, was meine Mutter von mir erwartet hätte, in jeder gegebenen Situation. Sie hat meinen moralischen Kompass geeicht.

## II. DIE RUSSISCHE BESATZUNG

Das erste Mal hörte ich den Namen Hitler, glaube ich, im Jahr 1936. Damals kam Adolf Kulawicz, der Bruder meiner Mutter, der in Berlin lebte, um sich zu verabschieden. Er ging nach Amerika. Ich erinnere mich, dass die Erwachsenen auf Deutsch miteinander sprachen, darum wusste ich nicht, um was genau es ging, doch meine Mutter war ganz aus der Fassung gebracht und weinte. Ich dachte, das läge daran, weil Berlin so nah an Polen läge und dass mein Onkel und seine Familie wegen Hitler fortgingen, weil der in Berlin war. Doch ich war ein Kind und hatte vom wachsenden Judenhass unter den Deutschen während der chaotischen Zustände in der Zeit nach dem Ersten Weltkrieg keine Ahnung.

Über die Hälfte der deutsch-jüdischen Bevölkerung (rund 280.000 Menschen) floh zwischen 1933 und 1939 vor der Verfolgung durch die Nazis. Hauptsächlich emigrierten sie in die Vereinigten Staaten, nach Palästina und in andere europäische Länder (wo viele von ihnen später, nach der deutschen Eroberung, in der Falle saßen), nach Lateinamerika und in die ›offene‹ Stadt Shanghai, wo keinerlei Visa oder andere Einreisedokumente erforderlich waren.

Die Presseagenturen waren noch nicht so effizient wie heutzutage, doch in den Jahren nach 1933, als Hitler an die Macht kam, drangen Geschichten über sein Regime auch nach Borysław und schürten unsere Kriegsangst. Die Tragik lag jedoch darin, dass niemand diese Geschichten ernst nahm. Oder genügend daran glaubte. Später habe ich erfahren, dass in unserem Ort die Menschen Kleidung und Geld sammelten für die Zigtausend jüdischer Flüchtlinge, die gegen Ende des Jahres 1938 an der polnisch-deutschen Grenze Schikanen und Hunger ausgesetzt gewesen waren. (Am 28. Oktober wies Deutschland 17.000 Juden polnischer Staatsangehörigkeit aus. Die polnische Polizei verweigerte ihnen die Einreise, und Deutschland lehnte es ab, ihnen die Rückkehr zu gewähren, und überließ einen Großteil seinem Schicksal in behelfsmäßig errichteten Lagern bei Bentschen, an der damaligen deutsch-polnischen Grenze, im sogenannten Korridor.) Doch im Allgemeinen war es bequemer, diese Geschichten, eben weil sie so fürchterlich waren, zu verdrängen und weiterzuleben wie gewohnt.

Ich war jung, und darum erinnere ich mich nicht an allzu viel aus dieser Zeit. Ich wusste zum Beispiel nicht, dass im Juli 1938, wenige Monate vor diesem Flüchtlingsdebakel, auf Bitte der Vereinigten Staaten Vertreter von dreißig Regierungen im französischen Kurort Evian zusammengekommen waren, um Zufluchtsorte für die vielen Tausend Juden, die im erweiterten Reichsgebiet in der Falle saßen, zu diskutieren. So gut wie keine dieser Regierungen war trotz Sympathiebekundungen bereit, den verurteilten Juden Europas ihre Türen zu öffnen. Der australische Delegierte, ein Colonel T. W. White, war in seiner Einschätzung der Situation besonders deutlich:»... da wir kein echtes Rasseproblem besitzen, haben wir auch nicht den Wunsch, eines zu importieren.« Beschämende Worte, die die Australier noch viele Male zu bedauern hatten. Sie standen zu dieser Zeit jedoch genau für das Gründungsprinzip der ›rassischen Reinheit‹ (die sogenannte Weiße Australische Politik) meiner späteren Wahlheimat. Zugleich zeigen seine Worte jedoch, wie sehr das Land damals ausblendete, dass durch den Umgang der Mehrheit mit den australischen Ureinwohnern ohnehin längst ein Mißstand eingetreten war, den die Zeitgenossen gewöhnlich ›Rasseproblem‹ nannten.

Doch während Europa auf die Katastrophe zuraste, hatte ich gerade mit einer eigenen kleinen Krise zu tun. Die wenigen Überbleibsel meines Tagebuchs aus der Zeit vor 1939 sind hoffnungslos unschuldig. Zum Beispiel schreibe ich darüber, mit welchen meiner Freunde ich kein Wort mehr wechsele und wie ich meinem Vater zum Trotz an einem sehr windigen Wintertag zur Schule ging, obwohl er gesagt hatte, ich sollte zu Hause bleiben.

Meine Naivität fand im August 1939 ein abruptes Ende, kurz nachdem ich im Fluss von Rybnik schwimmen gelernt hatte. Ich war zwölf.

Rybnik ist ein Dorf am Fuße der Karpaten, wohin Familien aus Borysław und Drohobycz Jahr für Jahr mit ihren Kindern in die Sommerfrische fuhren, meine eigene Familie eingeschlossen. An dem Tag in jenem letzten normalen Sommer meiner Kindheit, als ich schwimmen lernte, spielte ich mit Kindern meines Alters am Fluss. Ich war mir der Tatsache nicht bewusst, dass ich die Aufmerksamkeit eines älteren Mädchens auf mich gelenkt hatte, Róża. Sie war schon 19, und darum kannte ich sie nicht aus der Schule. (Ich habe sie erst einige Jahre später näher kennengelernt, als ihr Cousin, Imek, und ich einander sehr nahestanden.) Doch ich entsinne mich jenes Vorfalls, den sie in einer kurzen Zusammenfassung ihrer Erinnerungen beschreibt, die sie mir zuschickte, nachdem ich sie um ihre Hilfe bei diesem Buch gebeten hatte. Offensichtlich hatte ich sie fasziniert.

»Ich kannte die üblichen Sommergäste. Aber dieses hübsche, langbeinige Mädchen mit exotischen Augen hatte ich noch nie zuvor gesehen. Wenn sie nur hübsch gewesen wäre, hätte ich sie einmal zum Vergnügen angeschaut und mich danach nicht mehr für sie interessiert. Doch ihr Verhalten hat mich gefesselt. Natürlich wollte sie wie jedes Kind Interesse für sich wecken. Aber sie war weder schmeichelnd, noch war sie aufdringlich. Erwachsenen gegenüber verhielt sie sich wie ihresgleichen, und sie wiesen sie nicht ab. Was war so besonders an diesem Kind? Sie hatte eine leichtlebige und natürliche Art, als sei ihr noch nie in den Sinn gekommen, jemand könnte sie ablehnen.

Plötzlich merkte ich, dass sie das Interesse an den Menschen am Strand verloren hatte und stattdessen mit unersättlicher Neugier diejenigen im Wasser beobachtete, die sich darin auf eine ihr unvertraute Art und Weise bewegten. Ich wurde unruhig. Ich ahnte, was gleich passieren würde, und ich konnte nicht schwimmen und würde sie nicht retten können, wenn sie ertrank.

Zum Glück kümmerte sich ein älterer Junge um sie. Vielleicht ihr Bruder.

Zwei Tage später kam ich wieder an den Fluss. Ich habe sie nicht entdeckt. Der überfüllte Strand erschien mir plötzlich leer. Während der Mittagszeit verließen die Sommergäste das Wasser und den Strand. Da entdeckte ich meine Unbekannte: Sie schwamm. Ihre Bewegungen in dieser neuen Umwelt waren ungezwungen, vielleicht konnte sie sich auch hier nicht vorstellen, das Wasser könne ihr Schaden zufügen. [...] Ende August 1939 war die Atmosphäre so angespannt, dass die Sommergäste ihren Aufenthalt in Rybnik abkürzten und eilig nach Hause zurückkehrten.

Ich verlor das Mädchen aus den Augen; ich wusste nicht einmal, ob sie aus Borysław stammte.«

Es war nicht mein Bruder, der mich aus der Strömung zog. Eine Gruppe Jungs, das polnische Äquivalent zu den Pfadfindern, schwamm im Fluss, und ihr Anführer zog mich zurück ans Ufer. Er fragte mich, ob ich schwimmen lernen wollte. Ich bejahte, und darum sah Róża mich ein paar Tage später schon wie einen Fisch im Wasser. Ich bin schnell im Lernen. Die einfachen Freuden meiner Kindheit, einschließlich meiner gerade erst entdeckten Begeisterung fürs Schwimmen, verschwanden, als Deutschland am 1. September 1939 in Polen einfiel und der Zweite Weltkrieg begann.

Nach Luftangriffen und Bombardements erreichte die deutsche Armee am 18. September 1939 Borysław. Ich erinnere mich, wie ausgesprochen gut gekleidete Soldaten auf gewaltigen Motorrädern in den Ort fuhren. Sie blieben nicht lange, und die einzige spürbare Veränderung während dieser ersten kurzen deutschen Besatzung war, dass wir nicht, wie es hätte sein müssen, nach den Ferien wieder zur Schule gingen. Am 28. September teilten die Nazis und die Sowjets Polen auf, so wie es die Bedingungen des Nichtangriffspaktes zwischen ihnen vorsahen, den der deutsche Außenminister Joachim von Ribbentrop und sein sowjetischer Amtskollege Wjatscheslaw Molotow am 23. August unterzeichnet hatten. Die Deutschen traten den Rückzug aus unserem Ort an, und wir in Borysław befanden uns unter sowjetischer Besatzung. Doch wir hatten von den Nazis schon genug gesehen und gehört, um Angst zu haben. Der Generalgouverneur für das besetzte Polen, Hans Frank, sagte in einer Rede am 25. November 1939 vor Distrikthauptleuten in der zentralpolnischen Stadt Radom: »Bei den Juden nicht viel Federlesens. Eine Freude, endlich einmal die jüdische Rasse körperlich angehen zu können. Je mehr sterben, umso besser; ihn [den Juden] zu treffen, ist ein Sieg unseres Reiches.« Ich hörte erst später von diesen Dingen, doch ich nahm wahr, dass viele Polen aus dem deutsch besetzten Westen und aus den zentralen Gebieten Polens flohen. Nesia, die Schwester meiner Mutter, war darunter mit ihrem Mann und ihrer Tochter, Sala. Sie flüchteten aus ihrem Zuhause in der wohlhabenden Stadt Kattowitz, etwa siebzig Kilometer westlich von Krakau, und kamen nach Borysław, um bei uns zu wohnen. Kattowitz wurde gleich am ersten Tag des Kriegs schwer bombardiert, und am 4. September brannten die Nazis die Große Synagoge der Stadt nieder. Der britische Historiker Martin Gilbert schreibt in seinem *Atlas des Holocaust*, dass nach der Aufteilung Polens bis zur Schließung der Grenzen zwischen den ›Interessensphären‹ zwei Monate später mehr als eine Viertelmillion Juden von der deutschen auf die sowjetische Seite floh.

Als die Sowjets im späten September 1939 Borysław erreichten, übernahmen sie – eigentlich überflüssig, zu sagen – die Kontrolle über die Ölindustrie und begannen damit, so etwas wie einen normalen Alltag zu organisieren. Das Kraftwerk und die Gaswerke wurden wieder in Gang gesetzt, die Arbeiter zurückgerufen, um Rohöl zu fördern, – und schließlich, mit einigen Tagen Verzögerung, gingen auch wir wieder zur Schule.

In dem Jahr kam ich auf das Gymnasium. Es war ein hübsches zweigeschossiges Gebäude, das im Jahr 1911 gebaut worden war, als der Wohlstand im Ort seinen Höhepunkt erreicht hatte. Es steht noch immer, sieht beinahe noch genauso aus, fast hundert Jahre später. Ich erinnere mich genau an den Tag, als ich aufgenommen wurde. Der Beamte, der meinen Namen eintrug, fragte mich aus. »Haberman. Bist du eine Schwester von Josek?« Ich bejahte. »Bist Du denn ebenso gut wie Josek?«, fuhr er fort. (Josek war klug, ein ausgezeichneter Mathematik-, Naturwissenschafts- und Sprachschüler.) Ich versicherte ihm, ich sei noch viel besser, obwohl ich in Mathematik und Naturwissenschaften eigentlich ein hoffnungsloser Fall war. Doch ich liebte Sprachen und Geschichte, liebe sie bis heute.

Die Russen warfen den polnischen Lehrplan über Bord und führten ihren eigenen ein. In Geschichte wurde uns beigebracht, alles, was wir bisher gelernt hätten, sei falsch gewesen. Damals begriff ich, dass die Geschichte dem gehört, der den Krieg gewinnt. Und ich begann, den Wahrheitsgehalt von Geschichte in Frage zu stellen.

Wir konnten wählen, ob wir als Unterrichtssprache Polnisch oder Russisch wollten, doch die russische Sprache mussten wir in jedem Fall lernen und auch die sowjetische Verfassung. Meine Freundin Rita Harmelin, die nach dem Krieg ebenfalls nach Sydney auswanderte, sagt, dass die Schule mit dem Eintreffen der Russen besser geworden sei. Rita ist ein wenig älter als ich und ging damals schon länger auf das Gymnasium. Sie weiß noch von einigen antisemitisch eingestellten Lehrern, die jüdische Schüler schikanierten, ehe die Russen kamen, doch unter den Sowjets waren solche Diskriminierungen illegal. Ich kann mich jedoch an eine Lehrerin namens ›Pani Borkowa‹ erinnern, die ein wunderbares Polnisch sprach und verärgert darüber war, dass ausgerechnet ihre besten Schüler jüdisch und nicht polnisch waren. Davon abgesehen, zählte ich zu ihren Lieblingsschülern.

Wir gingen also wieder zur Schule, und die Deutschen waren fort. Doch nur kurze Zeit später, ich kann mich nicht an den genauen Zeitpunkt erinnern, erhielten wir den ersten Hinweis darauf, wie der Krieg unser Leben verändern würde. Mein Vater wurde verhaftet und zur Polizeiwache nach Drohobycz gebracht. Anschließend bekamen wir Besuch vom NKWD, dem in Stalins Sowjetunion gefürchteten Geheimdienst und Vorläufer des KGB. Sie fragten nach meinen Eltern. Meine Tante Nesia antwortete, sie seien fort (ich glaube, meine Mutter war wohl in Drohobycz, um zu versuchen, Vaters Freilassung zu erwirken). Sie wiesen uns an, unverzüglich Kontakt zu ihnen aufzunehmen, denn sie hätten Anweisung, dass unser Haus innerhalb von 48 Stunden zu räumen sei. Meine Tante flehte sie an, sie mögen uns noch einen weiteren Tag geben, und mein Onkel schickte meiner Mutter ein Telegramm. Sie kam am nächsten Tag heim. Die Sowjets drängten uns aus dem Haus, um es ihren Verwaltungsangestellten, die der Armee nachfolgten, als Unterkunft zur Verfügung zu stellen. Doch unserer Familie gaben sie keinen anderen Platz zum Leben. Wir durften nicht viel mitnehmen, doch ich erinnere mich, wie ich in Eile zusammenpackte, während mein Hirn sich abmühte, den Schock und das Nichtverstehen zu verarbeiten. Warum nahm mir jemand mein Zuhause weg? Was hatten wir verbrochen?

Unter den Fragmenten meines Tagebuchs findet sich ein Eintrag, in dem ich unsere Zwangsräumung beschreibe.

»Sie kamen am Freitag, und wir fingen an, unsere Sachen zu packen. Gott, wie es bei uns aussah am Freitag. Man hat uns zwei Kleiderschränke, eine Kommode, zwei Nachtkästen, das Sofa, sechs Sessel, die Vorhänge und alle Lampen weggenommen, und für so viele Personen haben sie nur zwei Betten und eine Ottomane zurückgelassen. Die Kleider und die Bettwäsche aus den Schränken haben sie auf den Tisch geworfen, die Betten stehen nun im Esszimmer. [...] Am Samstag, den 20sten, habe ich bei meiner Cousine geschlafen, am Sonntag und Montag auch. Wir sind aus unserer Wohnung bereits ausgezogen. Frau Begleiter hat uns zwischenzeitlich ein Zimmer zur Verfügung gestellt. Dort wohnen wir. Wie soll es weitergehen? Das weiß einzig und allein Gott.«

Unser Verbrechen bestand darin, ›bourgeoise Kapitalisten‹ zu sein.

Mein Vater war Bankier, meine Eltern besaßen ihr eigenes Geschäft und etwas Grundbesitz. Sowohl das Geschäft als auch unser Haus wurden beschlagnahmt. In der Schule wurde uns beigebracht, dass Kapitalisten Menschen seien, die zu viel von allem besäßen. Eine Zeitlang hatte ich ein Identitätsdokument, in dem ich als ›Tochter von Kapitalisten‹ oder irgendetwas in diesem Sinne verzeichnet war. Ich fand das ungerecht. Wir hatten reichlich von allem, aber ich wusste, dass meine Eltern für unseren Besitz sehr hart gearbeitet haben. Und ich wusste, dass meine Mutter ein guter Mensch war.

Irgendwie war es meiner Mutter gelungen, dafür zu sorgen, dass mein Vater freigelassen wurde – allerdings unter der Bedingung, dass es ihm untersagt war, in Borysław zu leben oder zu arbeiten. Angesichts der Sachlage war das ein gutes Ergebnis. Andere Menschen wurden samt ihren Familien nach Sibirien deportiert. Im Nachhinein wünschte ich mir jedoch, man hätte uns auch dorthin verfrachtet, dann wäre meine Familie vielleicht am Leben geblieben.

Mein Vater fand Arbeit als Kellner in einem Badeort namens Truskawiec, etwa acht Kilometer östlich von Borysław in den Bergen. Truskawiec war berühmt für ein übelriechendes schwärzliches Mineralwasser mit dem Namen *Naftusia*, das aus ›Nafta‹, also Öl, gewonnen wurde. Die Menschen badeten darin, um ihre Gebrechen zu kurieren, und sie tranken es auch. Während der Zeit, als mein Vater dort arbeitete, besaß der Ort eine gewisse verblassende Eleganz, doch heutzutage ist es ein ordinärer, zu schnell gewachsener ukrainischer Ferienort, der vor allem von Ukrainern, Russen und Polen besucht wird.

Als mein Vater wieder Arbeit hatte, wurde seiner Familie eine Unterkunft in einem sehr armen Teil von Borysław namens Łoziny zur Verfügung gestellt. Wir hatten ein Zimmer und eine Küche. Für die Schwester meiner Mutter und deren Familie reichte der Platz nicht aus, darum zogen sie zu meinen Großeltern nach Hureczko. Ich habe sie nie wieder gesehen. Auch unser Dienstmädchen Kasia verließ uns. Ich musste lernen, meine Stiefel selbst zu schnüren. Meine Mutter übernahm es, mein langes, dickes Haar zu waschen und zu flechten. Sie war nun, weil es das Geschäft nicht mehr gab, jeden Tag zu Hause, was ich sehr genoss. Wir haben zwar unser Haus verloren, aber ich hatte immer noch meine Mutter und meinen Bruder bei mir.

Während mein Vater in Truskawiec weilte, vermisste ich ihn nicht. Ich hatte ihm ohnehin nicht viel zu sagen. In meinen Kinderaugen war er ein distanzierter, kalter Mann, während meine Mutter liebevoll, gesellig, humorvoll und unsere Vertraute war. Ich fand, sie passten gar nicht zusammen. Sie stritten oft, und mein Bruder und ich träumten davon, Mutter aus Vaters Tyrannei zu befreien, sobald wir groß genug dafür wären. Doch mein Vater veränderte sich, nachdem die Sowjets ihn seines Geschäfts und seines sozialen Status' beraubt hatten. In gewissem Sinne haben sie ihn zerbrochen; fortan hielt meine Mutter die Familie zusammen.

Ich habe einen Brief, den meine Mutter am 26. März 1940 an ihre Brüder schrieb (zu diesem Zeitpunkt lebten drei ihrer Brüder in den Vereinigten Staaten). Sie teilt ihnen mit, dass sie beim US-Konsulat in Warschau einen Antrag eingereicht habe, doch dass die Wartezeit mehrere Jahre betrage. Sie berichtet von Menschen, die sie kennt und die fortgegangen seien, und sie fügt hinzu, sie hoffe, dass mein Vater möglichst vor ihr ausreisen könne. »Ich kann aushalten!«, schreibt sie auf Deutsch. Sie wusste, dass sie der Stärkere von beiden war. Doch bis zum Juni 1940 hatte der amerikanische Kongress die Tür vor allen Einwanderern aus Europa geschlossen. Jetzt mussten wir alle ›aushalten‹.

Josek und ich jedoch erlagen, kaum war die Angst vor einer Deportation nach Sibirien vorüber, einem falschen Gefühl von Sicherheit. Der Krieg war weit weg – jenseits dessen, was uns unmittelbar interessierte. Wir gingen nach wie vor zur Schule, trafen dieselben Freunde, gingen Skifahren. Mit unseren neuen Nachbarn hatten wir nicht viel zu tun, doch wir passten uns rasch den ärmeren Verhältnissen an. Ich habe die russische Besatzung nicht als unglückliche Zeit im Gedächtnis.

Erst am 22. Juni 1941, als Hitler in der Absicht, seine Vision der Herrschaft über das ›slawische‹ Europa Wirklichkeit werden zu lassen, den Molotow-Ribbentrop-Pakt aufkündigte und seine lange geplante Invasion in die Sowjetunion in die Tat umsetzte, – erst da begann auch für uns der Krieg.

Als im Sommer 1941 das Schuljahr vorüber war, reiste niemand mit seinen Kindern nach Rybnik in die Ferien. Sorge und Verwirrung lagen in der Luft – ein Gefühl, dass unserem Leben massive Veränderungen bevorstanden. Wie viele andere verlor mein Vater seine Arbeit, als die Russen ihren Rückzug antraten, und er kehrte zu uns nach Borysław zurück. Am 1. Juli marschierte die deutsche Wehrmacht erneut in Borysław ein. Schon einen Tag später ließen die Besatzer die Einheimischen gewähren, ihre jüdischen Nachbarn in einem 48-stündigen Pogrom zu ermorden.


## III. POGROM

In den zurückliegenden Jahren habe ich versucht, die Reihenfolge und das Ausmaß dessen, was geschah, nachdem die Nazis unsere Stadt erreichten, für mich selbst zusammenzufügen; habe versucht, eine Zeittafel mit den Daten der Pogrome, der Massenerschießungen und der Deportationen in die Todeslager zu erstellen, habe versucht, zu ermitteln, wie viele Menschen ermordet wurden, wo und auf welche Weise. Ich habe mir Notizen gemacht, wenn Borysław in historischen Berichten erwähnt wurde oder andere Städte in jenem Teil Polens, aus dem ich stamme. Ich bin den Querverweisen in den Erinnerungen Überlebender gefolgt, selbst kleinsten ›Schnipseln‹ – wo immer ich darauf stieß, in gedruckter Form, im Internet oder in Briefen. Und dann gibt es noch meine eigene papierne Spur – Tagebücher oder Teile von ihnen, Briefe und Notizen, einzelne Zettel, bei deren Anblick sich mir das Herz zusammenkrampft, wenn ich an die Umstände denke, unter denen sie geschrieben wurden, und von wem.

Bezüglich der Daten und Zahlen habe ich mein Möglichstes getan, doch es bleiben viele Fragen unbeantwortet. Einige Daten sind weniger anfechtbar als andere, da die Nazis ihre Tötungszeitpläne erbarmungslos detailliert festhielten. Auch die Zahlen wurden meist klinisch genau dokumentiert. Doch zwischen den verschiedenen Auflistungen, die ich berücksichtigt habe, gibt es manchmal Abweichungen. Wie gesagt, ich habe mein Möglichstes getan.

Ich habe versucht, eine gewisse Ordnung in das Folgende zu bringen. Das ist mir nicht leichtgefallen. Ich kann nachts nicht schlafen, nachdem ich den Tag in der Gesellschaft von Brutalität und Erniedrigung, von Verlassenheit und Angst verbracht habe. Natürlich bin ich mir darüber im Klaren, dass sich meine Erinnerungen an jene Schreckensjahre – beispielsweise – von denen meiner Freundin Rita Harmelin unterscheiden. Das bedeutet nicht, dass der eine Mensch recht hat und der andere unrecht. Es war, wie Rita sagt, anders für jeden von uns, selbst in einer Kleinstadt, wo man doch davon ausgehen könnte, dass jeder über jeden alles weiß. Es machte einen Unterschied, ob man eine halbe Straße entfernt lebte, ob man einer anderen Altersgruppe angehörte, ob man aus einer wohlhabenden oder armen, einer religiösen oder nichtreligiösen Familie kam. Jeder hat eine andere Sicht auf das, was ihm geschah. Es fällt niemandem leicht, über einen Zeitraum von sechzig Jahren hinweg Einzelheiten im Gedächtnis zu bewahren. Hinzu kommt, dass wir uns lange Zeit bewusst bemüht haben, die Erinnerung an das, was uns während des Krieges zustieß, zu tilgen. Rita sagt, wir hätten sehr viel ausradiert, insbesondere unsere fürchterlichsten Erfahrungen. Wir hätten sonst nicht leben können. Woran wir uns erinnern, sagt sie, sind die weniger schmerzvollen Dinge. Sie bezweifelt, dass es sinnvoll ist, unsere Geschichten zu erzählen. Zum jetzigen Zeitpunkt tue ich das offenkundig nicht. Ich verstehe ihren Standpunkt, doch ich bin der Meinung, dass Erinnerungen, wie schmerzvoll und unvollständig auch immer sie sein mögen, dennoch zusammengefügt werden müssen, solange es noch möglich ist.

Das erste Pogrom begann am 3. Juli 1941, gerade mal zwei Tage nachdem die deutsche Armee in unsere Stadt eingedrungen war – und es riss meine Welt auf eine Weise entzwei, wie es zwei Jahre russischer Besatzung nicht vermocht hatten. Ich kann nicht mit Sicherheit sagen, ob ich das beunruhigende Wort ›Pogrom‹ aus meiner Kindheit kannte, doch in dem Moment, als es begann, war es, als ob eine tiefvergrabene kollektive Angst an die Oberfläche drängte. Ich wusste, woher auch immer, dass das, was uns geschah, auch früher bereits geschehen war. Das minderte den Schock nicht, bestätigte jedoch meine Angst.

Ich entsinne mich nicht mehr vieler Einzelheiten dieses ersten, für mich traumatischen Gemetzels in unserer Stadt. Vielleicht hat Rita recht. Wir radieren das Schlimmste aus. Aber ich entsinne mich des Eindrucks, den das Pogrom bei mir hinterließ. Nichts in meinem Leben hatte mich darauf vorbereitet – auf das Morden, Verstümmeln, Vergewaltigen und Misshandeln, das in diesen 48 Stunden in den Straßen unserer Stadt wütete. Ich erinnere mich, wie ich meine Mutter fragte:

»Warum? Warum tun sie uns das an?« Meine arme Mutter. Was sollte sie mir antworten?

Es traf uns gänzlich unvermutet. Nichts war organisiert. Niemand war vorbereitet. Von der Straße her hörten wir Rennen und Schreien, und wir versteckten uns, wo wir nur konnten; im Keller, hinterm Regal, unterm Bett, egal wo – wie Mäuse, die auseinanderstieben und auf jedes Loch zustürzen. Ich erinnere mich, dass wir uns zu Hause versteckten, meine Mutter, mein Bruder und ich. Merkwürdigerweise erinnere ich mich nicht, wo mein Vater sich versteckte. Ich hörte Menschen draußen auf der Straße, hörte das Gebrüll der wahnsinnigen Meute und wie sie von Haus zu Haus rannten, wie sie verängstigte Juden aus ihren Verstecken zerrten, um sie zu quälen und niederzumetzeln. Unsere Angreifer waren keine Deutschen. Es waren Menschen, die wir kannten, Menschen, die uns kannten – Ukrainer. Die meisten von ihnen waren Bauern, die im Umland lebten, die ihre Erträge auf unseren Märkten verkauften und deren Bergdörfer, tief im Wald gelegen, wie Rybnik zum Beispiel, uns Stadtkindern als Sommerfrische bekannt waren. Meine Eltern verkauften Mehl, Zucker und Reis an sie. Und nun richteten sie die stählernen Klingen ihrer Sicheln, die sonst Schneisen in Gras oder Weizen schnitten, gegen menschliches Fleisch und Knochen, gegen jüdische Männer, Frauen und Kinder. Jahrzehnte später wurden die Fernsehbilder aus Ruanda, von Hutus, die Tutsis mit Macheten abschlachteten, für mich zu ungewollten Rückblenden nach Borysław, wo Ukrainer ihre jüdischen Nachbarn aufschlitzten, während deutsche Soldaten ihnen dabei zusahen. In Lemberg hielten die deutschen Soldaten das von ihnen angestiftete und von ukrainischen Massen ausgeführte Pogrom sogar filmisch fest.

Meine Mutter versuchte, mich zu schützen und zu verhindern, dass ich zu viel sah. Mich, die ich noch nie zuvor einen Toten gesehen hatte und wohl durchs Fenster hinausspähte, aber dann nichts von alledem mehr sehen wollte. Ich beobachtete Männer, die an ihren Bärten vorwärtsgezerrt wurden. Ich hörte Menschen durch die Straßen laufen, hörte, wie sie geschlagen wurden, wie sie schrien. Ich war wie gelähmt, weil ich das einfach nicht begreifen konnte. Wie konnte so etwas geschehen? Was hatten wir getan? Was hatte ich gemacht? Ich hatte doch nichts Schlimmes angestellt. Ich hatte mich nicht über Nacht verändert – doch in den Augen unserer Angreifer war ich plötzlich kein hoffnungsvolles 14-jähriges Mädchen mehr, sondern ein flüchtendes Tier, freigegeben zur Jagd.

Die Zahl der Ermordeten lag bei 200, als die Deutschen dem Töten vorerst Einhalt geboten. Die Menschen gingen wieder hinaus auf die Straße, um ihre Toten zu bergen, damit sie sie beerdigen konnten. Meine Mutter schloss sich anderen an, um Verletzte zu versorgen. Ich glaube, wir kannten keinen der Ermordeten persönlich, die meisten von ihnen waren orthodoxe Juden, die aufgrund ihrer religiösen Kleidung gut sichtbare Ziele gewesen waren. Später erfuhr ich, dass die Deutschen die Wut der Ukrainer angefacht hatten, indem sie das Gerücht verbreiteten, sie hätten beim Öffnen des Kellers des NKWD-Gebäudes die Leichen von rund fünfzig ukrainischen Nationalisten gefunden. Die örtliche Bevölkerung beschuldigte die Juden, die Mörder und zudem Sympathisanten der Sowjets gewesen zu sein. Doch für das Pogrom hätte ihnen jede Rechtfertigung gereicht.

Damals verstand ich zum ersten Mal, was Angst ist. Bis dahin dachte ich, Angst wäre etwas, das ich fühlte, wenn meine Mutter in Erwägung zog, mir Süßigkeiten zu verbieten, oder wenn ich mir vorstellte, jemand würde uns bestehlen. Niemals zuvor musste ich Angst einzig deshalb haben, weil ich ich war. Doch während dieser grauenhaften 48 Stunden hat sich eine andere Form von Angst tief in mir festgesetzt, von der ich mich niemals mehr völlig befreien konnte. Ich kann mich nicht daran gewöhnen, mit Angst zu leben. Ich habe überlebt, aber daran habe ich mich nicht gewöhnt.

Einige Wochen nach dem Pogrom wurde uns Juden befohlen, eine Armbinde zu tragen, damit die Deutschen uns erkennen konnten, ohne sich dabei auf örtliche Informanten verlassen zu müssen. In Borysław war die Armbinde weiß mit einem blauen Davidstern darauf. Wer sie trug, war Freiwild. Das Gesetz bot keinen Schutz für Juden. Jeder, der uns auf der Straße begegnete, durfte uns schlagen, angreifen, anspucken oder erschießen, wenn ihm danach war. Ich verstand nicht, warum ich derart gekennzeichnet sein mußte, und ging oft ohne meine Armbinde aus dem Haus, um all die albernen kleinen Spiele zu spielen, die ein Mädchen so liebt. Ich ging nicht weit fort, aber meine Mutter erlaubte mir, meine Freunde zu treffen. Mir stand unendlich viel Zeit zur Verfügung, denn nachdem die Schule nach den Sommerferien 1941 wieder begonnen hatte, gab es gleich anschließend einen Aushang, der jüdischen Kindern die Teilnahme am Unterricht untersagte. Ich war verwirrt. Warum war es uns nicht erlaubt, zur Schule zu gehen? Was ich nicht wusste, war, dass die Ausbildung jüdischer Kinder sinnlos war, weil wir Juden im großen Weltplan der Nazis ohnehin keine Zukunft hatten. Wir galten nicht als Menschen. Deshalb setzte ich verzweifelt alles daran, sauberer, besser gekleidet und wohlerzogener als andere zu sein. Ich erinnere mich genau an dieses Gefühl.

Anfangs, nachdem Juden der Schulbesuch verboten worden war, sorgte meine Mutter dafür, dass Josek und ich Privatunterricht bekamen, was eigentlich illegal war. Jemand kam zu uns nach Hause. Ich setzte das im Selbstunterricht fort, indem ich las. In einem meiner Tagebucheinträge erwähne ich ein Buch mit dem Titel *Morgen ist alles besser*, herausgegeben in polnischer Übersetzung. Die junge Autorin des Buches, eine österreichische Jüdin namens Annemarie Selinko, war noch vor dem Krieg vor den Nazis geflohen und lebte in Dänemark. (Sie schrieb dort weiter und veröffentlichte die außerordentlich erfolgreiche historische Romanze *Desirée* über Napoleons Geliebte, die später mit Marlon Brando und Jean Simmons in den Hauptrollen verfilmt wurde.)

Beinahe jeden Tag gab es dort, wo viel Publikumsverkehr herrschte, einen neuen Aushang. Juden war es verboten, ein eigenes Geschäft zu besitzen oder für jemand anderen zu arbeiten. Juden mussten all ihre warme Kleidung abgeben, selbstverständlich auch Pelze. Juden mussten ihren Schmuck hergeben. Missachtung der Erlasse, das Zurückhalten oder Verstecken dessen, was verlangt wurde, stand unter Todesstrafe. Ich erinnere mich, dass ich dicht bei meiner Mutter blieb, als ein SS-Mann vorbeikam, um ihren Schmuck abzuholen. Ich wollte sie nicht aus den Augen verlieren.

Meine Mutter war unser Rettungsanker. Lebensmittel wurden knapp. Zwar verkauften die Bauern noch einige ihrer Erzeugnisse im Ort, doch auf dem Land gab es ein größeres Angebot. Mama, die bekannt für ihre Robustheit war (Rita beschreibt sie als ›Kosak‹), nahm große Gefahren auf sich, um die Familie zu ernähren, indem sie lange Fußmärsche in die umliegenden Dörfer unternahm und von dort alles auf ihrem Rücken heimtrug. Nichtjuden machten das genauso. Es waren nicht nur Juden, die unter den Deutschen hungerten. Auf dem Schwarz-markt stiegen die Tauschwerte, wuchs die Kenntnis, was vergleichbar war. In einem meiner Tagebücher schrieb ich, dass ich »ein Hemd für ein Kilogramm Weizen und zwei Kilogramm Kartoffeln« hergab. Ich er-innere mich an eine Periode, in der wir sehr viel Kleidung gegen Lebens-mittel eintauschten – Schuhe, Jacken, Kleider, Hemden. Meine Mutter bemühte sich, soviel Vorräte wie möglich als Reserve anzulegen.

Ende November 1941 fand ein noch blutigeres Pogrom statt, nur dass es diesmal nicht Pogrom hieß. Es hieß ›Aktion‹ – ein deutsches Wort, dass sich meiner Meinung nach einer Übersetzung in eine andere Sprache widersetzt. ›Raid‹ [Razzia], wie es üblicherweise im Englischen genannt wird, kann auch nicht ansatzweise die panische Angst vermit-teln, die ich verspürte und die ich noch heute verspüre, wenn ich das Wort ›Aktion‹ höre. Das Vokabular der Nazis war voller Euphemismen. Auch wir lernten, sie zu verwenden: Liquidation, Transport, Aktion, Selektion, Umsiedlung, Verlegung, Arbeitslager, Befriedung – diese nüchternen Worte versteckten das unendlich Finstere der Absichten, das unendlich Böse der Motive. Der Zweck einer ›Aktion‹ war, jüdische Gemeinden mit Razzien heimzusuchen und die Menschen zusammen-zutreiben, damit sie ermordet oder in die Lager verschleppt werden konnten.

Die treibende Kraft einer ›Aktion‹ waren die furchtbaren Einsatz-gruppen, besondere Einheiten der ›Schutzstaffel‹ – der SS. Die vier ba-taillonsstarken Einsatzgruppen, aufgeteilt von A bis D, entsprechend der Bezeichnung der jeweiligen deutschen Heeresgruppe, in deren rück-wärtigem Gebiet ihr Einsatz erfolgen sollte, schwärmten im Gefolge der Wehrmacht aus, um die ›Unerwünschten‹, zumeist Juden, niederzu-metzeln. Im Gegensatz zu dem Vorgehen, Juden in Ghettos – höllischen Orten des Zusammenpferchens, in denen sie in zahlreichen größeren polnischen Städten gefangen waren – zusammenzutreiben, ehe sie in die Lager deportiert wurden, töteten diese Mordeinheiten die Juden in ihren Heimatgemeinden auf der Stelle. Wenn sie in einen Ort einmar-schierten, holten sie sich beim ›Judenrat‹ – der örtlichen jüdischen Ver-waltung, die die Nazis in jedem besetzten Ort hauptsächlich zum Zweck der Bekanntgabe ihrer Anweisungen eingerichtet hatten – eine Liste aller jüdischen Einwohner. Konnte oder wollte der ›Judenrat‹ diese Liste nicht liefern, so verließen sich die Nazis auf die örtlichen Antisemiten, die sie zu den jüdischen Häusern führten. Lokale Hilfseinheiten wurden rekrutiert, um bei der schmutzigen Arbeit, Juden zu hetzen, zu terrorisieren und zu exekutieren, zu helfen. In der Ukraine herrschte kein Mangel an Freiwilligen. Das größte Einzelmassaker des Krieges führte die Einsatzgruppe C in der Ukraine durch. Ende September 1941 wurden über zwei Tage hinweg mehr als 33.000 Männer, Frauen und Kinder aus dem Ghetto Kiew gezerrt und zur Schlucht von Babij Jar gebracht, wo sie sich ihrer Kleider zu entledigen hatten und erschossen wurden. Die Schlucht war ihr Grab.

Zwei Monate nach dieser Massenerschießung, Ende November 1941, fiel eine Abteilung derselben Einsatzgruppe C über unseren Ort her. Viele Jahre später las ich, dass die Deutschen dem ›Judenrat‹ von Borysław angekündigt hatten, sie benötigten tausend Juden zur Deportation. Sie verlangten ausdrücklich, dass ihnen ›Arbeitsunfähige‹ sowie Rabbiner, rituelle Schächter, die für koscheres Fleisch sorgten, und alle anderen religiösen Funktionsträger auszuliefern seien. Offenbar lehnten viele Menschen dies ab. Am 28. und 29. November 1941 begannen die Nazis mit Unterstützung der örtlichen Polizei und von Kollaborateuren, Menschen auf der Straße aufzugreifen. Zu dem Zeitpunkt gab es noch kein Ghetto in Borysław – und wir waren keine so leichte Beute, da unsere Häuser über den ganzen Ort verteilt lagen. Jene, die von der Polizei aufgegriffen wurden, waren in erster Linie die Älteren und Kranken. Anscheinend wurden bis zu 800 Menschen verhaftet. Ich hörte auch öfter von einer doppelt so hohen Zahl. Im Januar 1942, einen Monat nach diesem Ereignis, schrieb ich in meinem Tagebuch, es wären 2.000 gewesen. Ich weiß nicht, woher ich diese Zahl hatte. Unstrittig jedoch ist, dass die Juden in Lastwagen in die Wälder rings um Borysław – nach Tustanowice und Mraźnica – gebracht wurden, wo sie erschossen wurden. Sie stürzten in Massengräber, die sie vorher selbst hatten ausheben müssen. Ich habe später gelesen, dass immer nur so viele Opfer auf Lastern an die Exekutionsstätten gebracht wurden, wie unmittelbar erschossen werden konnten, damit die Menschen bis zum letzten Augenblick nicht mitbekamen, was mit ihnen geschehen würde.

In allen anderen Orten ringsum gab es ähnliche Geschichten. Martin Gilbert ›kartografiert‹ in seinem Holocaustatlas die Richtungen der mörderischen Verbreitung des nationalsozialistischen Mordens und die Zahl der Toten – Region für Region, Monat für Monat, Jahr für Jahr. Im November 1941 verzeichnet er 1.500 Ermordete für Borysław, 3.000 für Lemberg, 1.200 für Stryj und 2.500 für Nadwórna – alles Orte in Galizien.

Der Tagebucheintrag, den ich eben erwähnte, stammt vom 1. Januar 1942. Es ist der Beginn einer Reihe von episodenhaften Einträgen während der folgenden sechs Monate. Sie enden abrupt am 22. Juni 1942. Habe ich aufgehört zu schreiben? Oder habe ich das Geschriebene verloren? Ich denke, Letzteres ist wahrscheinlicher. Wie gelang es mir überhaupt, einen Teil dieser Papiere zu behalten? Habe ich sie bei mir getragen? Oder habe ich sie irgendwo irgendjemandem zur Aufbewahrung hinterlassen? Ich wünschte, ich könnte mich daran erinnern. Doch ich kann es nicht. Die Handschrift und die Sprache aber sind meine. Ich erkenne dieses Mädchen, Binka.

»Fast ein Jahr lang habe ich nicht geschrieben. In der Zwischenzeit ist viel geschehen. Nun sind die Russen nicht mehr da, jetzt sind es die Deutschen. Ich kann nicht beschreiben, was wir durchgemacht haben. Vor dem Einmarsch der Deutschen sind die Russen weggerannt und haben alles in die Luft gejagt. Es war schrecklich! Feuerschein am Himmel, überall Rauch, ständig Explosionen. Aber das war nicht das Schlimmste. Die Deutschen sind am 1. Juli einmarschiert, also acht Tage nach Kriegsausbruch (22. Juni 1941). Der 4. und 5. Juli, das waren denkwürdige Tage. Pogrom. Mein Gott, was ist passiert! Ungefähr 500 Opfer! Gott, wie können Menschen so grausam sein, so morden und töten! Ich konnte mich lange nach dem Pogrom nicht beruhigen! Aber wie man sagt: ›Die Zeit heilt alle Wunden‹, man hat sich dessen versichert. Das Leben ging weiter. Wir sind nun alle geschmückt. Seit dem 15. Juli tragen wir Armbinden. Es ist friedlicher geworden und wir konnten halbwegs weiterleben. Plötzlich geschah am 28. November noch einmal das Gleiche. Menschen wurden auf der Straße aufgegriffen und aus den Häusern gerissen. Gott, ich will überleben! Das Leben ist schön, ich liebe es und ich möchte leben! Ungefähr eine Woche nach dem Pogrom bekamen wir Besuch vom Reiterzug. Sie waren sehr höflich und nahmen uns nichts weg, nur einer hat mich gefragt, ob ich so brav sei und ihm meinen Ring geben könne, ob ich ohne ihn auskäme. Was konnte ich schon machen? Ich nahm den Ring ab und gab ihn ihm. Jetzt herrscht (abgesehen von kleinen Vorfällen) wieder Ruhe?!«

Das nächste Mal schrieb ich am 5. Januar 1942:

»Und so habe ich kurz aufgeschrieben, was geschehen ist. Das hat mich alles sehr betroffen. Bis jetzt bin ich noch nie mit dem Tod so direkt in Berührung gekommen. Erst jetzt! Und das erschreckt mich so. Heute sollten wir jederzeit auf ihn vorbereitet sein, ich kann mich damit aber nicht abfinden. Ich habe Angst vor dem Tod. Es ist schrecklich sich vorzustellen, dass man nie wieder Wälder oder Menschen sehen wird. Der Mensch ist nichts. Wenn ich nur einen Freund hätte, mit dem ich darüber sprechen könnte. Vielleicht würde mich das trösten. Ich liebe Klara sehr, aber sie bevorzugt Viva Beer. Wir haben darüber gesprochen, und sie meint, das wäre nicht wahr. Entweder ist sie sich dessen nicht bewusst, oder sie möchte mich nicht verletzen. [...] Ich bin sehr traurig darüber, dass ich keinen mehr habe. Ilka ist in Lemberg, Erna in Drohobycz, und ich bin hier allein.« [Ilka ist vor dem Krieg nach Lemberg gezogen, und Erna war eine Freundin, die ich während der Ferien in Truskawiec kennengelernt hatte und die in Drohobycz lebte.]

Ich war allein und kämpfte damit, einem Geschehen – das noch sechzig Jahre später die Grenzen menschlichen Begreifens sprengt – einen Sinn abzugewinnen. Ich hatte nie zuvor etwas von ›Genozid‹ gehört – ein Begriff, der vor 1944 noch gar nicht geprägt war, und niemand kannte den Ausdruck ›ethnische Säuberung‹. Der organisierte Mord an Millionen Menschen, weil ihre bloße Existenz angeblich die Idee ›rassischer Reinheit‹ verletzte, war unvorstellbar. Gerade mal 14 Tage, nachdem ich in meinem Tagebuch über meine Angst vor dem Sterben geschrieben hatte, besprachen die Nazis ihren Plan zur Vernichtung aller europäischen Juden.

Die Planung hatte bereits sechs Monate früher begonnen, als Reichsmarschall Hermann Göring, die Nummer zwei im ›Dritten Reich‹, SS-Gruppenführer Reinhard Heydrich am 31. Juli 1941 beauftragte, »in Bälde einen Gesamtentwurf über die organisatorischen, sachlichen und materiellen Vorausmaßnahmen zur Durchführung der angestrebten Endlösung der Judenfrage vorzulegen«. Am 20. Januar 1942 berief Heydrich in einer Villa am See im reichen Berliner Stadtteil Wannsee ein Treffen auf höchster Ebene ein und breitete seine Pläne für die ›Endlösung‹ aus.

In diesem Zusammenhang erklärte er, die Juden würden unter entsprechender Leitung ›im Osten zum Arbeitseinsatz‹ kommen. »In großen Arbeitskolonnen, unter Trennung der Geschlechter, werden die arbeitsfähigen Juden straßenbauend in diese Gebiete geführt, wobei zweifellos ein Großteil durch natürliche Verminderung ausfallen wird. Der allfällig endlich verbleibende Restbestand wird, da es sich bei diesem zweifellos um den widerstandsfähigsten Teil handelt, entsprechend behandelt werden müssen, da dieser, eine natürliche Auslese darstellend, bei Freilassung als Keimzelle eines neuen jüdischen Aufbaues anzusprechen ist.«

Das Wort ›Vernichtung‹ wurde nicht erwähnt. Es musste auch nicht mehr erwähnt werden. Die nationalsozialistischen Vordenker kalkulierten, dass sie elf Millionen Juden aus mehr als zwanzig europäischen Staaten töten müssten, um eine ›Rasse‹ zu eliminieren, von der sie annahmen, sie bedrohe die biologische Reinheit und Stärke der ›höheren arischen Rasse‹. Ihre falsche Rassenlehre machte sich die jahrhundertealten Vorurteile gegenüber Juden im christlichen Europa zunutze und wurde – in unterschiedlichem Maße – von extremem Nationalismus, finanzieller Unsicherheit und der Angst vor dem Kommunismus unterstützt. Das ›Dritte Reich‹ nutzte den vorhandenen Antisemitismus in ganz Europa aus, um sich die Hilfe Tausender Einzelner bei der Ermordung der europäischen Juden zu sichern. Zwar waren nicht alle Naziopfer Juden, doch alle Juden waren Opfer, wie der Holocaustüberlebende Elie Wiesel schrieb.

Zu Beginn des Jahres 1942 verstand ich die seltsamen Umstände des Überlebens nicht, aber am Ende des Jahres waren sie mir mehr als klar.

## IV. BELZEC

Der Winter 1941/42 war besonders streng und Borysław fest im Griff einer Typhusepidemie, die mehrere Monate andauerte. Viele Menschen um uns herum starben an Hunger, Armut und Krankheit. Doch bereits im Verlauf dieses Winters zeichnete sich eine neue Herangehensweise der Mörder ab. Nach jedem Massaker und jeder Deportation gingen Gerüchte um, es sei das letzte Mal gewesen. Darin bestand die unglaubliche Perfidie der Deutschen. In der trügerischen Sicherheit zwischen den Erschießungen gestatten wir uns den Gedanken, dass nun vielleicht das Schlimmste überstanden sei, dass sie uns nun vielleicht in Ruhe lassen würden. Wir gaben niemals die Hoffnung auf, dass das Leben fortan besser würde. Nein, das stimmt nicht ganz. Wir gaben niemals die Hoffnung auf, dass es uns erlaubt sein würde, zu leben.

Natürlich wurden wir getäuscht. Das Schlimmste sollte erst noch kommen: 1942 war das Jahr des Gemetzels. In seinem Buch *Ganz normale Männer* schreibt der Historiker Christopher Browning: »Mitte März 1942 waren rund 75 bis 80 Prozent aller Holocaustopfer noch am Leben, während 20 bis 25 Prozent umgekommen waren. Nur elf Monate später, Mitte Februar 1943, war der Prozentsatz genau umgekehrt.« 1942 wandten sich die SS-Mörder von Massenerschießungen in Feldern, Wäldern und Schluchten allmählich ab und einer wesentlich teuflischeren Technik, einer versteckteren und organsierten Form des Tötens, zu.

Bereits im Herbst 1941 hatten die Nazis Experimente begonnen, bei denen sowjetische Kriegsgefangene in abgedichteten Lastwagen durch Motorabgase erstickt wurden. Ab 8. Dezember 1941 töteten sie auf diese Weise jüdische Gefangene in Kulmhof, einem Todeslager sechzig Kilometer nördlich von Lodz. Im Verlauf des Jahres 1942 wurde in Todeslagern mit den Namen Belzec, Sobibor und Treblinka sowie in dem größten von allen, Auschwitz-Birkenau, die Technik der Massenvernichtung durch Gas und der Beseitigung von Leichen durch Einäscherung immer weiter perfektioniert. Ende des Jahres waren etwa vier Millionen Juden von den Nazis ermordet und Hunderte jüdischer Gemeinden in ganz Europa veschwunden. Doch das wussten wir zu Beginn des Jahres 1942 noch nicht.

In Borysław hatten wir womöglich mehr Grund zur Hoffnung als anderswo. Zumindest redeten wir uns das ein.

Die deutsche Kriegsmaschinerie benötigte dringend Öl. Trotz des Verbots der Reichsregierung, Juden zu beschäftigen, legte die Direktion der sogenannten *Karpathen-Öl-Aktiengesellschaft* erfolgreich dar, dass jüdische Facharbeiter – Chemiker und Ingenieure, Organisatoren und Mechaniker, Kesselschmiede und Bohrer – für eine Wiederaufnahme von Förderung und Raffinerie unentbehrlich seien. Mit anderen Worten: In Borysław erschien es weniger zwingend als an anderen Orten, die Juden zu vernichten. Um sie gegen wahllose Überfälle der SS und der ukrainischen Miliz ein wenig zu schützen, trugen die Arbeiter der *Karpathen-Öl* eine Plakette mit dem Buchstaben ›R‹ an ihre Brust geheftet. Das ›R‹ stand für ›Rüstungsarbeiter‹. Die Plakette gab denen, die sie trugen, die Hoffnung auf eine Gnadenfrist. Doch womit die Nazis nicht rechneten, war der Einfluss, den Berthold Beitz – der vorbildliche junge Bankier, den sie zum Geschäftsführer der *Karpathen-Öl-AG* bestimmten – auf das Schicksal unserer Stadt nehmen sollte.

Beitz kam im Juli 1941 in Borysław an, ein begeisterter Patriot, unterstützt von der obersten Nazispitze – darunter vom ›Architekten der Endlösung‹, Heydrich. Beitz war erst 27 Jahre alt und für gerade mal zwei Jahre bei der *Königlich-Niederländischen Shell* beschäftigt gewesen. Das Reichswirtschaftsministerium schätzte seine Fachkenntnisse allerdings so sehr, dass er vom Wehrdienst zunächst freigestellt wurde. Er konnte in seinem Büro bleiben, die Quoten der Ölproduktion aufrechterhalten sowie bei seiner Frau Elsa und ihrer jungen Tochter Barbara sein. Doch die Grausamkeiten, die Beitz in Borysław mitbekam – insbesondere die brutale ›Evakuierung‹ des traditionsreichen Waisenhauses am 7. August 1942, bei der Babys aus Fenstern geworfen, andere Kinder aus ihren Betten gerissen und mitten in der Nacht barfuß zum Bahnhof getrieben wurden –, haben ihm offenbar den Magen umgedreht und seine Gesinnung beeinflusst. Er war, was Rita einen ›guten Deutschen‹ nannte, wobei wir die Messlatte sehr niedrig hängten. Ein guter Deutscher war jemand, der dich, wenn er dich auf der Straße traf, nicht erschoss.

Als kaufmännischer Leiter einer strategisch wichtigen Ölgesellschaft zählte Beitz zum Netz der regionalen Funktionäre, die ihn im Voraus benachrichtigten, wenn ›Aktionen‹ bevorstanden. Er reichte diese Warnungen an seine jüdischen Vertrauten weiter, die den Alarm verbreiteten. Außerdem besaß er das Recht, Juden, die auf dem ›Umschlagplatz‹ zusammengetrieben wurden, auf ihre Eignung als Facharbeiter für seinen kriegswichtigen Betrieb zu überprüfen, um sicherzustellen, dass keiner seiner ›R‹-Arbeiter auf einen Transport in die Todeslager geschickt wurde. Er trug stets ein Telegramm des Oberkommandos der Wehrmacht (OKW) bei sich, in dem ausdrücklich erklärt war, dass ihm jeder »die zur Aufrechterhaltung der Ölproduktion notwendigen Arbeiter« zur Verfügung zu stellen hatte. Niemand weiß genau, wie viele Juden er aus den Transporten in die Gaskammern von Belzec befreite, indem er sie als ›Facharbeiter‹ für sich beanspruchte, doch laut Vermutungen waren es rund 250, darunter Talmudschüler, Friseure und Schneider; manche von ihnen kaum für körperliche Arbeit geeignet. Über Beitz weiß man außerdem, dass er Juden in seinem Büro und bei sich zu Hause versteckte.

Jahre später behaupteten seine Kritiker (eine kleine Minderheit), sein primäres Motiv sei gewesen, die Produktionskapazitäten der deutschen Waffenindustrie zu stärken. Sie erklärten, er hätte nur so gehandelt, um seine eigenen Taschen zu füllen, und dass er mit der Rettung jüdischer Arbeiter für die deutsche Ölindustrie kein großes Risiko eingegangen sei. Doch diese Behauptungen ließen sich nicht erhärten, so dass Yad Vashem, die zentrale ›Gedenkstätte für Opfer und Helden des Holocaust‹ in Jerusalem, Beitz (zu diesem Zeitpunkt einer der führenden Industriellen im Nachkriegsdeutschland) am 3. Oktober 1973 als ›Gerechten unter den Völkern‹ ehrte – eine Auszeichnung, die an Nichtjuden verliehen wird, die ihr Leben für die Rettung von Juden riskierten. Beitz begründete sein Handeln später: »Das war kein Anti-Faschismus, kein Widerstand, das hatte allein zu tun mit einer rein menschlichen Einstellung. Wenn Sie sehen, wie eine Frau mit einem Kind auf dem Arm erschossen wird, und Sie haben selber ein Kind, dann haben Sie eine ganz andere Reaktion.«

Ich kannte Beitz nicht persönlich, Rita jedoch schon. Sie arbeitete als Buchhalterin und Schreibkraft im Büro der *Karpathen-Öl* und hat ihn als den bestaussehenden Mann, den man sich vorstellen kann, in Erinnerung: In seinem braunen Ledermantel, den braunen Hut mit umgeschlagener Krempe auf dem Kopf, sei er ein Ebenbild des Filmschauspielers Robert Taylor gewesen, behauptete sie. Noch immer besitzt sie ihre von Beitz unterschriebenen Arbeitspapiere der *Karpathen-Öl* und ihre ›R‹-Plakette.

Wir hatten in Borysław zwei Strohhalme, an die wir uns klammern konnten: unser wertvolles Öl und die Gegenwart von Berthold Beitz. Doch die ›Endlösung‹ sah keine Ausnahmeregelungen vor. Hitler hatte seine Absichten deutlich gemacht. Die Juden sollten vernichtet werden. Polen, wo mit 3,5 Millionen Juden vor dem Krieg die größte jüdische

Gemeinschaft ganz Europas gelebt hatte, war das Land, in dem der moralische und geistige Wahnsinn der Nazis mit den Todeslagern seinen vollkommenen Ausdruck finden sollte. Es war lediglich eine Frage der Zeit, bis auch wir an der Reihe sein würden.

Die nächste Terrorwelle rollte in den ersten Frühlingstagen des Jahres 1942 heran. Wir bemerkten in der Stadt andere, besondere Polizisten. Wir sahen, wie sie miteinander sprachen. Warum waren sie hier? Die März-›Aktion‹ begann, wie die vorangegangenen ›Aktionen‹ auch, auf der Straße mit dem Lärm von rennenden, zu Tode verängstigten Menschen, die vor ihren Jägern flüchteten. Dann kam das donnernde Klopfen gegen die Türen. Ich erinnere mich an diese schreckliche, nicht zu kontrollierende Angst, die mich befiel, als ich dieses Geräusch hörte. Noch heute hasse ich laute Geräusche; wenn ich sie vernehme, überfällt mich das Bedürfnis, meinen Kopf in den Armen zu verbergen.

Wo wir uns versteckten, weiß ich nicht mehr – nur, dass ich mich immer zusammen mit meiner Mutter versteckt habe. Mein Vater und mein Bruder haben sich unabhängig von uns ein Versteck gesucht. Es war in Häusern, in immer wieder anderen Häusern, glaube ich. Anfangs kam die Gestapo nachts. Dann begannen sie damit, am Tag zu kommen und in die jüdischen Häuser einzufallen. Woher wussten sie, welches die Häuser der Juden waren? Unsere Nachbarn haben es ihnen gezeigt.

Wenn es vorüber war, waren Hunderte von Menschen aus unserem Ort verschwunden. Doch dieses Mal wurden sie nicht auf Lastwagen zum Erschießen fortgebracht, sondern in Zügen beziehungsweise auf ›Transporten‹, wie sie genannt wurden. Das Wort ›Judentransport‹ beraubt seine Fracht jeglicher Menschlichkeit.

Als ich am 4. April 1942 wieder zu meinem Tagebuch griff, schrieb ich nur flüchtig, was sich in den vorangegangenen Wochen ereignet hatte.

»Ich habe lange wieder nicht geschrieben. In dieser Zeit ist viel geschehen. Also: Es gab bereits zwei Transporte von Jungen aus Borysław ins Arbeitslager. In Lemberg ist etwas Schreckliches geschehen. Ich mache mir Sorgen um Ilka. Es ist sehr schlimm. Ich weiß nicht, ob wir es durchhalten werden. Ich bin zwar eine große Optimistin, aber auch ich fange an zu zweifeln. Die Hoffnung liegt in Gott. Vielleicht ist es bald vorbei, möge es so schnell wie möglich sein.«

Wir gingen davon aus, dass ›unsere Jungs‹ irgendwohin zum Arbeiten gebracht worden wären, in Zwangsarbeitslager. Wir gingen davon aus, dass dort die schlimmstmöglichen Bedingungen herrschen würden. Wir wussten noch nichts von den Todeslagern. Wir hatten den Namen Belzec noch nicht gehört, und selbst wenn wir ihn gehört hätten, so hätten wir ihn wohl mit einem kleinen Grenzdorf verbunden, das etwa 120 Kilometer nördlich von Borysław liegt.

Belzec lag an der Bahnlinie zwischen Lemberg und Lublin, die im Vorkriegspolen bedeutende Zentren jüdischen Lebens und Handels, jüdischer Kultur und jüdischen Bildungswesens gewesen waren. Mit anderen Worten: Belzec war wegen seiner Lage zwischen den großen jüdischen Gemeinden in Ostgalizien und dem südöstlichen Zentralpolen für die Massenvernichtung der Juden bestens geeignet. Im November 1941 begannen die SS- und Polizeiinstanzen damit, dort ein neues ›Lager‹ zu errichten. Fünf Monate später war es fertig. Am Morgen des 17. März 1942 wurde ein Zug mit 19 abgeriegelten Frachtwaggons, deren Fenster mit Stacheldraht versehen waren, auf ein Nebengleis im Innern des Lagers rangiert – etwa 300 Meter entfernt vom örtlichen Bahnhof. Darin waren 1.400 Juden aus dem Ghetto in Lublin. Am Nachmittag traf ein weiterer Transport mit Juden aus dem Ghetto in Lemberg ein. Mit Ausnahme von ein paar Männern, die bei der Ankunft für besonders grausige Arbeiten ausgewählt wurden, lebte niemand, der an diesem Tag – oder an irgendeinem anderen Tag des Lagerbetriebs – in Belzec ankam, noch länger als ein paar Stunden.

Belzec war eine Mordfabrik. Seine einzige technische Ausstattung bestand aus der Zugrampe, den Gaskammern, tiefen Gruben, um darin die Leichen aufeinanderzustapeln, und Unterkünften für die kleine Einheit von SS und deutschen Polizeibeamten sowie Wachen, die entweder aus sowjetischen Kriegsgefangenen bestanden oder aus ukrainischen und polnischen Zivilisten, die einzig zu diesem Zweck rekrutiert worden waren.

Belzec war zugleich Prototyp für zwei weitere Todeslager der *Aktion Reinhardt*, dem geplanten Mord an zwei Millionen Juden im Generalgouvernement, – für Treblinka und Sobibor. Diese Vernichtungsstätten hatten im Gegensatz zu Konzentrationslagern, die in erster Linie Arrest und Zwangsarbeit dienten, keine Schlafplätze für Gefangene, keine Lagerhierarchie, keinen Zählappell, keine Rationen. Sie existierten nur zu einem einzigen Zweck: zum Töten. Die SS und ihre Kollaborateure ermordeten zwischen März und Dezember 1942 in den Lagern der *Aktion Reinhardt* etwa 1,75 Millionen Menschen. Mehr als neunzig Prozent waren polnische Juden.

Die primitiven hölzernen Gaskammern in Belzec waren die ersten stationären Gaskammern, die die Nazis bauten. In Belzec beschleunigten sie die industrielle Vernichtung. Die Experimente wurden unter Kommandant Christian Wirth (von seiner SS-Einheit auch ›Christian, der Wilde‹ genannt) durchgeführt. Sie sollten die effizienteste Methode bestimmen, die ankommenden Transporte ›abzuwickeln‹ – angefangen beim Abladen im Eingangsbereich bis zum Zusammenpferchen der nackten, rasierten Opfer in einen ›Schlauch‹, der direkt in die als Duschen getarnten Gaskammern führte. Bis zu diesem Moment sollten die Opfer den Eindruck haben, sie seien in einem Durchgangslager angekommen, von wo aus sie in Arbeitslager weitergeschickt würden. Die wenigen Deportierten, die noch am Leben gehalten wurden, hatten die verdrehten, erstickten Körper dann aus den Gaskammern herauszuholen und – eng geschichtet – in Massengräbern übereinanderzustapeln. Die Angehörigen des ›Sonderkommandos‹, wie diese besonderen jüdischen Einheiten hießen, wurden von Zeit zu Zeit ermordet und von anderen aus späteren Transporten ersetzt.

Von März bis Mai 1942 kamen regelmäßig Züge mit Verschleppten in Belzec an. Bereits ein oder zwei Wochen nach der Inbetriebnahme des Tötungszentrums wurden hier täglich bis zu 5.000 Opfer ermordet. Ende Mai wurde das Lager zum Zweck der ›Verbesserung‹ geschlossen. Im Juli erfolgte die Wiedereröffnung mit sechs neuen Betongaskammern, die es ermöglichten, mehr als 3.500 Opfer gleichzeitig zu ermorden. Zu ›Spitzenzeiten‹, zwischen Juli und Oktober 1942, brachten drei oder vier Transporte pro Tag im Durchschnitt 10.000 Menschen in die Gaskammern von Belzec.

Die letzten Transporte trafen am 11. Dezember 1942 ein. Zu diesem Zeitpunkt war die Beseitigung der Leichen ein ernsthaftes Problem geworden. Die Todeszentren unterlagen höchster Geheimhaltung. Deshalb befahl Reichsführer-SS Heinrich Himmler, als Belzec geschlossen wurde, alle Spuren der Massenvernichtung auf dem Gelände gründlich zu beseitigen. Die Zäune und Absperrungen, die Baracken und Gaskammern wurden demontiert – und was noch zu gebrauchen war, wurde in das Konzentrationslager Majdanek bei Lublin gebracht. Die ›Sonderkommandos‹ wurden gezwungen, die faulenden, übelstinkenden Gräber zu öffnen, die Leichenstapel zu exhumieren und einzuäschern. Schätzungsweise 500.000 Leichen wurden im Frühjahr 1943 in Belzec verbrannt. Ein junger polnischer Historiker und Freund von mir, Robert Kuwałek, der in der Gedenkstätte Belzec arbeitet, hat Polen befragt, die damals im Dorf lebten, Menschen, die wussten, was im Innern des Lagers vor sich ging, die aber zu viel Angst hatten, darüber zu sprechen. Er hat mir erzählt, dass die Deutschen drei Monate lang Tag und Nacht Leichen verbrannten und dass der Gestank des öligen, schwarzen Rauchs sich über eine Entfernung von 25 Kilometern rings um Belzec ausbreitete. Die Anwohner haben die Schmiere von ihren Fensterscheiben gekratzt und ihre Brunnen abgedeckt. Die Deutschen provozierten die Dorfbewohner, indem sie sie fragten: »Riecht ihr was?« Im Juni 1943 war jeglicher physische Beweis für die Existenz des Lagers verschwunden, Tannen und wilde Lupinen auf dem Gelände angepflanzt worden, um seine vorherige Nutzung zu verschleiern. Und so fiel die Vernichtungsstätte einem fast vollständigen Vergessen anheim.

Robert berichtete mir von einer Unterhaltung, die er zufällig mitanhörte, als er eine Gruppe von Amerikanern begleitete, die in der Ukraine nach Überresten ihres jüdischen Erbes suchen wollten. Einer der Amerikaner, ein Mann, trat in Lemberg an eine Frau heran. »Sind Sie Polin, Ukrainerin oder Jüdin?«, fragte er. Sie antwortete: »Ich bin Einwohnerin Lembergs.« Er fragte sie, was mit den Juden aus Lemberg geschehen sei, und sie erklärte ihm: »Die sind weggegangen.« »Wohin?«, wollte er wissen. »Nach Polen, nach Amerika.« »Haben Sie jemals den Namen Belzec gehört?«, fragte der Amerikaner nun energischer nach. Er begann, von dem Todeslager zu berichten, in dem auch mindestens 74.000 Juden aus Lemberg ermordet worden waren. Sie sah ihn unbewegt an. »Wie ich schon sagte: Sie sind nach Polen gegangen.«

Die Opfer in Belzec starben als anonyme Menschenmasse. Transportlisten von dort sind nicht erhalten. Für die Juden aus dem Raum Krakau war Belzec, was Treblinka für die Warschauer Juden war. Lediglich fünf Menschen gelang es, aus Belzec zu fliehen, von denen nur zwei den Krieg überlebten. Einer von ihnen war Rudolf Reder, Chemiker in der Lemberger Seifenindustrie, dessen umfangreiche Zeugenaussage, erstmals im Jahr 1946 (auf Polnisch) veröffentlicht, beschreibt, wie dieser höllische Ort funktionierte. Ich kann es zwar kaum ertragen, seinen ungeschminkten Bericht zu lesen, doch er nimmt in meinen Unterlagen eine herausragende Stellung ein. Er enthält alles, was über das Schicksal der 500.000 in Belzec ermordeten Menschen, darunter meine Mutter und ihre Familie, gesagt werden kann.

Reder war für das ›Sonderkommando‹ ausgewählt worden. Er beschreibt, wie er zusehen musste, als seine jüdischen Brüder und Schwestern, Bekannte und Freunde in den Tod getrieben wurden: »Ungefähr 15 SS-Männer jagten die Frauen mit Peitschen und scharfen Bajonetten zum Gebäude mit den Kammern, über drei Stufen und in den Gang, während die ›Askaris‹ [ukrainisches Wachpersonal] 750 Personen für jede Kammer abzählten. Die ›Askaris‹ stachen auf die Frauen, die versuchten sich zu wehren, mit Bajonetten ein, das Blut strömte und auf diese Weise trieben sie sie in die Todeskammer. Ich hörte, wie die Türen geschlossen wurden, Stöhnen und Schreie, ich hörte verzweifelte Rufe, auf Polnisch, auf Jiddisch, das schaurige Klagen der Kinder und Frauen, und dann den gemeinsamen grauenerregenden Schrei ... Das dauerte 15 Minuten – die Maschine lief zwanzig Minuten lang, und nach zwanzig Minuten war es ganz still, die ›Askaris‹ öffneten von außen die Türen, und ich und die anderen Arbeiter, die wie ich ganz ohne Kennzeichen oder Tätowierung aus den vorherigen Transporten herausgeholt worden waren – wir gingen an die Arbeit. Wir schleppten die Leichen von Menschen, die noch vor Kurzem gelebt haben, wir schleppten sie mit Hilfe vom Lederriemen in vorbereitete, riesige Massengräber, und dazu spielte das Orchester, es spielte von morgens bis abends ...«

Das Jahr 1942 über warteten die Gaskammern auf die Juden von Borysław. Doch so unglaublich es klingt, es gab Augenblicke, in denen wir vergaßen, dass wir verdammt waren. Es gab eine ›Aktion‹, und anschließend schienen die Dinge sich wieder zu beruhigen. In diesen trügerischen, illusionären Zwischenzeiten gaben wir uns dem Glauben hin, dass wir vielleicht doch eine Chance zum Überleben besäßen. Es war, als ob wir dächten: Nun, es ist passiert, doch jetzt können wir mit unserem Leben fortfahren.

Wenn ich auf die Monate zwischen April und Juni 1942 zurückblicke, sehe ich ein Mädchen, das an nichts mehr glaubt, das sich aber dem Chaos und der Verwirrung, die an die Stelle der Ordnung ihrer Welt getreten sind, widersetzt. Die Nachrichten aus anderen Orten waren unerträglich. Ich fand keine Worte, um das Elend und die Demütigung zu beschreiben, die ich in den Straßen Borysławs sah. Und darüber hinaus ... war ich vernarrt in einen Freund meines Bruders, Imek Eisenstein. Dem Spinnennetz, das sich um uns zusammenzog, zum Trotz machte ich mir Gedanken darüber, ob er mich hübsch fand, und träumte davon, ihm übers Haar zu streichen. Jetzt, am Ende meines Lebens, bin ich von meiner damaligen Schlichtheit irgendwie peinlich berührt. Doch ich war ein junges Mädchen. Ich dachte so, ich fühlte so. Trotz allem gab ich die Hoffnung nicht auf, dass es eine Zukunft für Imek und mich geben würde – und wenn nicht mit Imek, dann mit einem anderen Jungen. Irgendwie vermochte ich es, die Schauer meiner Unwissenheit, ob Imek mich mochte oder nicht, und die fürchterliche Ungewissheit, ob ich überhaupt überleben würde, gleichzeitig zu ertragen. Ersteres – überflüssig, es zu erwähnen, – bestimmte mein Denken und Fühlen, während Letzteres mir die Magenschleimhaut zerfraß. Buchstäblich.

Mein Tagebucheintrag vom 4. April 1942, der mit den ersten Transporten nach Belzec begann, geht folgendermaßen weiter:

»Im Grunde bin ich wie eine Göre. Jetzt gefällt mir Imek E. Ich habe ein Foto von ihm erhalten, und ich gab ihm meins. Ich weiß nicht, was er von mir hält. Bestimmt denkt er so etwas wie ›die Kleine ist ziemlich nett‹. Tatsache ist, dass er mich einige Male nach Hause begleitet hat. Das beweist aber noch nichts. Sicherlich werde ich in ein paar Wochen (sollte ich noch am Leben sein) darüber lachen, denn ich bin noch sehr jung und werde noch oft für jemanden schwärmen, aber jetzt ... Ich weiß, dass ich nur einmal im Halbjahr in mein Tagebuch schreibe, vielleicht kann ich mich von nun an dazu bringen, öfter zu schreiben.«

## V. IMEK

Was fühlt eine ältere Dame, wenn sie auf dem Papier ihrem jüngeren Selbst begegnet – unzensiert, unredigiert? Ich muss zugeben, dass dieses junge Mädchen namens Binka mit der Frau, die ich heute bin, sehr viel gemeinsam hat. Sie ist kokett, impulsiv, eigensinnig und zärtlich. Sie ist sich dessen bewusst, dass sie oft extravagant wirkt, doch sie möchte gern ernst genommen werden. Sie sehnt sich danach, verstanden zu werden und zu verstehen. Sie hat ein Gespür für Stil, und sie schätzt Schönheit. Mit ihren Freundinnen tauscht sie Baskenmützen ebenso gern wie Bücher aus. Doch sie hat sehr genaue Vorstellungen davon, was gutes Benehmen ausmacht. Sie ist selbstkritisch, aber nicht selbstbewusst. Sie ist niemand, der schmollt oder sich selbst bemitleidet, zumindest nicht lange. Sie weiß, dass es andere gibt, die weniger glücklich sind als sie. Davon abgesehen, lässt sie sich durch Menschen oder Situationen, die sie amüsieren, leicht von ihrem eigenen Unglück ablenken.

Natürlich ist im weiteren Kontext zwischen April und Juni 1942, als ich regelmäßig die Seiten meines Tagebuches füllte, nichts Amüsantes geschehen. Ganze Gemeinden polnischer Juden wurden ausgelöscht. In der Gedenkstätte Belzec gibt es eine Landkarte von Polen, auf der man beobachten kann, wie ab März 1942 – Monat für Monat – die Lichter (von denen jedes eine jüdische Gemeinde darstellt) nach und nach ausgehen, bis Mitte 1943 schließlich Dunkelheit herrscht. Die meisten polnischen Juden lebten nicht mehr. Wir spürten, wie sich diese Dunkelheit auf uns zubewegte. Wir wussten, dass sie uns verschlingen würde, und dennoch gab es Tage, an denen ich glücklich war. Solange meine Mutter am Leben war, fühlte ich mich geborgen. Ich konnte immer noch etwas fühlen. Ich war noch nicht starr vor Angst. Und ich habe noch gebetet. Ich glaubte noch an Gott. Heute glaube ich nicht mehr an ihn – zumindest nicht an jenen Gott, den ein religiöser Jude meint. Heutzutage bitte ich ihn gewiss um nichts mehr. Ich habe meine Lehren gezogen.

Ich habe diese wenigen Tagebucheinträge aus einem einzigen Grund übersetzt. Ich kann in ihnen – naiv, wie sie sind – die Veranlagung der Frau erkennen, die ich geworden bin. Sie enthalten nicht viele Tatsachen über das Geschehen in Borysław. Im Nachhinein wünschte ich,

ich wäre eine gewissenhaftere Chronistin der Zerstörung unseres Ortes und insbesondere seiner jüdischen Gemeinde durch die Deutschen gewesen. Doch ich hatte fast ausschließlich Augen dafür, was in meinem eigenen, jungen Leben geschah. Ich liebte dieses Leben. Wenn ich diese verstreuten Einträge heute lese, entdecke ich einen bittersüßen Zug in ihnen. Sie sind Zeugnisse der letzten Monate meiner Kindheit im Frühjahr und Sommer 1942.

### 11. APRIL 1942

»Ich war vor Kurzem bei Klara und wir haben uns unterhalten. [...] In Drohobycz hat es schon eine Registrierung von Frauen zwischen 18 und 32 und von kinderlosen Frauen gegeben. Die Mädchen in Borysław haben Angst und suchen Arbeit. Mir ist das so gleichgültig geworden wie noch nie. Nichts kümmert mich mehr. Ich glaube an Vorsehung, und es wird so sein, wie Gott es bestimmt, möge es zum Besten sein.

Imek gefällt mir immer noch. Gestern sah ich ihn mit Nusia, aber ich habe nicht den Eindruck, dass sie miteinander gehen. Vielleicht irre ich mich. Heute war ich bei Ella zusammen mit Imek und Josek. Josek wirft mir vor, ich würde in der Gegenwart von anderen mein Verhalten verändern, dass ich unaufrichtig bin und schnell spreche usw. Aber das ist nicht wahr. Ich spreche schon seit Langem schnell [...], aber da ich zu Hause wenig rede, hat Josek es einfach noch nicht bemerkt. [...]

Abgesehen davon: nichts Besonderes. Die Tage gehen schnell vorbei, sie sind aber eintönig, jeden Tag das Gleiche. Wer weiß, was morgen sein wird? [...] Ich mache mir Sorgen um Ilka und Erna, ich habe von ihnen keine Nachricht erhalten.«

### 14. APRIL 1942

»Draußen ist es scheußlich. Es schneit, und der Schnee verwandelt sich sofort in Matsch. Am Vormittag war ich bei Klara W. und habe mir die Schuhe völlig durchnässt. Unterwegs habe ich Imek getroffen, und wir sind zusammen weitergegangen. Ich habe ein kleines Foto von mir aufgenommen und es Imek gegeben, er hat es für mich vergrößert. Es ist sehr schön. Immer noch keine Nachricht von Ilka und Erna. Das beunruhigt mich sehr, denn in Lemberg passieren fürchterliche Dinge. Vater ist wie immer nach Hause gekommen und hat von diesen grausamen Sachen berichtet, aber ich nehme es mir nicht mehr zu Herzen, man kann nichts machen. Jedem geschieht das, wofür er bestimmt ist. Wenn wir leben sollen, werden wir leben, wenn nicht, dann nicht! So sehr möchte ich leben, und ich habe Angst vor dem Tod, aber was soll´s. Ich versuche, nicht daran zu denken und mich davon nicht ergreifen zu lassen, fröhlich und zufrieden zu sein, und ich danke Gott für jeden gelebten Tag. Was weiter sein wird, das weiß ich nicht. Möge Gott gewähren, dass alles gut wird, dass wir es durchhalten und glücklich leben. [...] Es gab einen Brief aus Hureczko. Es ist dort sehr schwierig. Sie haben auch viel durchgemacht. Das kann ich mir vorstellen.«

### 25. APRIL 1942

»Schon vor einigen Tagen habe ich eine Nachricht von Ilka erhalten. Gott sei Dank ist bei ihnen alles in Ordnung. Immer noch nichts von Erna. [...] Ich habe Josek gefragt, ob Imek eine Freundin hat, und er meinte, nein. Das freut mich sehr, denn Imek gefällt mir nach wie vor. Er ist nicht hübsch, aber sehr sympathisch, und er hat so ein nettes und ehrliches Lächeln. Heute habe ich das bemerkt. Ob ich ihm wenigstens ein bisschen gefalle? ... Viele Mädchen haben mich gefragt, ob ich mit ihm gehe. Sie sind sehr indiskret und schlecht erzogen, solche Fragen stellt man doch nicht!

Einige Leute sagen, dass es bereits im Mai vorbei sein könnte. Hoffentlich wird das so sein. Zwar bin ich eine große Optimistin, diesem blöden Geschwätz schenke ich aber keinen Glauben. Aber vielleicht ... Doch Hoffnung ist die Mutter der Dummen, wie jemand mal gesagt hat (ich weiß jetzt nicht mehr wer es war) ... Ein paar Tage lang hatten wir wunderbares Wetter, jetzt haben wir wieder Schmuddelwetter. Aber wir tragen schon kurze Socken.«

### 28. APRIL 1942

»Gestern kam ein Brief von Erna. Dort ist alles in Ordnung. Draußen regnet es, manchmal schneit es auch. Es ist sehr kalt. Ich fühle mich irgendwie traurig, und es ist sehr schlimm, dass ich keinen habe, mit dem ich darüber reden könnte. Ich wünschte, ich könnte irgendetwas tun, irgendwo hinfahren, ich weiß selber nicht was und wohin. [...] Ich möchte, dass dieser Krieg endlich vorbei ist und dass es irgendwie besser, anders ist. Außerdem gefällt mir Imek weiterhin, so sehr wie keiner zuvor. Er ist zwar sehr höflich usw., aber ich glaube, dass ihm an mir nichts liegt. Er ist nicht mehr mit Nusia zusammen, er hat auch keine andere Freundin. Vielleicht werden sie sich versöhnen. Ich bin manchmal so traurig, so sehr möchte ich ihm übers Haar streichen, und wenn er nicht da ist, sehne ich mich so danach, ihn zu sehen! Ich bin noch so jung, und sollte ich überleben, werden mir auch andere Jungen gefallen, aber jetzt ist er derjenige. Imek hat heute Vorladungen ausgetragen und dabei Polen aus dem Westen im Arbeitslager in Derczyce gesehen. Also gehen sie nicht nur mit Juden so um, sondern mit allen. Sie machen ihnen weis, es sei nur für sechs Monate Militärdienst, dann schicken sie sie ins Lager und geben ihnen dreimal am Tag zu essen. Hitler hat wieder viel über die Juden gesagt, aber jetzt kümmert mich nichts mehr. So sehr möchte ich leben, aber wir können gar nichts machen und müssen uns mit dem Schicksal abfinden.«

## 30. APRIL 1942

»Gestern hat es geschneit. Kaum zu glauben, dass es schon Ende April ist. Draußen ist es so kalt wie im Winter. Morgen ist der 1. Mai. Hoffentlich wollen sie am 1. Mai nichts unternehmen, denn für sie ist es ein wichtiger Feiertag. Ich bin wieder sehr betrübt. Ich bin richtig angetan von diesem Imek. Was sehe ich in ihm? Er ist weder besonders hübsch, noch ist er besonders schlau oder intelligent! Er ist einfach ganz nett und höflich, er ist ein guter, aber gewöhnlicher Junge. Heute war er nicht da, dabei möchte ich ihn so sehr sehen! Ob er morgen kommt? Ich weiß, dass ich so eine Göre bin und dass ich mich noch verknallen werde, aber ich muss dauernd an ihn denken. Und noch dazu in solchen Zeiten. [...] Man munkelt, dass aus Amerika Geld für die Armen kommt.«

[In dieser Phase berichtete die *New York Times* am 1. März 1942 unter der Überschrift *Juden in Polen befürchten Auslöschung* über das Massensterben in polnischen Ghettos – auf Seite 28 und eingebettet in Anzeigen für *Flex-Masters-Schuhe* sowie Herrenanzüge von *Bloomingdale's*. Etwa drei Millionen polnischer Juden seien der ›Vernichtung‹ preisgegeben, allein in Lemberg 120.000 und in Lublin 40.000.]

»Einmal haben sie kleine Kinder auf der Straße geschnappt und sie ins Waisenhaus gebracht. Es ist erschreckend, was für ein Elend in Borysław herrscht. Auf der Straße gehen lebende Leichen umher. 13, 14 Todesfälle am Tag. Wozu noch Pogrome, Arbeitslager, Aussiedlungen und Deportationen? Wie soll man das durchhalten? Ich beklage mich nicht, bei uns ist es nicht so schlimm, wir essen dreimal am Tag, andere nur einmal oder überhaupt nicht [...]. Angeblich geschieht in Stanislau wieder Schreckliches. Wie soll man beten und Gott anflehen, dass er dieses Unheil von uns abwendet und uns bessere Zeiten abwarten lässt? [...] Am 8. Juni ist mein Geburtstag. Werde ich es bis dahin schaffen? [...]«

### 3. MAI 1942

»[...] Vorgestern habe ich Lusia Zuckerberg besucht. Wir fingen an zu plaudern, und es wurde daraus ein richtig gutes Gespräch. Ich konnte mich richtig öffnen, denn es geht mir manchmal so schlecht, und ich habe keinen, mit dem ich sprechen könnte! Ilka habe ich schon lange nicht mehr gesehen, Erna ist zu kindisch für solche Sachen, Klara bevorzugt Viva und weist mich ab, und ich bin allein geblieben. Mit Josek kann ich mich manchmal unterhalten, aber nicht über alles, denn er kann sehr ungerecht und aufbrausend sein, außerdem kennt er mich nicht so gut und meint dennoch, mich beurteilen zu können. Er hält mich für eine Göre, die nichts Kluges sagen kann. Obwohl Lusia zwei Jahre älter ist als ich, versteht sie mich, vielleicht eben weil sie älter und sehr klug ist. Sie hat aber zwei Gesichter; die eine Lusia ist fröhlich, witzig, unterhaltsam, die zweite ist geheimnisvoll, ernst, manchmal traurig, aber immer klug und nett. Wir haben uns über alles unterhalten. Ich beneide sie um ihren Vater. Ich meine das nicht böse, ich wünschte aber, dass ich einen Vater hätte, den ich drücken und küssen könnte, mit dem ich reden könnte. Wie ich ihn lieben würde! [...] Neulich hat er sich ein Fußbad vorbereitet, ich bin unabsichtlich in die Schüssel getreten und habe das Wasser verschüttet. Gott, was da los war. Sein Geschrei und Gebrüll! [...] Hatte ich es mit Absicht gemacht? Für mich war es doch auch nicht schön, nasse Füße zu haben. [...] Wie viel ich gesehen habe, wie viel Mama mir schon erzählt hat. Es ist schrecklich. Wenn ich mir das Leben meiner Eltern so ansehe, erscheint die Welt so grausam, und die Welt, die ich aus Büchern kenne, erscheint mir märchenhaft. Es ist vielleicht lustig, dass sich so ein junges Mädchen Gedanken über die Liebe macht. [...] Ich liebe meine Mutter sehr. [...] Wenn ich große Angst habe, kann ich mich an sie schmiegen, und ich fühle mich sicher. Zwar habe ich nicht den Vater, von dem ich träumen würde, aber ich habe eine Mutter, die ich vergöttere. Lieber Gott, lass' sie überleben, damit sie sich an uns erfreuen kann und damit ich ihr das Beste und alles Glück geben kann, alles für meine geliebte Mutter. [...]

Neulich habe ich auf dem Heimweg Imek getroffen. [...] Unterwegs haben wir auch Klara Rosberg getroffen. Wir sind für einen Moment stehengeblieben, sie hat uns ein Foto gezeigt und bat Imek, mitzukommen. Sie sagte: ›Du kannst mitkommen, Imek, Binka wird es Dir wohl erlauben.‹ Das hat mich ein bisschen durcheinandergebracht, aber ich versuchte, mir nichts anmerken zu lassen. Als Imek mich so niedlich fragte: ›Darf ich?‹, sagte ich: ›Aber natürlich.‹ Alka S., Klara usw. verziehen wissend ihre Gesichter, aber ich bin völlig ahnungslos und weiß immer noch nicht, ob er überhaupt auf mich steht? Wie seltsam das ist, in mir sind zwei verschiedene Binkas. Eine ist ernsthaft, die zweite ein 15-jähriges Mädchen, das nur an Jungs und ans Verlieben denkt.

Heute habe ich Hanna Błocka besucht [eine nichtjüdische Freundin]. Wir wollten Baskenmützen tauschen. Meine ist braun, ihre dunkelblau, sie war aber zu klein und abgenutzt. Ihr Zuhause war sehr elegant. Kaum zu glauben, dass es bei uns auch einmal so war! Dass wir nicht immer in so einer Bude gewohnt haben. Ja! Es gab Zeiten, vorbei sind sie. Vielleicht kehren sie eines Tages wieder zurück. [...]

Ach, mir ist noch eingefallen, dass Imek eine neue Reithose hat und einfach märchenhaft aussieht. Er trägt die Reithose mit hohen Stiefeln, einem eleganten Hemd und ist überhaupt sehr modisch. Er hat eine wundervolle Figur: breite Schultern, schmale Hüften, und er ist groß. Einfach göttlich! (Das ist Binka Nummer 2).«

### 5. MAI 1942

»Gestern habe ich einen Brief von Ilka bekommen. Ich war sehr glücklich. Sie hat mir zwei Fotos von sich geschickt. [...] Ich bin jetzt davon überzeugt, dass ich sie sehr lieb habe! Weder die Entfernung noch die Trennung haben unsere Freundschaft verändert. Ich habe ihr einen gewaltigen, ehrlichen Brief geschrieben, ich habe ihr all meine Gedanken mitgeteilt und um eine ehrliche Antwort gebeten. Ob wir uns einig sein werden, ob wir dieselben Vorlieben und Geschmäcker haben? Obwohl ich den Brief erst heute abgeschickt habe, möchte ich schon jetzt eine Antwort! [...]

Am Nachmittag habe ich mit Mama Frau Wekselberg besucht. Bis vier Uhr habe ich darauf gewartet, dass Imek kommt, aber er war nicht da. Ich habe gezaudert, ich wollte warten, letztendlich bin ich doch mit Mama gegangen. Als wir wieder zu Hause waren, wartete dort Imek. Ich habe Mama nach Hause gezogen, als ob ich gewusst hätte, dass er da sein wird. Davor war ich so traurig, aber als ich ihn gesehen habe, ging es mir sofort besser. Es ist seltsam, dass er mir so gefällt. Wie keiner zuvor. Und ich bin ihm so egal. [...] Fylypiak [der ukrainische Nachbar] ist bei uns zu Besuch und quatscht. Es liegt etwas in der Luft. Was ist passiert, dass er uns besucht? [...]«

### 7. MAI 1942

»Gestern habe ich einen Brief von Erna erhalten. Obwohl ich sie sehr lieb habe, kann ich nicht verstehen, wie sie in solchen Zeiten an Janek [ein nichtjüdischer ukrainischer Junge] denken kann. Ich muss zugeben, dass ich ihn auch sehr mochte, aber seit ich weiß, dass er Juden prügelt, kann ich ihn nicht mehr sehen. Und Erna ist von ihm so begeistert, dass er ihr so gut gefällt usw. Ich habe ihr einen ordentlichen Brief geschrieben. [...]

Draußen ist es heute herrlich warm, und das Wetter ist wunderschön. Am Vormittag habe ich Viva in Wolanka besucht, danach habe ich Piroggen gemacht, am Nachmittag haben wir Imek besucht, von dort sind wir zur Post und dann zu Frydka gegangen. Josek ist noch bei ihr geblieben, Imek und ich sind zu ihm nach Hause gegangen. Er hat erzählt, dass er Nusia getroffen hat und dass sie sich von ihm abgewendet hat und dass ihn das sehr getroffen hat. Ich habe den Eindruck, dass er Nusia vermisst. Ich wünsche mir, wir könnten ehrlich miteinander darüber reden, warum er mit ihr Schluss gemacht hat, ob er noch auf sie steht, und wenn ja, warum er nicht versucht, sie zurückzugewinnen, aber ich traue mich nicht. Ich stehe immer noch auf ihn. [...] Dann kam Josek, und wir sind nach Hause gegangen. Es war recht angenehm.«

## 13. MAI 1942

»[...] Vorgestern habe ich mich mit Papa gestritten. Es gab schrecklichen Krach. Er hat mich ins Gesicht geschlagen, das werde ich ihm nie verzeihen. [...] Er versteht nicht, dass sein Geschrei nur meinen Hass auf ihn weckt, er glaubt, dass wir ihn fürchten und respektieren. Er kam gestern nach Hause und sagte, dass Doktor Teicher gefragt hätte, ob er eine größere Menge an Lebensmitteln für die Jüdische Soziale Selbsthilfe organisieren könnte. Mama ist losgehetzt und hat viele Waren aus Mraźnica auf ihrem Rücken nach Hause geschleppt. Am Abend hat er wieder herumgeschrien. Er kann nicht begreifen, wie gefährlich es ist, so viele Waren zu tragen. [...]

Gestern habe ich Mittagessen gekocht, und heute habe ich ein Hemd gegen ein Kilo Weizen und zwei Kilo Kartoffeln getauscht, und Mama gab mir 25 Złoty. Ich habe heute Imek besucht [...] Er gefällt mir immer noch, aber ich weiß weiterhin nicht, was er von mir denkt. [...]«

## 30. MAI 1942

»[...] Hipp hipp, hurra! Ich gehe mit Imek! Er hat gesagt, dass er auf mich steht, und überhaupt. Ich bin unglaublich glücklich, falls das möglich ist. Bis jetzt hatte ich Zweifel, jetzt weiß ich, dass er auf mich steht. Wie schön. Gestern hätte ich viel schreiben können, ich wollte mit jemandem reden, aber ich hatte keinen, mit dem ich reden könnte, und ich war zu faul zu schreiben. Heute kann ich nicht mehr beschreiben, was gestern in mir vorgegangen ist, ich will auch keine leeren Phrasen benutzen, also schreibe ich nicht. Ich schreibe wieder, wenn ich Lust dazu habe.«

## 15. JUNI 1942

»Ich bin sehr traurig, und es geht mir sehr schlecht. Ich weiß selber nicht, warum. Ich streiche umher und weiß nicht, was ich mit mir anfangen soll. Wenn ich zu Hause bin, will ich raus, und wenn ich draußen bin, will ich wieder nach Hause, immer wieder das Gleiche. Ich bin so verliebt in Imek. Nur, ich bin so launisch. Gestern haben Imek und Josek Karol besucht, ich war bei Lusia. [...] Irgendetwas ist in mich gefahren, und ich wollte unbedingt nach Hubicze. [...] Nach ungefähr zwanzig Metern fing ich an, Imek schrecklich zu vermissen, und ich wollte zurückkehren. [...] Ich weiß nicht, was mit mir los ist. Manchmal vergöttere ich Imek, aber manchmal kommt er mir völlig fremd vor. Was sehe ich in ihm? Er ist nicht hübsch, aber er ist gutaussehend und nett. Ob er klug ist, ernsthaft, ob man sich mit ihm ernsthaft unterhalten kann, das weiß ich nicht. [...] Ich möchte mich so gerne an jemanden anschmiegen, mit jemandem reden, der mich versteht und tröstet.

Am 8. Juni war mein Geburtstag. Josek hat mich damit überrascht, dass er meine Uhr repariert hat. Er ist so gut, aber oft sehr ungerecht. Lusia D. war zu Besuch und hat mir Blumen und eine Brosche geschenkt, am Nachmittag führten Josek und Imek mich aus zum Kuchenessen bei Kochs. Das sind liebe Jungs. Alle beide!

In letzter Zeit war ich sehr beherrscht, jetzt fange ich an, mich wieder zu fürchten! Ich frage mich, wann der Krieg zu Ende sein wird, aber es wird wohl noch ein weiter Weg. Das Leben wird immer schwerer, man kann sich keinen Moment lang sicher fühlen. Vor ein paar Tagen wurden die Grinszlags [Bekannte unserer Familie] überfallen. Herr Flachs [der Vater eines Freundes] erlitt heute einen Herzinfarkt. Sein Zustand ist kritisch. Ich bete so zu Gott, dass diese Greuel bald enden. Werden wir es überleben?

Ilkas Vater wurde ins Arbeitslager verschleppt. Es ist schrecklich.

Ich lese gerade ein sehr gutes Buch, das ich von Ducek ausgeliehen habe. [...] Er ist sehr klug, aber naiv. Ich mag ihn sehr. [...] Ich muss aufhören, es ist schon ganz dunkel.«

**22. JUNI 1942**

»Heute vor einem Jahr hat der Krieg begonnen. Kaum zu fassen, dass wir schon seit einem Jahr so leben. Wir sind nie sicher, an keinem Tag, zu keiner Stunde. Wenn wir abends schlafen gehen, wissen wir nicht, ob wir morgens aufwachen werden. Das ist doch schrecklich. Mir kommt es vor, als würde es nie enden! Ich bin so pessimistisch geworden. All die furchterregenden Dinge, die ich höre, sie bedrücken mich so. Hier ein Pogrom, da ein Pogrom. Hunderttausende von Juden sterben. Unschuldige Kinder, Frauen, Männer. Jüdisches Blut wird vergossen! Warum, Gott? Ich denke oft darüber nach. Haben die Juden mehr gesündigt als andere Völker? Und wenn ja, ist diese Strafe nicht ausreichend? Ich bete zu Gott, dass wir überleben, bis bessere Zeiten anbrechen. Verdient meine geliebte Mutter denn keine Freude im Leben? Sie hat doch ihr ganzes Leben lang gelitten. Jetzt, da wir erwachsen sind, könnten wir ihr Leben erleuchten. Aber es sollte nicht sein. Vielleicht erwarten uns noch bessere Zeiten, aber ich glaube nicht so recht daran. Ich bin erst 15 Jahre alt. Ich muss mich damit abfinden, und jederzeit bereit sein zu sterben, das kann ich aber nicht. Der Tod macht mir Angst. Ich kann mich nicht mit ihm abfinden, ich kann ihn mir auch nicht erklären. Wie ist es möglich, dass vom Menschen nichts übrigbleibt, nur eine Handvoll Asche. Wenn ich daran denke, gefriert mir das Blut in den Adern. Dass Herr Flachs noch vor einer Woche mit uns gesprochen und gescherzt hat, und jetzt ist er tot. Das ist schrecklich. […]

Imek hat es mir nicht gesagt, aber ich weiß, dass er nicht mehr in mich verliebt ist. Ich bin etwas traurig darüber, aber ich finde Trost in der Tatsache, dass, obwohl ich denken kann, in mir auch noch Binka Nummer zwei ist, die heute in einen Jungen verknallt ist, morgen in einen anderen. Ich kenne Imek schon so lange, aber ich weiß nicht einmal, wie er wirklich ist, ob man wenigstens ernsthaft mit ihm reden kann. Und jetzt ist Imek ein guter Bekannter, mehr nicht. Ducek hat uns heute besucht. Ich mag ihn sehr. Jeden Tag etwas mehr.«

## VI. AUGUST-›AKTION‹

Sechs Wochen nach diesem letzten Tagebucheintrag gab es erneut eine umfassende ›Aktion‹. In ihrem Vorfeld lag bereits etwas Unheimliches in der Luft. Man konnte die Spannung mit Händen greifen, und jeder war damit beschäftigt, ein geeignetes Versteck zu finden. An den Abenden sah man draußen in den Straßen nur noch die Gestapo. Als am 6. August 1942 das Zusammentreiben begann, versteckten meine Mutter und ich uns in einem Lagerraum in einer Art Kaufhaus, in der Nähe unseres Wohnhauses. Wir haben uns hinter einen sehr großen Stapel Verpackungen gedrängt. Mein Vater und mein Bruder waren nicht bei uns. Ich weiß nicht, wo sie waren. Sehr viel von dem, was an diesem Tag geschah, habe ich vollständig verdrängt. Ich kann mich nicht einmal mehr an das Wetter erinnern, obwohl es Sommer war und vermutlich recht warm. Auch Gerüche oder Farben sind mir nicht im Gedächtnis geblieben – diese Art von vertrauten Details, die ein seelisches Bild eines vergangenen Ereignisses aufleben lassen. Es ist alles fort. Ich habe es gelöscht. Was ich jedoch nicht vergessen kann, ist der Lärm. Er dröhnt in meinem Kopf. Das Geräusch bellender Hunde, tretender Stiefel, das Gebrüll der Männer, das Hämmern der Fäuste, das Zersplittern von Glas, das Geschrei der Frauen. Diese Geräusche gingen unter die Haut. Sie lösten Panik und Verwirrung aus und blinde, unkontrollierte Angst. Genau das war die Absicht.

Wir wurden, glaube ich, gleich am ersten dieser drei Tage der ›Aktion‹ entdeckt. Ich erinnere mich an diesen grauenhaften Lärm – ein zerstörerisches, angriffslustiges Hämmern gegen die Tür. Ich habe unseren Nachbarn, Fylypiak, im Verdacht, dass er uns verraten hat. Unsere Nachbarn waren anders als die zu der Zeit, bevor uns die Russen aus dem Haus geworfen haben. Es war eine andere Sorte Mensch, vorwiegend Ukrainer, mit denen wir wenig zu tun hatten und umgekehrt. Es geschah während des Krieges oft, dass Nachbarn einander denunzierten.

Ukrainische Miliz drang in unser Versteck ein und trieb uns hinaus auf die Straße, mitten hinein in eine Menschenmenge, die von der SS vorwärtsgepeitscht wurde. Hunde stürzten sich auf jene, die zu entkommen versuchten. Ich klammerte mich an die Hand meiner Mutter, und meine Mutter hielt ihren Arm schützend um mich. Benommen vor Angst, setzten wir Fuß vor Fuß, bis wir das Kino *Grażyna* erreichten, das von den Nazis als Sammelstelle genutzt wurde. Im Saal waren die Sitze entfernt worden, und er war bereits bis zum Bersten gefüllt. Hunderte anderer Menschen waren dort – überall in der Stadt aufgegriffen und nun dicht zusammengezwängt: Männer und Frauen, Mütter, die ihre Babys im Arm wiegten, Schulkinder wie ich und ältere Menschen, die kaum mehr laufen konnten. Die Gestapoleute kamen durch die Hintertür herein und schauten sich um. Wenn ich heute die Augen schließe, sehe ich alles wieder vor mir, obwohl darunter Ereignisse sind, an die ich mich nicht erinnern will. Kinder wurden aus den Armen ihrer Eltern gerissen und gegen die Wand geschleudert oder aus dem Fenster geworfen. Ich ertrage es nicht, daran zu denken. Die Gestapoleute begannen, Mädchen auszuwählen, indem sie mal auf diese, mal auf jene zeigten. Ich erinnere mich, dass meine Mutter und ich geschoben und gedrängt worden waren, bis wir uns vor der Menge befanden. Ich hasse Menschenmassen. Man weiß nie, was passiert, wenn man sich in einer befindet. Ein SS-Mann brüllte mich an, ich sollte nach vorn kommen. Ich wich gegen den Körper meiner Mutter zurück und umklammerte verzweifelt ihre Hand. Er schlug mir mit einem Holzknüppel auf meinen Hinterkopf und riss mich von ihr fort. Hat sie geschrien? Ich weiß es nicht mehr. Ich weiß überhaupt nichts mehr von diesem letzten Augenblick, den ich mit meiner Mutter verbrachte – nichts außer einer überflutenden, lähmenden Angst und völligem Unverständnis. Das konnte nicht wahr sein. Das konnte doch nicht geschehen.

Ich glaube, wir waren etwa zehn Mädchen, die ausgewählt wurden. Ich war die Jüngste. Wir wurden auf die Ladefläche eines Lastwagens gebracht. Keine von uns wusste, was sie mit uns tun würden, ob sie uns vergewaltigen oder töten würden. Sie brachten uns zu einem höhlenartigen Warenhaus, in dem beschlagnahmtes jüdisches Eigentum gelagert wurde: Schmuck, Uhren, Brillen, Schuhe, Unterwäsche, Hemden, Kleider, Hosen, Hüte, Gürtel und so weiter. Uns wurde befohlen, diese Dinge nach verschiedenen Kategorien zu sortieren.

Mehrere Tage lang blieben wir dort, um zu arbeiten. Wir schliefen auf dem Boden und konnten uns nicht waschen, aber sie gaben uns zu essen. Ich erhielt die Aufgabe, Suppe in Schälchen zu schöpfen. Ich musste dabei ganz genau aufpassen, dass ich niemandem zu viel gab. Ich weiß noch, wie einer der Polizisten, die unsere Arbeit überwachen sollten, zu mir herüberkam und fragte: »Bist du Jüdin?« »Natürlich«, antwortete ich. »Das wissen Sie doch.« »Du siehst gar nicht so aus«, gab er zurück. Meine Augen, erklärte er, wirkten eher ein bisschen orientalisch. Wahrscheinlich sollte ich das als Kompliment auffassen. Ich weiß es nicht. Er versuchte, mir gegenüber höflich zu sein, bot mir an, ich könnte mir etwas mehr Suppe nehmen. Ich war zu Tode erschrocken. Wer weiß, was er als Nächstes angeboten hätte?

Am vierten oder fünften Tag wurden wir zusammengerufen. Wir dachten, unsere Stunde hätte geschlagen. Zu unserer Überraschung wurde uns gesagt, wir dürften nach Hause gehen. Einfach so. Also ging ich heim. Es war Tag, und anfangs war ich allein zu Hause, doch nach einer Weile kam mein Bruder und nach ihm mein Vater. Ich erfuhr, dass Josek von der Gestapo aufgestöbert und zum Bahnhof getrieben worden war. Dort – inmitten der zu Tode verängstigten Menschen auf dem Bahnsteig – trafen er und meine Mutter aufeinander. Doch während sie in die Todeswaggons gedrängt wurde, hat man ihn aus der Menge herausgezogen und zur Zwangsarbeit bestimmt. Er war ein junger Mann, sie war eine Frau mittleren Alters. So lief das ab. Kurz bevor sie auf den Transport verladen wurde, der sie und Tausende anderer aus unserer kleinen Stadt in die Gaskammern von Belzec brachte, rief sie Josek noch zu: »Pass' auf die Kleine auf!« Das war alles. So lauteten ihre letzten Worte an ihn, an uns.

Nachdem ich meine Mutter verloren hatte, sprach ich kein Wort mehr. Ich stand unter schwerem Schock. Ich wusste nicht, wo sie war. Ich wollte nicht wissen, wo sie war. Die Wahrheit war nicht zu ertragen, und ich wollte sie nicht erfahren. Mein Körper und mein Geist schalteten einfach ab. Ich fühlte nichts. Es war, als wäre ich versteinert. Der Schmerz kam später. Mein Bruder sorgte für mich. Er gab mir zu essen, wusch mein Haar und kämmte es. Ich konnte nichts allein tun. Ich weiß nicht, wie lange dieser Zustand andauerte; aber eines Tages war ich meine Hilflosigkeit leid. Ich fand einen Friseur – obwohl es Juden nicht erlaubt war, ein Geschäft zu führen, arbeiteten ein paar kleine Geschäfte unter Aufsicht des ›Judenrats‹ – und bat ihn, mein langes Haar abzuschneiden.

Als ich mit diesen bis kurz unterhalb der Ohren heruntergeschnittenen Haaren heimkam, brach mein Bruder in Tränen aus. Auch ich weinte. Wir umklammerten einander und weinten gemeinsam. Und dann begann ich, wieder zu sprechen. Meine Kindheit war vorüber. Wenn ich überleben wollte, so musste ich lernen, für mich selbst zu sorgen. Ich war nicht länger Mamas geliebtes Nesthäkchen. Sie wusste, dass ich gerettet worden war – und sie wollte unbedingt, dass ich lebe.

Und mein Vater? Welche Rolle spielte er in meinem Leben, nachdem Mama abgeholt worden war? Das Merkwürdige ist, dass ich von dieser Zeit an nur noch sehr wenige Erinnerungen an ihn habe. Ich übertrug die Abhängigkeit von meiner Mutter auf meinen Bruder, so wie sie es erwartet hatte. Im Nachhinein fühle ich großes Mitleid mit meinem Vater. Er war 44. Er hatte seine Frau verloren – Sala, eine außergewöhnlich starke, sinnliche, leidenschaftliche Frau, auf die er sich zwanzig Jahre lang irgendwie verlassen hatte. Doch ich verschwendete keinen Gedanken an seinen Verlust und seinen Schmerz. Ich war selbst allzu bedürftig und wusste, dass er mir keinen Trost geben konnte. Er war ein schwacher Mann, der Probleme mit dem Herzen hatte, wie mir später erzählt wurde. Ich weiß nicht, ob das stimmte. Nachdem Mama fort war, waren mein Bruder und ich uns einiger Dinge gewiss – und eines davon war, dass wir uns nicht darauf verlassen konnten, dass unser Vater für uns sorgte.

Unsere Familie hatte ihr Herz verloren, aber so erging es vielen anderen auch. Borysławs jüdisches Herz war buchstäblich herausgerissen worden; rund 6.000 Menschen wurden während der August-›Aktion‹ in unserer Stadt und den umliegenden Orten verhaftet. In jeder Familie gab es jemanden, der abgeholt worden war. Meine Freundin Róża erzählte mir später, dass sie ihre Großmutter und zwei Tanten bei dieser ›Aktion‹ verloren hatte; ihr Mann Marek, seine Mutter und seine Schwester. Zwar hatte ich nun nur noch meinen Bruder, der mit 18 Jahren die Verantwortung für mein Überleben übernommen hatte und für mich sorgte, und trotzdem hatte ich Glück gehabt. Ich war am Leben. Ich wusste, dass ich ein sehr verzogenes Kind war und viel zu sehr um mich selbst kreiste. Mein Bruder war ein viel besserer, rücksichtsvollerer Mensch. Auch das wusste ich. Doch ich vermisste meine Mutter so schmerzhaft. Ich erinnere mich, neidisch gewesen zu sein, wenn ich andere Kinder zusammen mit ihren Müttern sah. »Warum meine Mutter?«, fragte ich mich. »Warum haben die eine Mutter und ich nicht?« Ich wusste, es war nicht richtig, so zu denken, und dass ich froh zu sein hatte, dass andere Kinder noch eine Mutter hatten. Doch ich wollte so gern umarmt, geküsst und getröstet werden. Ich verzehrte mich nach ihrer Berührung. Diese Sehnsucht ließ auch im Laufe der Zeit nicht nach. Ich verzehrte mich nach der Berührung von irgendjemandem. Róża besitzt ein Foto von mir, das nach dem Krieg aufgenommen wurde und mich in einer Gruppe russischer Soldatinnen zeigt. Der Boden ist schneebedeckt, und wir kuscheln uns in einer Reihe eng aneinander, die Gesichter der Kamera zugewandt. Ich schmiege meinen Kopf an die Schulter eines der Mädchen. Ich bin eine Schmuserin. Ich sehne mich nach Zuneigung und erwidere diese sofort, wenn sie mir zuteil wird. Das hat mich natürlich oft in Schwierigkeiten gebracht. Meine Mutter hat mich so erzogen. Und wer würde nicht sagen, dass es der beste Schutz ist, den eine Mutter geben kann, wenn sie in einem Kind einen gesunden Appetit auf Liebe weckt?

## VII. GHETTO

In den ersten Wochen, nachdem sie meine Mutter mitgenommen hatten, stellte ich mir vor, sie wäre in einem Arbeitslager. Genau das wollten die Deutschen uns glauben machen. Sie fuhren fort, uns zu erklären, dass Juden, die zur ›Umsiedlung‹ mitgenommen worden seien, arbeiten gingen. Ich machte mir Sorgen, dass es meiner Mutter im Lager zu kalt werden könnte und sie nicht genug zum Essen hätte. Würde irgendjemand seine Ration mit ihr teilen? Sie hatte immer riesige Töpfe voll Suppe für die Armen gekocht. Stets hielt sie sich für privilegiert – sogar noch, als wir selbst schon beinahe zu den Armen zählten.

Wir hatten aufgrund der Voraussicht und Energie meiner Mutter, Vorräte auf dem Schwarzmarkt zu kaufen, genügend Nahrungsmittel im Haus. Und eine Zeitlang, ehe es zu schwierig wurde, übernahm es Josek, hinaus aufs Land zu gehen: Wir besaßen Tauschgüter, die viele ärmere Familien nicht hatten. Die Menschen in unserer Umgebung hungerten, doch ich kann mich nicht daran erinnern, jemals hungrig gewesen zu sein. Auch vor dem Krieg hatte ich nur geringen Appetit, ich war niemals eine gute Esserin. (Mein Lieblingsessen bestand aus Kartoffeln, Kohl und Brot, und so ist es noch heute.) Zu Hause übernahm ich das Kochen – irgendjemand musste es ja tun. Aber ich wusste nicht, wie ich das machen sollte. Ich hatte gehört, dass man mit Ei die Suppe andicken könnte, also gab ich ein Ei zur Suppe, doch es schwamm obenauf. Ich versuchte, Brot zu backen; es war eine Katastrophe. Allmählich jedoch lernte ich genug, um mich gegenüber meinem Bruder und meinem Vater nützlich zu fühlen.

Im Oktober 1942 richteten die Deutschen im ältesten und ärmsten Stadtteil von Borysław ein ›Judenviertel‹ ein. Die Nichtjuden wurden umquartiert und die Zimmer in ihren Häusern und Wohnungen jüdischen Familien zugewiesen – ein Zimmer pro Familie. Mein Bruder, mein Vater und ich teilten uns ein Zimmer. In Borysław nannten wir das Ghetto ›Dzielnica‹, den Bezirk. Das ausgedehnte und schnelle Wachstum der Stadt machte es nahezu unmöglich, ein geschlossenes Ghetto einzurichten. Das Ghetto von Borysław war von keiner Mauer umschlossen, es gab keine Tore und keine Wachposten. Bestimmte Straßen wurden zur Grenze erklärt, der normale städtische Straßenverkehr trennte die Juden von den Nichtjuden. Wir wussten, dass wir uns nicht eigenmächtig über diese Grenzen hinausbewegen durften. Diejenigen, die für die Ölindustrie arbeiteten, verließen das Ghetto täglich in Gruppen und kehrten abends zurück. Es gab eine strenge Ausgangssperre. Ich kann mich nicht daran erinnern, dass irgendjemand deshalb erschossen wurde, weil er über Nacht nicht im Ghetto war, doch die Menschen gingen damit ein großes Risiko ein.

Ende Oktober fand wieder eine ›Aktion‹ statt, die drei Tage dauerte. Nachdem wir Juden nun alle an einem Ort lebten, war es viel einfacher, uns zusammenzutreiben. Ich weiß nicht mehr, wo ich gewesen bin, doch mein Bruder, mein Vater und ich überlebten. Nach einer kurzen Unterbrechung von einer Woche begann der Terror erneut. Die andauernden Mordeinsätze und zahlreichen kleineren ›Aktionen‹ zielten darauf ab, die jüdische Bevölkerung von Borysław und Drohobycz auszulöschen. Im November und Dezember 1942 wurden weitere 1.500 Menschen nach Belzec gebracht, und mehrere Hundert zwang man auf Laster und fuhr sie zu einem Feld hinter dem Schlachthof von Borysław, wo sie auf der Stelle erschossen wurden. Niedergemetzelt wie Tiere. Mein Hirn ist leer. Ich kann über die Geschehnisse lesen, doch ich erinnere mich an nichts. Ich war anwesend und gleichzeitig nicht dabei. Wie ich bereits erwähnte, habe ich mir eine Zeittafel erstellt, doch diese Ereignisse fehlen in meinem Gedächtnis. Ich muss aber im Ghetto gewesen sein. Róża erinnert sich daran, mich dort gesehen zu haben. Damals lernten wir uns kennen. Sie teilte ein Zimmer mit ihrer Mutter Fenka, ihrem Mann Marek und dessen Vater. Ihr Cousin Imek, mein Freund, lebte mit seinen Eltern, die schon bald eine bedeutende Rolle in meinem Leben spielen sollten, direkt nebenan.

Am 15. November 1942 eröffneten die Deutschen ein Arbeitslager in Mraźnica am nördlichen Ende der Stadt. Diejenigen Juden, die als Arbeiter der *Karpathen-Öl* registriert waren, mussten dorthin umziehen. Wir nannten das Lager ›die Kaserne‹. Im Vergleich zu Konzentrationslagern wie Majdanek war ›die Kaserne‹ ein Paradies. Sie war nicht groß, reichte für 1.400 Insassen, die in Gebäuden rings um einen Innenhof lebten. Männer und Frauen schliefen in getrennten Schlafräumen, ein paar Menschen pro Raum und in Betten, die sie aus dem Ghetto mitgebracht hatten. Ein paar als wichtig angesehene Juden – Chemieexperten, Ingenieure und ähnliche Fachleute – lebten mit ihren Familien in einem eigenen Häuserblock, dem die Lagerinsassen den Spitznamen ›Weißes Haus‹ gaben. Walek Eisenstein, Imeks Vater, der Chef der jüdischen Polizei, lebte in einem gesonderten Teil innerhalb der Eingangstore. Ein hoher Zaun umgab das Lager, doch es gab keine Wachtürme, und die Arbeiter besaßen eine gewisse Bewegungsfreiheit. Die jüdische Polizei überwachte das Eingangstor, und der ukrainische ›Werkschutz‹ kümmerte sich um die hinteren Tore. Doch in den ersten Monaten, als die Wachposten gleichzeitig dafür sorgen mussten, dass die nichtjüdischen Nachbarn draußen und die jüdischen Arbeiter drinnen blieben, durften die Arbeiter mit einem Sonderausweis hinausgehen. Später, als die Sicherheitsbestimmungen verschärft wurden, konnte man die Wachen austricksen. Ironischerweise fühlte man sich in unserer Stadt innerhalb des Lagers sicherer als außerhalb. Draußen auf den Straßen liefen selbst diejenigen Juden, die eine ›R‹-Armbinde trugen und damit als für die Waffenindustrie oder die Raffinerien notwendige Facharbeiter erkennbar waren, Gefahr, von fanatischen SS-Angehörigen aufgegriffen und deportiert zu werden.

Mein Bruder und mein Vater waren als Arbeiter registriert. Ich kann nicht mit Sicherheit sagen, ab wann sie im Arbeitslager lebten, denn ein paar Monate lang existierten das Lager und das Ghetto nebeneinander. Ich war weder im Ghetto noch im Arbeitslager registriert, obwohl ich noch heute eine Bescheinigung besitze, dass Sabina Haberman eine Angestellte der *Karpathen-Öl-Aktiengesellschaft* und ihr freier Durchlass zu gewähren ist. Es ist das einzige Dokument, das ich besitze, auf dem dieser Name steht – der Name, den ich bei meiner Geburt bekam. Dieser gefälschte Ausweis sollte mir für den Fall, dass ich aufgegriffen würde, einen gewissen Schutz bieten. Ich habe niemals gearbeitet, und nachdem mein Bruder und mein Vater ins Arbeitslager umziehen mussten, blieb ich allein im Ghetto zurück. Ich war 15 und lebte plötzlich an einem Ort, an dem das Leben systematisch ausgelöscht wurde. Ein paar Freunde lebten noch, und soweit ich mich erinnere, glich ihre Situation der meinen in dem Sinne, dass unsere Familien mehr zum Tausch auf dem Schwarzmarkt besaßen als die vielen anderen unendlich armen Familien in Borysław. Doch jeder Tag, den wir überlebten, glich einem Wunder. Im Januar 1943 lud ich ein paar Freunde in unser Zimmer im Ghetto ein, um Joseks 19. Geburtstag zu feiern. Ich schrieb darüber in meinem Tagebuch.

»Heute ist Joseks Geburtstag. Ich habe ihm ein kleines Geschenk gekauft und Lusia F., Rolek, Ducek und Imek eingeladen. Wir haben ein
bisschen gesungen. [...] Wir versuchten, guter Laune zu sein, aber es
war etwas gezwungen. Ich konnte nicht einen Augenblick aufhören,
an Mutter zu denken. [...]. Die Erinnerungen an die Vergangenheit, der
Schmerz unseres derzeitigen Lebens, die Hoffnungslosigkeit, wie Tiere
von Tag zu Tag zu leben, von ›Aktion‹ zu ›Aktion‹, um gerade einmal
zu überleben, auf dass man es ein weiteres Mal schafft.

Der Kampf ums Überleben, ein niederträchtiger, verzweifelter
Kampf. Wir sind schutzlos, und sie – die Barbaren – verfügen über alles. Wir haben schon so viel erlitten. Blut, dieses Blut von ermordeten
Müttern und Kindern. Und die Angst, diese ständig lähmende Angst,
Rennen, Verstecken, Wälder, Bunker, und all dies vergeblich. Das englische Radio sagt: ›Wir wissen über alles Bescheid. Über die Pogrome,
über Belzec, über alles.‹ Überall Trauer, Gebete. Im Gedenken an die
gefallenen Juden. Aber was wissen sie tatsächlich? Anstatt nur zu reden – brauchen wir Taten. Gebete werden mir die Mutter nicht zurückbringen. Und denen, die die Ihren noch alle haben, werden auch nur
Taten helfen. Wir sind so machtlos. Wir wollen leben! Wir wollen es
überleben! Aber wie? Wo ist Gott?«

Ich besitze ein Foto, das an diesem Tag aufgenommen wurde. Es
zeigt mich und Josek mit Imek, Ducek und Rolek Harmelin. Die Jungen tragen alle Armbinden. Von den Vieren hat einzig Rolek den Krieg
überlebt. Er heiratete Rita, und von ihr habe ich das Foto bekommen.
Ihr polnischer Onkel, Adam Zoszak, der mit ihrer Tante Giza verheiratet
war, hat es sicher aufbewahrt.

Das ist eine andere Geschichte, eine wunderbare Liebesgeschichte,
doch es ist nicht an mir, sie zu erzählen. Nur kurz: Dieser Onkel stammte
nicht aus unserem Ort. Seine Frau besuchte gerade ihre Schwester, Ritas Mutter, in Borysław, als die Deutschen 1939 den westlichen Teil Polens besetzten. Er folgte ihr, und sie blieben im Osten. Er war Anwalt,
doch hier bekam er eine Stelle bei der *Karpathen-Öl-AG* und bewohnte
ein Haus direkt neben dem Arbeitslager; dort versteckte er seine jüdische Frau und ihre Nichte und außerdem die Fotos ihrer jüdischen
Familie. Die Nazis heimsten sich alle jüdischen Häuser ein, nachdem

sie deren Bewohner ermordet hatten, und sie zerstörten alles, was darin war, einschließlich der Fotos. Darum ist es ein Wunder, dass ich aus dieser Zeit ein Bild besitze.

In jenem Winter wurde mein Vater ernsthaft krank. Er zog sich den Typhus zu, der durch Polens Ghettos fegte und so viele Menschen tötete. Ich habe gelesen, dass während des Winters 1941 bis Mitte des Jahres 1942 in Borysław 2.000 Menschen an Typhus, Armut und Hunger starben. Mein Vater erkrankte ein Jahr später, aber diese tödliche Krankheit holte sich immer noch so viele Opfer wie nur möglich. Ich erinnere mich, dass mein Vater erschreckend schwach im Bett lag und mich anflehte, ihn nicht ins Krankenhaus zu bringen. Sobald man im Krankenhaus lag, war man so gut wie tot. Krankenhäuser waren die erste Anlaufstation der Gestapo während ihrer ›Selektionen‹ für die ›Umsiedlung‹. Ich versprach meinem Vater, dass ich niemandem erlauben würde, ihn ins Krankenhaus zu bringen.

Lange Zeit war er bewusstlos, und ich pflegte ihn rund um die Uhr, so gut ich konnte. Ich erinnere mich, wie ich in einem heruntergekommenen Zimmer war und die durchnässten Laken meines Vaters täglich in kochendem Wasser auf einem kleinen Ofen wusch. Wir hatten nichts, um die Wäsche aufzuhängen. Ich weiß nicht, wie ich die Sachen im tiefsten polnischen Winter trocken bekam, aber ich wusste damals, dass das Bettzeug gewissenhaft sauber gehalten werden musste und dass Wanzen die Krankheit verbreiten, jene Bettwanzen, die das Ghetto befallen hatten. Morgens und abends wechselte ich meine eigene Kleidung und wusch sie und die meines Vaters. Ich kann immer noch nicht glauben, dass weder ich noch Josek Typhus bekamen.

Es gibt ein beliebtes Gedicht von Julian Tuwim über Eisenbahnzüge. Es heißt *Lokomotive* [in der deutschen Übertragung von James Krüss]. Wenn man es laut aufsagt, ahmt es das Geräusch der sich bewegenden Zugräder nach. Es beginnt langsam, sehr langsam, und gewinnt dann an Tempo, um schneller und immer schneller zu werden.

»Erst ging es langsam,
schildkröten-langsam,
bis die Maschine allmählich in Gang kam.
Mühselig zieht sie mit Schnaufen und Grollen,

aber die Räder, die Räder, sie rollen.
Und nun geht es fort mit Getös und Gebraus
und rattert und tattert und schnattert und knattert.«

Ich erinnere mich, wie mein Bruder und ich die Worte in dem Gedicht veränderten, sodass es auf die Bettwanzen passte. Erst krochen sie langsam, voller Tücke, dann kletterten sie und wurden immer schneller. Ich weiß nicht, wie es uns gelang, über Bettwanzen zu lachen, aber wir schafften es. Vermutlich lenkte uns das ein wenig von unserem Leid ab.

Es muss zu dieser Zeit gewesen sein, dass mein Bruder darüber nachdachte, sich den Partisanen anzuschließen, die im Schutz der Karpatenwälder agierten. Er hätte auf diese Weise aus dem Lager ausbrechen können. Andere junge Männer haben das getan. Ich wusste nicht viel über den Partisanenwiderstand in unserer Region, weiß bis heute wenig darüber, aber für einen jungen Mann wie Josek muss die Versuchung, irgendetwas zu tun statt auf den Tod zu warten, sehr groß gewesen sein. Die Partisanen hatten Waffen, sie waren Kämpfer. Er erzählte mir nichts Genaueres, nur so viel, dass er die Möglichkeit hatte, uns zu verlassen. In einem Brief, den er mir einige Monate später aus dem Arbeitslager schrieb, erklärte er, dass er sich dafür entschieden habe, in Borysław zu bleiben: »[...] ich habe entschieden und das auch Vater gesagt, dass ich Borysław nicht ohne Dich verlassen will. Wenn ich Dich treffe, weiß ich Genaueres. Bitte, Liebes, sei geduldig und glaube mir, dass sich schon morgen vielleicht alles ändert und wir überleben werden. Wir müssen daran glauben, denn sonst schaffen wir es nicht.« Was ihn davon abhielt, Borysław zu verlassen, waren sein Verantwortungsgefühl und seine Liebe für mich. Dessen bin ich mir sicher.

Als Vaters Fieber sank, brachte mein Bruder mich ins Arbeitslager, und ich schlief bestimmt 24 Stunden lang im Zimmer seiner Freundin Hala, ehe ich ins Ghetto zurückging. Zu diesem frühen Zeitpunkt war es noch möglich, sich hinein- und wieder herauszuschmuggeln – die jüdische Polizei am Eingangstor konnte leicht abgelenkt werden. Ich erinnere mich, dass mein Bruder vom Lager zu mir ins Ghetto kam, um mich zu besuchen, und auf dem Rückweg Kuchen mitnahm, den ich gebacken hatte, damit er ihn dort für mich verkaufte. Ich musste irgendwie Geld verdienen. Nachdem mein Vater sich erholt hatte und kräftig genug war, um ins Arbeitslager zurückzukehren, haben wir ihn dorthin zurückgeschmuggelt. Ich weiß nicht mehr, in welchem Monat das war. Am 15. Februar 1943 jedoch, 14 Tage nach der demütigenden Kapitulation der Sechsten Armee der deutschen Wehrmacht in Stalingrad – nach fünf Monaten heftigster Kämpfe um diese Stadt – gab es wieder eine große ›Aktion‹ in Borysław. Die Polizei sperrte 300 Menschen im *Kolosseum* ein, dem kleinsten der drei Kinos im Ort. Man hielt sie dort drei Tage lang fest, ohne Essen und Wasser. Dann brachte man sie auf Lastern zu einem Feld hinter dem Schlachthaus. Viel später las ich, dass man sie zwang, am Rand von Gruben voller Kalk zu stehen, damit sie – nachdem sie brutal niedergeknüppelt worden waren – in die Gruben stürzten, wo sie langsam und unter entsetzlichen Qualen starben. Andere wurden deportiert, wieder andere in den Wald gebracht und erschossen. Doch ich habe keine genauen Erinnerungen daran.

Zu Beginn des Jahres 1943, vermutlich kurz nach der Februar-›Aktion‹, schlossen – oder ›liquidierten‹, wie sie es nannten, – die Deutschen das Ghetto. So blieben schließlich nur die Juden im Lager übrig, die für die Arbeit vorerst noch am Leben bleiben sollten. Diejenigen von uns, die nicht auf der Liste des Lagers standen, waren entweder tot oder – wie ich – versteckt.


## VIII. IM VERSTECK

In meiner Erinnerung der nächsten zwanzig Monate meines Lebens gibt es viele schwarze Löcher. Denn eine Voraussetzung für das Überleben war ein freiwilliger Gedächtnisverlust. Ich habe versucht, so viel wie möglich zurückzurufen, doch ich habe erst sehr spät damit begonnen.

Jahrelang habe ich keinerlei Anstrengungen unternommen, die Erinnerungen an das, was mir oder anderen Holocaustüberlebenden, die ich kannte, zugestoßen ist, zusammenzufügen. Ich habe nie Fragen gestellt, und niemand hat mir Fragen gestellt. Als ich 1948 Polen verließ und fast zwei Jahre in Paris damit zubrachte, auf die Einreisegenehmigung nach Amerika zu warten, traf ich Menschen aus meiner Region Polens, sogar aus meiner Heimatstadt. Einige wurden zu guten Freunden. Ich wusste, sie waren Juden, und sie wussten, dass ich es auch war, doch niemand sprach darüber, was es bedeutete. Wir waren am Leben.

Das sagte genug. Vielleicht dachten wir, wir würden vergessen, wenn wir nicht sprechen. Sobald man anfing, über das Geschehene zu reden, wurde es wieder Wirklichkeit; eine Wirklichkeit, die zu schmerzhaft war, um sie abermals durchleben zu können.

Ich kann von meinem Tagebuch zehren oder zumindest von dem bisschen, was davon übrig ist; doch vom Rest des Jahres 1943 bis zur Befreiung in der ersten Augustwoche 1944 steht darin nur wenig. Ich besitze einige Fotografien, einige ganz besondere Bilder, die ich nach dem Krieg von anderen Überlebenden bekam. Auf einem ist Imek zu sehen – auf jenem, das bei der Geburtstagsfeier meines Bruders im Ghetto aufgenommen wurde. Ob Imek und seine Familie zu dieser Zeit noch im Ghetto lebten? Ich weiß, dass ich, nachdem meine Mutter abtransportiert worden war, eine Zeitlang bei ihnen wohnte. Ich erinnere mich, wie Imek neben mir im Bett lag und mich festhielt, während ich mich in den Schlaf wiegte. Möglicherweise sind sie im Ghetto geblieben, bis es im Februar 1943 geschlossen wurde, und dann ins Lager umgezogen. Ich kann es nicht sagen. Was ich mit Gewissheit weiß, ist, dass Walek Eisenstein in diesem tragischen Kapitel von Borysław eine besondere Rolle spielte.

Walek Eisenstein war der Chef der jüdischen Polizei. Die jüdische Polizei war ein kontrovers diskutiertes und heikles Thema – und ist es noch immer. Sie wurde vom ›Judenrat‹ in jeder Gemeindeverwaltung im gesamten besetzten Osteuropa organisiert. Zu ihren Aufgaben gehörte es, Lösegelder, persönliches Eigentum und Steuern von anderen Juden einzusammeln sowie Menschen zur Zwangsarbeit und zur Bewachung der Ghettotore und Zäune einzuteilen. Ihre Befehle erhielt die jüdische Polizei von der Gestapo, aber sie musste unter den widrigsten vorstellbaren Umständen kooperieren. Ich kann über ihre Beweggründe nicht urteilen, aber ich weiß, dass wir alle unser eigenes Leben und das derjenigen, die uns nahestanden, retten wollten. Vor dem Krieg war ich mit der Familie Eisenstein noch nicht bekannt gewesen. Imek lernte ich kennen, nachdem die Deutschen jüdische Schüler vom Unterricht verbannt hatten und Josek und ich aufeinander und auf die Gesellschaft unserer Freunde angewiesen waren. Ich kann nur mutmaßen, dass Walek verzweifelt versuchte, seine Frau Pepa und ihren Sohn Imek, ihr einziges Kind, zu schützen. Doch das sind die Überlegungen einer Erwachsenen, die selbst Kinder zur Welt gebracht hat. Als Kind stellte ich die Entscheidungen, die Walek Eisenstein getroffen hatte, nicht in Frage. Imek liebte mich, und darum wurde ich auch von seinen Eltern geliebt. Und ich erwiderte diese Zuneigung.

Ich habe bereits erwähnt, dass mein Vater einen jüngeren Bruder hatte, der in Borysław lebte, und dass die Familien einander nicht sehr nahestanden. Dennoch wusste ich, dass mein Cousin Benio, der etwa sechs Jahre jünger war als ich, von einer ukrainischen Amme gepflegt wurde, weil seine Mutter ihn nicht stillen konnte. Vor dem Krieg habe ich Benio vielleicht ein oder zwei Mal gesehen, doch in meinem Leben während des Krieges spielte er eine größere Rolle aufgrund der Beziehung zu seiner Amme, Hania Proc. Hania liebte Benio wie ihr eigenes Kind. Tatsächlich hatte sie selbst einen Sohn, den sie zur gleichen Zeit stillte, als sie Benio in Pflege hatte. Den einen Jungen nannte sie ihr jüdisches, den anderen ihr nichtjüdisches Kind. Bei Kriegsausbruch im Jahr 1941 lebte Benio bei Hania und ihrem Mann am Stadtrand von Borysław.

Ihr Ehemann, dessen Name mir entfallen ist, war ein schrecklicher Kerl, der sie ständig bedrohte, anschrie und manchmal auch schlug. Ich habe es mitangesehen, als ich bei ihnen lebte. Vermutlich hat mein Vater Hania dafür bezahlt, dass sie mich versteckte, und mein Onkel, Benios Vater, half bei der Vorbereitung mit. Am Ende seines Lebens erinnerte Benio sich daran, dass Hania gesagt hätte, ich könnte nicht länger bleiben, weil es zu riskant sei. Er glaubte zu wissen, dass ich für einen Monat dort gewesen sei, aber ich bin mir nicht sicher, dass ich mich auf seine Erinnerungen verlassen kann.

Benio zählte zum Inventar in Hanias Haus. Er wohnte dort seit so langer Zeit, dass die Nachbarn ihn vermutlich für ein weiteres Kind oder einen Cousin hielten. Sie waren daran gewöhnt, ihn dort zu sehen. Doch wenn sie mich gesehen hätten, so hätten sie vermutlich nachgefragt. Nachbarn wurden stets misstrauisch, wenn jemand Unbekanntes in einem Haus auftauchte. Während also Benio sich überall frei bewegen durfte, musste ich drinnen bleiben – unsichtbar.

Ich habe noch Briefe von Josek, die, so glaube ich, mein Onkel in Hanias Haus mitbrachte. Wenn ich daran denke, wie groß die Gefahr war, dass diese Briefe abgefangen wurden, dann überrascht es mich, wie viele Details sie enthalten. In einem Brief vom 6. Mai 1943 erteilt Josek mir eine Lektion, weil ich mir ein paar kritische Bemerkungen über seine Freundin Hala erlaubt hatte. Es gibt einen anderen Brief ohne Datum, von dem ich annehme, dass ich ihn im selben Zeitraum erhielt. Denn nachdem ich Hanias Haus verlassen hatte, verlor ich den Kontakt zu meinem Onkel. Josek schrieb an einem Donnerstag um acht Uhr abends: »Liebste Binuśka! Mittags habe ich Deinen Brief erhalten. Es ärgert mich, dass ich Dich nicht sehen kann, Papa sagt, dass er erst am Samstagmorgen mitkommen wird. Ich würde Dich so gerne sehen, mit Dir sprechen. […] Gestern stand ich von drei bis sieben Uhr abends in der Schlange, um meinen Passierschein zu bekommen« – Juden mit einem Sonderausweis konnten das Lagergelände verlassen, doch sie waren den willkürlichen Launen eines jeden Deutschen, der ihnen begegnete, ausgesetzt – »und ich dachte, ich würde wahnsinnig – stehen und stehen und warten, warten, es hat mich angewidert. Heute bin ich aber guter Stimmung.«

Dann schreibt er, dass er und seine Freunde bis auf Weiteres mit der Arbeit an dem Erdloch, das sie heimlich in Poldeks Hof gruben, aufgehört hatten. Poldek Tenenbaum war ein Freund von uns, dessen Haus von den Deutschen beschlagnahmt worden war – es sollte als Büro eines Altmetallgeschäftes genutzt werden, das ein Pole namens Machnicki führte. Im Hinterhof unter einem Kaninchenstall bauten mein Bruder und seine Freunde an einem Versteck, das groß genug für acht Menschen sein sollte. Es war immer selbstverständlich, dass ich dabei sein würde. Er schreibt weiter: »[…] aber man kann sich darin bereits verstecken. Imek schreibt Dir bestimmt über sein Versteck, […] den Rest kann ich Dir erzählen, wenn wir uns sehen. […] Wenn der Onkel kommt, überreiche ihm den Brief! Liebes, hab' Geduld – schreib' genauer, wie es Dir geht – Küsse und Grüße, Josek«.

Ich weiß nicht mehr, wie lange Hania Proc mich bei sich versteckte. Ich glaube, dass ihr Mann sie gezwungen hat, mich loszuwerden. Ein jüdisches Kind war mehr als genug für ihn. Ich kann mich an ihre Streitereien erinnern. Er drohte ständig damit, sie bei der Polizei anzuzeigen, weil sie ›dein jüdisches Kind‹ versteckte, womit er Benio meinte. Sie erwiderte, dass sie ihn ebenfalls anzeigen würde, weil er von der Vereinbarung von Anbeginn an gewusst hatte, und dass sie dann alle getötet würden: er, sie, ihr jüdisches und ihr nichtjüdisches Kind. Darum hatte er Angst, irgendetwas Benios wegen zu unternehmen. Aber ich musste gehen.

Ich werde nie vergessen, wieviel Hania für mich und insbesondere für meinen Cousin getan hat. Ich war dankbar, dass sie so viele Risiken auf sich genommen hat, um uns zu helfen, dass ich ihr nach dem Krieg Lebensmittelpakete aus Australien schickte, bis sie starb. Als ich im Jahr 2006 nach Borysław reiste, schlug mein Herz Purzelbäume, weil ich einige phantastische Augenblicke lang glaubte, ihre Verwandten wären vielleicht noch am Leben. Mir wurde gesagt, es gäbe eine ukrainische Frau namens Proc im Ort, und man brachte mich zu ihr. Traurigerweise war es keine Verwandte meiner Frau Proc. Doch es war eine ebenso liebenswürdige ältere Dame, die mich in ihr Haus einlud, mir ihre Fotos zeigte, mir von ihrer polnischen Mutter erzählte und mich dann mit einem traurigen Achselzucken wieder entließ. Die ganze Zeit über waren ihr Mann und die erwachsenen Kinder höchst konzentriert damit beschäftigt, eine Satellitenschüssel auf einem sehr schmalen Häuschen anzubringen, das sehr schlicht und ärmlich war. Borysław hat sich in den vergangenen sechzig Jahren nicht weiterentwickelt. Um es freundlich auszudrücken.

Hania ließ sich vermutlich deshalb dazu überreden, mich für eine bestimmte Zeit aufzunehmen, weil sie wusste, dass mein Bruder ein längerfristiges Versteck für mich vorbereitete. Doch wo, wusste sie sicher nicht. Es war viel zu gefährlich, diese Art von Informationen preiszugeben. Ich gehe allerdings davon aus, dass ich direkt von Hania in das Versteck beim alten Haus der Tenenbaums hinüberwechselte, das wir auch das ›Haus von Machnicki‹ nannten. Dieser war der Inhaber des Altmetallgeschäfts, der an dem Täuschungsmanöver beteiligt war. Als ich unter den Schutz von Herrn Machnicki gestellt wurde, hielt ich ihn für einen Gott. Mir war klar, dass er ein großes persönliches Risiko auf sich nahm, indem er Juden auf seinem Betriebsgelände versteckte. Jeder wusste, dass es ein Schwerstverbrechen war, die Vorgaben des ›Dritten Reiches‹ zu missachten, indem man Juden versteckte oder ihnen half. Doch wusste ich nicht, dass auch Herr Machnicki unter falscher Identität lebte. Erst viele Jahre nach Kriegsende erfuhr ich diese Geschichte.

Ich erinnere mich, dass es mir seltsam erschien, dass ein gewisser deutscher Offizier manchmal zu Besuch ins Haus kam und wir während dieser Besuche von unten heraufkommen durften, um uns zu waschen, die Beine auszustrecken und bei Licht etwas zu essen und zu trinken. Als Mädchen habe ich nicht nachgefragt, warum oder auf welche Weise dieser Deutsche Herrn Machnicki kennengelernt hatte. Ich kannte Herrn Machnicki als Polen, obwohl mein Freund Marek, Różas Mann, mir gegenüber einmal eine merkwürdige Bemerkung über ihn machte, die mir erst viele Jahre später, nachdem ich von Herrn Machnickis wahrer Identität erfahren hatte, wieder einfiel.

Marek führte ein Fotostudio im Ort, dessen Betrieb ihm die Deutschen, die viele Aufnahmen machten und diese entwickeln ließen, beinahe den ganzen Krieg über gestatteten. Marek hat ein Foto von Herrn Machnicki gemacht – ich weiß nicht warum, vielleicht für einen Pass. Ich erinnere mich, wie ich ihn einmal traf, vermutlich, als ich Róża und ihre Mutter Fenka besuchte, die sich eine Zeitlang über dem Studio versteckten, und wie er zu mir sagte: »Euer Machnicki hat jüdische Augen.« Ich erklärte ihn für verrückt und dass er nicht wüsste, wovon er da spräche. Herr Machnicki ist der Chef, sagte ich. Doch Marek hatte recht.

Dies ist die Geschichte von Herrn Machnicki. Ich habe sie zuerst von Poldek Tenenbaum gehört, der mit mir in dem Erdloch versteckt war, auch überlebt hat und später nach Israel emigrierte. Und erst kürzlich abermals von Henrietta Braun, meiner neuen Freundin aus Brasilien, die ich als Eva kannte, die Tochter der attraktiven Sekretärin von Herrn Machnicki, Frau Rysiek. Machnickis wahrer Name lautete Edmund Blum, seine Sekretärin sowie deren Tochter waren seine Schwester und seine Nichte. Machnicki/Blum, der, als ich ihn kennenlernte, Anfang dreißig war, arbeitete vor dem Krieg in Krakau als Anwalt. Über seine Schwester kannte er den deutschen Offizier, der uns immer besuchte, Herbert Szpitta. Szpitta führte in Stanislau ein Altmetallgeschäft und hatte Blum nach Borysław geschickt, damit er das dortige Büro unter der falschen Identität ›Machnicki‹ leitete. Warum? Ich weiß es nicht, anscheinend hat er mehrere Mitglieder der Familie Blum geschützt.

Kurz nachdem Machnicki/Blum in Borysław eingetroffen war, stieß seine Schwester, die bis dahin durch falsche Papiere zu ›Frau Rysiek‹

geworden war, als Sekretärin zu ihm. Sie brachte ihre Tochter Eva und ihren Mann mit, den ich jedoch nie sah, da er die restliche Zeit des Kriegs hinter einem Schrank versteckt verbrachte.

Ich habe Machnicki/Blum nur einmal nach dem Krieg wiedergesehen, doch zu diesem Zeitpunkt kannte ich seine wahre Identität noch nicht. Ich besuchte ihn, als ich im Juni 1946 nach Kattowitz fuhr, um mir die Mandeln herausnehmen zu lassen. Etwa zwei Wochen später, am 8. Juli 1946, wurde er von ›unbekannten Angreifern‹ ermordet. Späteren Gerüchten zufolge war daran eine Untergrundbewegung beteiligt. Doch davon wusste ich zu diesem Zeitpunkt nichts; für mich war Herr Machnicki immer ein Held – belesen und intelligent, groß und schlank, mit dunklen, schwermütigen Augen und einem wunderbaren Lächeln – ein Mann, der für meine Zukunft sorgte zu einem Zeitpunkt, als es keinen Grund zu der Annahme gab, dass ich je eine Zukunft haben würde.

## IX. ENTDECKT

Nach meiner Ankunft bei Herrn Machnicki wurde ich zuerst im Keller unter dem Haus versteckt. Es war dunkel, kalt, eng und feucht, so wie Keller eben sind. Doch hatten wir ein Dach über dem Kopf. Wenn der deutsche Offizier zu Besuch kam und wir nach draußen durften, unterhielt ich mich mit Eva und Herr Machnicki unterrichtete mich. Er gab mir Bücher zu lesen und Aufgaben, die ich lösen sollte, wenn ich wieder hinabgestiegen war. Ich habe viel bei Kerzenschein gelesen. Herr Machnicki sagte, ich sei intelligent und besäße Potenzial. Ich wollte ihn nicht enttäuschen.

Wie lang blieb ich in diesem Keller? Ich kann mich nicht mehr erinnern. Ebensowenig weiß ich, wann ich vom Keller in das Erdloch draußen unter dem Kaninchenstall umziehen musste. Ich stellte keine Fragen. Ich zog dorthin, wohin man mich schickte. Verstecke zu organisieren, war äußerst schwer. Manche Menschen bezahlten dafür, um einen Platz unter der Erde zu bekommen. Doch ich glaube, ich bekam den Platz nicht allein deshalb, weil mein Bruder einer derjenigen war, die das Versteck gegraben hatten, sondern auch weil ich die Freundin von Imek Eisenstein war, dem Sohn des Chefs der jüdischen Polizei. Die anderen Menschen in unserem Versteck hielten mich für einen Talisman, ein Maskottchen. Obwohl ich zu dieser Zeit nicht ganz verstand, warum, so hatte ich doch ein bisschen Macht aufgrund von Beziehungen – die Macht einer Person in der Todeszelle, deren Chance auf eine Gnadenfrist größer als die anderer wahrgenommen wird. Wir lebten alle mit dem Todesurteil. Es war lediglich eine Frage des Wann und nicht, ob dieses Todesurteil vollstreckt würde.

Das Versteck war ein verstärktes Erdloch, dunkel und feucht, ohne Frischluft, ohne Bewegungsraum. Allein der Gedanke daran verstört mich noch heute. Ständig rann Wasser die erdigen Wände herab und machte den Boden schlammig. Es war ziemlich tief in den Boden gegraben, aber nicht tief genug, um den größeren Erwachsenen Stehhöhe zu geben. Ich war eher klein und konnte deshalb aufrecht stehen. Es gab, glaube ich, zwei Ebenen mit Schlafkojen für uns acht Menschen dort unten. Jeder hatte seinen Platz, auf dem er liegen konnte; es gab einen Platz, an dem das Essen verstaut wurde, und ein Loch im Boden, das als Toilette genutzt wurde. Der Gestank und der Dreck waren grauenhaft. Das Essen wurde uns gebracht. Aufgrund des Risikos, gesehen zu werden, gingen wir selten nach draußen. Doch wenn wir draußen mal frische Luft atmen wollten, dann stets mitten in der Nacht.

Ich weiß nicht mehr genau, wer alles mit mir in dem Versteck war. Poldek Tenenbaum war dabei, sein jüngerer Bruder und die Mutter seiner Freundin. Ich kann mich daran erinnern, dass sie bei uns war, während Poldeks Eltern im Keller unter dem Haus versteckt waren. Doch das ist alles, was ich noch weiß.

Was taten wir da unten in diesem Höllenloch? Ich müsste lügen, wenn ich sagte, ich wüsste es. Ich habe das alles ausgeblendet. Mir blieb die Abneigung enger Räume und niedriger Decken. Andere mögen dunkle Häuser mit kleinen Zimmerchen gemütlich, kuschelig oder charmant finden, in mir lösen sie blinde Panik aus. Ich muss Raum und Licht und eine gewisse Höhe über meinem Kopf haben. Zu Hause in Sydney liegt mein Arbeitsbereich in einem Halbgeschoss, wo die weißen Wände das kräftige weiße Licht reflektieren und es darüber noch ein Oberlicht gibt. Von meinem Schreibtisch aus schaue ich durch eine unversperrte Glasfront, die vom Erdgeschoss bis zur dritten Etage unseres gut proportionierten, schlicht-modernen Hauses hinaufführt. Ich habe dieses Haus zu einem Zeitpunkt gebaut, als andere in meinem

Alter ihren Lebensraum bereits verringerten. Ich wollte mehr Raum, mehr Luft, mehr Platz zum Bewegen haben. Die Zeit hat meine Erinnerungen zwar getilgt, nicht aber meine Angst.

Ich vermute, wir haben uns ein wenig unterhalten, geschlafen und darauf gewartet, dass unsere Freunde draußen uns zu essen brachten. Was gab es sonst zu tun? Richtig, ich habe geschrieben. Ich habe geschrieben, wann immer ich konnte. Doch als die Polizei uns entdeckte, habe ich mein Tagebuch in die Toilette geworfen, in das Loch am Boden, denn ich hatte Angst, dass das, was ich geschrieben hatte, Herrn Machnicki schaden könnte.

Irgendwer muss uns gesehen haben, als wir nachts aus dem Untergrund hervorkrochen. Oder die ungewöhnliche Menge an Essen, die hinaus zum Kaninchenstall gebracht wurde, war aufgefallen. Eva erinnert sich, dass sie uns Brot brachte, das mit Grünzeug für die Kaninchen abgedeckt war. Es war ukrainische Miliz, die uns erwischte, die uns – zu Tode verängstigte, dem Tageslicht entwöhnte Kreaturen – aus unserem Erdloch herauszerrte; das sollte es wohl gewesen sein. Ich besitze ein Foto, das jetzt in Berlin ausgestellt wird, auf dem der zusammengestürzte Kaninchenstall zu sehen ist. Ein anderes zeigt uns verurteilte Juden, wie wir vor den Resten unseres Verstecks stehen. Auf dem ersten Foto sieht man einen übel zugerichteten Haufen von Kleidern, Bettzeug, etwas Brot, einen Blechnapf und eine Blechtasse. Die Miliz hatte die Sachen in unserem Erdloch gefunden und alles herausgeholt, bevor sie das Versteck zerstörten. Auf dem zweiten Foto sind Poldek, die Mutter seiner Freundin und ein unbekannter Mann mit Mütze zu sehen, wie sie erbittert in die Kamera schauen. Im Vordergrund des Bildes sieht man Poldeks Bruder, ein einfaches Kind, in die Kamera grinsen. Ich bin auch zu sehen, im Hintergrund, meinen Kopf von der Kamera abgewandt. Mein Profil ist irgendwie verschwommen. Ich sehe aus, als würde ich irgendwo hingehen. Doch ich gehe nirgendwo hin. Ich war gefangen, aber ich wollte meinen Jägern nicht die Befriedigung gönnen, die Angst in meinem Gesicht festzuhalten.

Marek hat mir diese Fotos gegeben. Die Deutschen brachten ihren Film in sein Studio, damit er die Bilder entwickelte, und er behielt Abzüge. Man sagte mir, es seien sehr seltene Aufnahmen, für mich jedoch sind es keine Bilder, die ich aufgrund ihres Erinnerungsgehalts schätze, so wie andere Fotos, die ich von der alten Welt mit in die neue hinübertrug. Ich hebe sie ausschließlich zu Dokumentationszwecken auf.

Wir wurden zur Polizeiwache gebracht – die neben meinem ersten Zuhause in Borysław lag. Man warf uns in verdreckte, dunkle Zellen unter den Wachräumen, und ich musste an meine Kindheit denken, als in diesen Zellen Taschendiebe und Betrunkene über Nacht festgehalten wurden und diese Polizeiwache noch ein harmloser Ort zu sein schien. Einer der diensthabenden Milizionäre erkannte mich. Es war ein früherer Schulfreund meines Bruders, ein ukrainischer Bursche namens Janek (ich glaube, es war derselbe Janek, den ich in meinem Tagebuch erwähne – jener Junge, nach dem meine Freundin Erna so verrückt war). Er sprach mich an und entschuldigte sich dafür, dass er mir nicht helfen könne. Er sagte, er dürfe mich nicht laufen lassen. Ich antwortete, dass ich das von ihm auch nicht erwartet hätte. Ich hätte schon verstanden, erklärte ich ihm. Er fragte, ob es irgendetwas gäbe, was er für mich tun könnte. Ich habe das alles noch ganz lebendig vor Augen. Ich sah mich um. Es war abscheulich. Dort sollte ich also schlafen – bis zu meiner Hinrichtung am nächsten Morgen. Ich fragte ihn, ob er mir etwas bringen würde, womit ich den Boden scheuern könnte. Janek war die Situation sichtlich unangenehm. Er teilte mir mit, dass ich wahrscheinlich am nächsten Tag erschossen würde und mich nicht darum kümmern müsste, die Zelle zu putzen. Ich antwortete: »Morgen ist morgen. Heute bin ich am Leben, und ich habe nicht vor, wie ein Schwein zu leben.« Ich wusste genau, was ich ausdrücken wollte. Es war ein bewusstes Handeln, ein trotziges Handeln, dass meinen Bewachern sagen sollte: ›Ich füge mich Eurem Bild von mir nicht. Ich bin ein Mensch mit Würde.‹ Es ging um Selbstbewusstsein. Róża nennt das lebensorientiert. Sie sagt, wenn ich nach einem Schinkenbrötchen und nach Schokolade gefragt hätte, wären die Dinge für mich womöglich anders verlaufen.

Er brachte mir einen Eimer und eine Bürste, und ich fing an, den Boden zu schrubben. Bald fiel mir auf, dass mir Menschen durch das kleine Fenster der Zelle zusahen und auf das verrückte jüdische Mädchen zeigten. Als ich fertig war, brachte Janek mir etwas Sauberes, worauf ich liegen konnte, etwas Heu, glaube ich, und dann schlief ich. Ich war nicht die einzige Person in der Zelle. Auch andere aus dem Versteck unter dem Kaninchenstall waren da, doch ich weiß nicht mehr, wieviele. Als ich am Morgen aufwachte und mich umsah, war ich allein. Man hatte mich am Leben gelassen. Heute bin ich mir dessen, was ich schon damals vermutete, sicher: dass Imeks Vater, Walek Eisenstein, zu meinen Gunsten vermittelt hatte. Woher wusste er, wo ich war? Solche Dinge waren bekannt. Wenn Juden in Verstecken entdeckt wurden, wusste die jüdische Polizei davon. Sie waren bis zu einem bestimmten Grad für das Arbeitslager verantwortlich. Die Gestapo war in Drohobycz stationiert und nicht die ganze Zeit da.

Ich blieb zwei oder vielleicht drei Tage lang in der Zelle. Während ich in der Polizeiwache gefangen war, geschah etwas sehr Seltsames. Mir wurde befohlen, den Garten herzurichten. Noch nie in meinem Leben hatte ich in einem Garten gearbeitet. Ich begann, auf einem Fleckchen Erde zu arbeiten, aus dem kleine grüne Halme heraustießen. Ich wusste nicht, was das war, aber man hatte mir befohlen, den Garten aufzuräumen, also tat ich das auch. Ich bin eine Perfektionistin. Ich mache die Dinge gern richtig. Ich arbeitete äußerst hart. Jedes Fetzchen Grün, das ich sah, zog ich heraus, und dann bekam ich eine Harke und kümmerte mich um den Boden, der in Polen sehr fruchtbar und dunkel, wunderschön und weich ist. Ich erinnere mich, dass ich einen Anflug von Triumph verspürte.

Als ich zurücktrat und meine Arbeit bewunderte, spürte ich, dass jemand auf mich herabblickte. Jemand sehr, sehr Großes. Es war der schreckliche, mammutgroße Mann, den wir als ›Mitas‹ kannten und von dem jeder sagte, er sei ein Mörder. Leopold Mitas war Hauptmann der Wiener Schutzpolizei im Ghetto Borysław, die uns zusammen mit ukrainischer Miliz verhaftet hatte. Er sah mich an, schaute auf das nackte Gartenbeet und dann wieder auf mich. Ich sah den Unglauben in seinen Augen, und dann brach er plötzlich in Lachen aus. Ich hatte keine Ahnung, warum. Erst später erklärte mir jemand, dass ich jedes einzelne der frisch gesetzten Pflänzchen im Erdbeerbeet der Polizeistation herausgezogen hatte.

Es war ein Wunder, dass mich dieses Monster nicht auf der Stelle erschoss. Ich kann nur vermuten, dass er bemerkt hatte, wie stolz ich auf mein Werk war und dass ihn die Absurdität der Situation amüsiert hatte: ein jüdisches Mädchen, das bei Tagesanbruch hätte erschossen werden sollen und nun hoch zufrieden mit sich war, die erhofften Früchte der Arbeit anderer zerstört zu haben.

Kurz danach wurde ich von der jüdischen Polizei abgeholt und ins Arbeitslager gebracht, wo ich mit Imek und seiner Familie zusammenzog. Irgendwie wurde ich nie auf den Arbeitslisten des Lagers verzeichnet. Walek Eisenstein sorgte dafür, dass meine Anwesenheit unentdeckt blieb.

## X. DAS LAGER

Während meiner kurzen Zeit im Lager – im Spätsommer und Herbst 1943 – stand mir Pepa, Imeks Mutter, sehr nahe. Sie war die Erste, die mir jene Zuneigung gab, nach der ich mich seit dem Tod meiner Mutter so gesehnt hatte. Wenn Imek und ich darüber sprachen, was wir im Fall unseres Überlebens in der Zukunft tun würden, so hörte sie zu und sagte sanft: »Seht mal, wenn ihr zwei euch mögt, so ist das wunderbar, doch zunächst müsst ihr lernen und erwachsen werden, dann sehen wir weiter.« Pepa war eine gute und anständige Frau, doch die Position ihres Mannes machte sie zu einer ›Unperson‹. Sie war sehr einsam. Ich kann mich nicht daran erinnern, sie jemals mit irgendeiner anderen Frau im Lager im Gespräch gesehen zu haben.

Solange ich sozusagen in Reichweite blieb, konnte ich mich überall im Lager bewegen, doch von meinem Vater oder meinem Bruder habe ich nicht viel gesehen, denn sie wurden tagsüber in Kolonnen zur Arbeit geschickt. Nachts versuchten Josek und seine Freunde, darunter Lonek Hoffman, Mendzio Doerfler und Tolek Manskleid, sich in die Berge davonzuschleichen, wo sie über Monate hinweg im Waldboden gruben und getarnte Bunker bauten. Wenn man heute daran denkt, so scheint es unglaublich. Die Bedingungen im Lager hatten sich mit der Ernennung von SS-Obersturmführer Friedrich Hildebrand zum Kommandanten deutlich verschlimmert. Jeden Morgen nach dem Zählappell um sechs Uhr marschierten die Insassen, begleitet von bewaffneten Wachleuten, im Gänsemarsch zur Arbeit, und jeden Abend kamen sie genauso zurück. Die Rationen waren sehr gering – gerade genug, um sie so lange am Leben zu halten, wie ihre Arbeit für das deutsche Militär benötigt wurde. Woher nahmen mein Bruder und seine Freunde die Kraft, nach der harten Arbeit am Tag noch ungesehen kilometerweit in den Wald hineinzulaufen, um dort Erde auszugraben und wegzuschaufeln, um schwere Äste kleinzuhacken und fortzuschleppen – und um dann noch vor Morgendämmerung zurück ins Lager zu kommen? Und warum kamen sie überhaupt zurück ins Lager? Warum sind sie nicht einfach in die Wälder geflohen?

Die ausgedehnten Wälder rings um Borysław waren ungastliche Orte, die kaum Möglichkeiten zum Überleben boten. Menschen, die dort Schutz suchten, waren vollkommen abhängig von Freunden in der Stadt oder mussten mit den Bauern im Umland gemeinsame Sache machen, um ihre Versorgung zu gewährleisten. Es bestand nicht allein die Gefahr, erwischt und von der Miliz oder deutschen Patrouillen erschossen zu werden, sondern auch in der bitteren Kälte umzukommen. Jüdische Mitglieder ukrainischer oder polnischer Partisaneneinheiten konnten nicht mit der Unterstützung der örtlichen Bevölkerung rechnen, wenn gleichzeitig Nichtjuden ermutigt wurden, Juden anzugreifen, ohne dafür bestraft zu werden. Und in Osteuropa waren viele Partisanen überzeugte Antisemiten.

Das Lager dagegen bot Schutz vor solchen Elementen und darüber hinaus Überlebensrationen. Rita, die das gesamte Jahr 1943 über im Lager war, sah ich selten, da auch sie jeden Morgen unter Bewachung zur Arbeit marschieren musste. Sie erinnert sich daran, dass sich das Grundnahrungsmittel aus einer Art heißen Wassers mit ein paar darin schwimmenden frostgeschädigten Kartoffeln zusammensetzte. Die Brotration bestand aus zwei Scheiben Brot pro Tag, eine zur Abendsuppe und die andere zum angeblichen ›Kaffee‹ am Morgen. Zweimal im Jahr, zu Weihnachten und zu Ostern, war Fleisch in der Suppe – Pferdefleisch. Rita sagt, sie konnte mit diesen armseligen Rationen nur überleben, indem sie sofort nach der Rückkehr von der Arbeit schlafen ging. Ich weiß nicht, woher Josek und seine Freunde die Energie nahmen, um mehr zu tun, aber sie taten es. Sie waren außergewöhnliche junge Männer.

Mein Vater hatte an diesen Untergrundaktivitäten keinen Anteil. Er hatte sich von seiner Nahtoderfahrung aufgrund der Typhuserkrankung ausreichend erholt, um als gesund genug für die Zwangsarbeit befunden worden zu sein, doch das Fieber hatte Spuren an seinem Körper hinterlassen. Ich weiß noch, wie ich ihn in dem Zimmer, das er im Lager bewohnte, besuchte. Die letzte Erinnerung, die ich an ihn bewahre, ist die eines dünnen, alten Mannes, der nah bei seinem Bett sitzt. Heute ist mir klar, dass er damals 45 Jahre alt war. Es schmerzte mich zutiefst, sehen zu müssen, wie dieser Mann – der, in meinen Augen, einst so viel Kraft und Macht besessen hatte – nun derart gebrechlich geworden war. Er war ebenso abhängig von meinem Bruder wie ich. Meine ganze kindliche Wut auf ihn war gewichen. Ich fühlte nur noch Mitleid. Selbst heute noch fällt es mir schwer, ohne eine gewisse Scham, ein gewisses Schuldgefühl, von ihm zu sprechen. Ich kann mich nicht einmal an seine Vorlieben und Abneigungen erinnern. Er starb, ehe ich groß genug war, um seine Rolle als Elternteil zu erkennen. Als Mann habe ich ihn nie wahrgenommen.

Ich erwähnte bereits, dass ich als Kind sehr anfällig für Halsentzündungen war. Als ich im Lager lebte, bekam ich Diphterie, eine hochansteckende Krankheit, die auch ›der Würgeengel der Kinder‹ genannt wurde. Sie beginnt im Hals und kann unbehandelt zu Lähmungen der Atmungsorgane oder des Herzmuskels führen. Seit dem letzten Krieg war Diphterie durch den weitverbreiteten Einsatz von Impfstoffen so gut wie verschwunden, doch ohne medikamentöse Behandlung verbreitete sie sich in den überfüllten und erbärmlich unhygienischen Ghettos in den polnischen Klein- und Großstädten wie ein Buschfeuer. Die bestmögliche Behandlung waren Antitoxin und Penicillin, doch den meisten Juden half nicht einmal Geld, um die Medikamente, die das Leben ihrer Kinder retteten, zu bekommen. Und die Einweisung in ein Krankenhaus kam einem Todesurteil gleich. Imeks Eltern stellten mich in einer Dachkammer unter Quarantäne und schickten einen Arzt vorbei. Walek Eisenstein kaufte Medikamente für mich. Ich weiß nicht, woher er sie hatte, doch ich bekam Medizin gegen die Diphterie. Ich hatte Glück. Noch heute sage ich mir, dass ich Glück hatte. Welche andere Erklärung könnte ich sonst finden? Ich glaube nicht an Gott. Wie könnte ich auch – nach allem, was ich erlebt und gesehen habe? Doch manchmal habe ich das starke Gefühl, von einer Art kosmischen Liebe umgeben zu sein.

Das machte mich nicht immer dankbar. Oh nein. Über mir wachten vielleicht Engel, doch ich selbst war keiner. Ich tat mir in dieser Dachkammer, so ganz ohne Gesellschaft, einfach nur leid. Meine Enttäuschung ließ ich in einen Brief fließen, den ich vermutlich an Josek richtete, doch ich glaube nicht, dass ich ihm den jemals gab.

»Du sagst zu mir, dass ich die einzig Gute bin. Ich weiß, dass das nicht stimmt, ich bin mir dessen bewusst. Ich weiß, dass ich fies und gemein bin. Das weiß ich genau ... Aber Du weißt nicht, was es bedeutet, krank zu sein. Dass ich über den Tod gesprochen habe (Deiner Meinung nach war es Blödsinn), das waren weder Hypochondrie noch Feigheit oder meine strapazierten Nerven. Denn ich glaube an Vorsehung. Ich hatte nur schreckliche Angst davor, zu ersticken. [...] Der Arzt meinte, es gäbe eine Epidemie und dass es sogar schon Todesfälle gegeben habe. [...] Du sagst, dass ich mich unterbewusst vor der Arbeit scheue, aber das stimmt nicht. Ich hatte Dir doch angeboten, mir Sachen zum Waschen mitzugeben, obwohl ich eigentlich nur sonntags Zeit dafür habe. [...]

Es ist wahr, ich bin überempfindlich, ich weine leicht, bin schnell gereizt, aber ich war doch nicht immer so, erst während meiner Krankheit bin ich so geworden. Kapriziös bin ich nicht, denn ich weiß, dass ich das nicht darf. Aber weißt Du überhaupt, wie sehr man seine Nächsten vermisst, wenn man krank ist? Weißt Du, was das bedeutet? Früher, als ich unter einer Halsentzündung litt, hatte ich ein weiches Bett, schneeweiße Bettlaken, einen glänzenden Fußboden, ein Radio und ein Telefon zur Verfügung, und Mama brachte mir Zitronenbonbons. Und dann abends, es bewegt sich etwas, jemand Nahes, ein geliebter Mensch kommt, fragt müde: ›Na Binuś, wie geht es Dir?‹ Grenzenloses Glück.

Und jetzt: Kälte, schreckliche Halsschmerzen, Atemnot, eine deutsche Stimme, Trauer, Sehnsucht, Verzweiflung und ein schwaches Lächeln – bald kommt Josek – dein Seelenverwandter – ein gemeinsames Gespräch. Und dann Enttäuschung, Aufregung und Tränen. Dann erklingt mit magischer Stimme: ›Mein jiddische Mamme, wie schlecht es mir geht ohne dich.‹«

Der Brief ist nicht datiert, doch ich schreibe auf demselben englinierten Papier, in Spalten und mit Bleistift, wie ich es in einem anderen Tagebuch tue, das mit dem Datum des 8. August 1943 beginnt. Ich komme in Kürze darauf. In meiner Dachkammer schrieb ich auch Gedichte. Ich schrieb, um mein Elend zu lindern und meine Einsamkeit zu verringern. Nie habe ich daran gedacht, dass jemand das lesen könnte, doch ich war traurig, so unendlich traurig.

Ich beschuldige nicht Dich oder mich
Ich beschuldige überhaupt niemanden,
Dass das Glück statt zu mir zu kommen
Seinen eigenen Weg ging.

Und doch ist die Trauer groß
Grün ... wie Moos
Besitzt keine Augen,
Nur schwere Tränen ...

Ich blieb für drei oder vier Wochen dort oben – vermutlich so lange, bis ich nicht mehr ansteckend war. An diesen Zeitabschnitt habe ich kaum mehr Erinnerungen. Róża, Imeks Cousine, weiß noch, dass Imek und ich das Lager verließen, um sie und ihre Mutter Fenka zu besuchen, wohin auch immer sie gegangen waren, als sie, wie Róża sagte, »im Frühjahr 1943 vom Erdboden verschwanden«. Ich weiß nicht mehr, wo ich sie besuchte, doch eine Zeitlang versteckten sie sich über Mareks Fotostudio. Sie erzählt auch davon, dass Pepa einmal ein paar Stunden mit ihnen verbrachte und dass sie von mir wie von ihrem eigenen Kind sprach. Róża und Fenka spielten erst nach dem Krieg eine bedeutende Rolle für mich, doch bereits zu diesem Zeitpunkt schien Róża zu verstehen, wie wichtig ich für Imek war.

Am 8. August 1943, als ich den folgenden Tagebucheintrag schrieb, war ich erst kurz zuvor 16 geworden. Die Deutschen hielten unseren Teil Polens seit mehr als zwei Jahren besetzt. Ich hatte meine Mutter verloren. Viele meiner Freunde waren bereits tot. Mein Bruder und mein Vater waren Zwangsarbeiter. Ich hatte es irgendwie zustande gebracht, ein Pogrom, sechs größere Deportationen und Massenerschießungen, die Entdeckung in einem Versteck und eine lebensbedrohliche Krankheit zu überleben. Und dass obwohl ich mich niemals besonders angestrengt hatte, mich selbst zu retten. Ich war unglaublich gelassen. Ich rührte nicht einen Finger für mein eigenes Überleben in diesen Jahren. Andere kümmerten sich um mich.

Das Folgende schrieb ich an diesem 8. August. Ich weiß nicht mehr genau, wo ich mich zu diesem Zeitpunkt befand. Nach wie vor lebte ich mit den Eisensteins im Lager, doch ich spreche davon, dass ich draußen im Gras sitze und Musik höre – im Lager aber gab es kein Gras und auch keine Musik.

»Heute ist es ein Jahr her. [...] Ich habe meine alten Tagebücher durchgeblättert. Wie sehr ich mich seitdem verändert habe. So eine ältere, ernstere, erwachsenere Binka. Ich entdecke neue Eigenschaften an mir, erst jetzt lerne ich mich kennen! Ich habe so viele Facetten ... In mir sind so viele Binkas, alle unterscheiden sich irgendwie ... Kleinkind, Kind, kleines Fräulein und Idealistin, Kratzbürste. Ich kenne mich selbst nicht. ›Wenn du dich selbst erkennst, besitzt du Größe‹, soll Goethe mal gesagt haben. [...] Ich hatte so ein schönes Tagebuch im Versteck – ich musste es ins Klosett schmeißen, als wir entdeckt wurden. Schade ...

Heute gab es einen Appell. Das sieht ungefähr so aus: 1.100 Menschen – Entschuldigung, alte Angewohnheit: 1.100 Sklaven in Reihen aufgestellt. Warten. Plötzlich Bewegung. Panik setzt ein, alle stehen stramm. Herein kommen zwei große Kerle, betrunken, sie schwanken und können sich kaum auf den Beinen halten, ihre Gesichter ordinär, und die Sklaven, polnische Untermenschen, stehen, verflucht noch mal, stramm. Überprüfung vorgenommen, es folgt der Befehl: wegtreten. [...] Gott! Wie kann man Menschen so erniedrigen und demütigen [...]

Ich sitze in einem Feld ... Aus der Entfernung höre ich Musik und Gesang ... Wie ich davon immer geträumt habe ... Ich wollte unbedingt Klavierspielen lernen. Ich weiß noch, dass Mama mir immer sagte: ›Du gehst nach Amerika ans Konservatorium.‹ Geliebte Mama, wie weh es tut! Es wird immer schlimmer. Schon ein Jahr und zwei Tage. Mütterchen! Und ich soll an Gott glauben! Mir geht es so schlecht! Ich schaue Josek an, und mein Herz schmerzt. Ich liebe ihn so sehr. Er ist der Einzige, der mir geblieben ist. [...] Wie ist es möglich, dass mein Geliebter erniedrigt und misshandelt wird! Ich kann nicht weiter schreiben, es tut so weh. [...]«

Vermutlich kurz nachdem ich von der Diphterie genesen war, wurde ich aus dem Lager gebracht, um mich wieder bei einer ›arischen‹ Familie zu verstecken. So nannten wir sie. Die Rassenideologie der Nazis durchsetzte unseren Wortschatz. Wir befürchteten, dass sie auch in unseren Geist eindringen würde. Unsere letzte Verteidigung war unsere Selbstachtung. Wie aber konnten wir die nur bewahren, wenn wir – im Leben wie im Tod – behandelt wurden, als wären wir keine Menschen? Wir verweigerten uns dieser Auffassung. Wir lehnten es ab, zu glauben, was sie uns glauben machen wollten. Wir wehrten uns dagegen, dass sie uns abschlachteten, weil sie in uns keine Menschen sahen. Die Geschichte hat es anders überliefert, spricht von einem Volk, dass sich ohne Widerstand seiner Auslöschung ergab, das demütig in Ghettos ging und blind in Züge, die in die Gaskammern fuhren, einstieg. Doch so war es nicht – auch wenn es manchen Menschen entgegenkommt, so zu denken.

Das zentrale Ziel in der Zukunftsvision des ›Dritten Reiches‹ von einer ›arischen Herrenrasse‹ war, jede Stadt von Juden zu ›säubern‹, sie für ›judenfrei‹ zu erklären. Langfristig wollten die Nazis nicht nur die Juden Europas beseitigen, sondern alles jüdische Blut und Erbe; sie nannten das ›judenrein‹. Sie wollten erst dann aufhören, wenn sie uns alle getötet und die jüdische ›Wurzelrasse‹ vernichtet hatten. Hatten sie erwartet, wir würden unserer Auslöschung zustimmen? Hatten sie geglaubt, die wenigen polnischen Juden, die bis Mitte 1943 noch am Leben waren, würden sich widerstandslos der Nazivorstellung eines ›judenfreien‹ Europa ergeben? Am 30. Juni 1943 verfasste SS- und Polizeiführer Friedrich Katzmann einen Geheimbericht mit dem Titel *Lösung der Judenfrage im Distrikt Galizien*, in dem er sein Erstaunen über den Widerstand der wenigen dort noch verbliebenden Juden ausdrückte: »Bei den Aktionen ergaben sich auch noch sonstige ungeheure Schwierigkeiten, da sich die Juden unter allen Umständen der Aussiedlung zu entziehen trachteten. Sie versuchten nicht nur zu flüchten, sondern versteckten sich in allen nur undenkbarsten Winkeln, in Abflusskanälen, in Kaminen, selbst in Jauchegruben usw. Sie verbarrikadierten sich in Katakombengängen, in als Bunker ausgebauten Kellern, in Erdlöchern, in raffinierten Verstecken auf Böden und Schuppen, in Möbeln usw.

Je geringer die Zahl der noch verbleibenden Juden wurde, umso größer wurde der Widerstand. Waffen aller Art, darunter insbesondere solche italienischer Herkunft, wurde zur Verteidigung benutzt. Diese italienischen Waffen kauften die Juden von den im Distrikt stationierten ital. Soldaten gegen hohe Złotybeträge auf.«

Auch wenn zu überleben bedeuten konnte, sich in einem Schacht, unter dem Waldboden oder an anderen entsetzlichen Orten zu verstecken, so waren doch diejenigen von uns, denen ein solcher Zufluchtsort angeboten wurde, dankbar für die Möglichkeit, zu leben. Bei mir war es so. Ich habe niemals aufgehört, leben zu wollen.

Ebenso habe ich nie aufgehört, jenen Polen und Ukrainern dankbar zu sein, die der nationalsozialistischen Instrumentalisierung des in unserer Region tief verwurzelten Antisemitismus widerstanden und ihr eigenes Leben riskiert haben, um mich zu verstecken. Zu meinem tiefen Kummer sind mir die meisten ihrer Namen verloren gegangen, wenn ich sie denn je gewusst habe. Wo ich es vermag, werde ich sie im Gedächtnis bewahren.

## XI. DER WALD

Zunächst wurde ich bei Christen versteckt, die mein Vater durch sein Geschäft kannte, ehe die Russen ihm die Möglichkeit, seinen Lebensunterhalt zu bestreiten, zerstörten. Unsere Familie war in Borysław hoch angesehen, und wie viele Juden in den galizischen Städten waren wir kulturell assimiliert. (Es wird erzählt, dass in Galizien sogar die Rabbis fließend polnisch sprachen, während in Lodz oder Warschau lediglich die Akademiker ein gutes Polnisch sprachen und in Lublin alle nur jiddisch.) Ich pflegte ein besseres Polnisch als viele meiner polnischen Schulfreunde. Und weil ich nicht sonderlich jüdisch aussah, konnten ein paar Familien dazu überredet werden, einem Mädchen, das zu diesem Zeitpunkt als Sabina Kulawicz bekannt war, Zuflucht zu bieten (Kulawicz war ironischerweise der Name meiner orthodox-jüdischen Großeltern mütterlicherseits). Ich lernte die Gebete und den katholischen Katechismus auswendig. Genau genommen wusste ich mehr über Katholizismus, als mir jemals über das Judentum beigebracht worden war. Als ich mich 1946 immatrikulierte, tat ich das unter dem Namen Kulawicz und gab als Religionszugehörigkeit katholisch an. Erst als ich 1950 in Australien ankam, bekannte ich mich wieder offen zum Judentum.

Die christliche Familie, an die ich mich ziemlich gut erinnern kann, bestand aus einer Frau und ihrem Sohn. Es gab keinen Mann. Ich weiß noch, wie ich sie zur Kirche begleitet habe (als ich Josek um Handschuhe bat, brauchte ich die vermutlich für den Kirchbesuch). Die Frau war sehr freundlich. Sie gab mir ausreichend zu essen. Eines Tages nahm sie mich mit hinaus aufs Land. Als wir durch ein kleines Dorf spazierten, wurden wir von Polizisten angehalten, die wissen wollten, wohin wir gingen. Sie muss sich aus dieser Begegnung irgendwie herausgeredet haben, denn sie ließen uns gehen, und ich erinnere mich, dass sie mich danach bei irgendwelchen Bauern unterbrachte. Ich fühlte mich bei diesen Menschen sehr unbehaglich. Als Schlafplatz gaben sie mir eine Bank über dem Kachelofen, der den Raum beheizte. Doch irgendwann kam die Frau zurück, um mich abzuholen. Ich vermute, mein Vater hatte sich Sorgen gemacht, wo und bei wem ich war. Sie nahm mich mit zurück in die Stadt, und ich wurde an einen anderen Platz gebracht. Und wieder an einen anderen Platz. Und wieder an einen anderen Platz. Jedes Mal für ein paar Tage hier, ein paar Tage dort, nie sehr lange. Nach einiger Zeit wurde es schwieriger, Orte zu finden, an denen ich bleiben konnte, und ich glaube, dass es nur dank der Kontakte meines Bruders gelang, über seine früheren Schulfreunde Versteckplätze für mich zu finden. Ich lebte in der beständigen Angst, dass meine Tarnung auffliegen könnte. Am 11. Juni 1943 ordnete Himmler die ›Liquidierung‹ aller Ghettos im besetzten Polen an; gleichzeitig rollten die Transporte durch ganz Europa in die Todeslager. In Borysław – wie überall sonst auch – hatte die Gestapo freie Hand, Juden zu töten, und ihnen zur Seite stand ein Netzwerk bereitwilliger Helfer. Die Strafe dafür, Juden zu verstecken, war der Tod. Ich kam immer in der Nacht an einem neuen Versteckplatz an, doch die Menschen in Kleinstädten sind naturgemäß äußerst neugierig, und sobald meine Anwesenheit im Haushalt für Gerede sorgte und die Gefahr bestand, dass ein Nachbar die Miliz alarmierte, musste ich gehen.

Ich kann mich daran erinnern, mit der Frau und ihrem Sohn einen unterhaltsamen Abend in einem privaten Haus besucht zu haben. Im Zimmer waren ein paar andere Menschen. Mein Blick fiel auf ein Mädchen, und ich dachte im selben Moment: ›Sie ist Jüdin.‹ Niemand im Raum außer der Frau, die mich mitgebracht hatte, wusste, dass ich Jüdin war. Doch ich erinnere mich, plötzlich panische Angst bekommen zu haben. Wenn ich erkennen konnte, wer Jude war, ging es dann nicht jemand anderem mir gegenüber genauso? Mein ganzes Leben lang hatte man mir beigebracht, dass es falsch sei, zu lügen und vorzugeben, jemand zu sein, der man nicht war. Ich wusste, dass ich das tun musste, um zu überleben, und dass ich getötet würde, wenn ich die Wahrheit sagte. Dieser Widerspruch verwirrte mich.

Gut zehn Jahre nach Kriegsende war ich in New York, und jemand machte mich mit einer jungen Frau bekannt, von der er wusste, dass sie auch aus Borysław stammte. Wir begrüßten einander, und ich sagte: »Ich erinnere mich an Sie. Sie waren damals in diesem Raum, und ich wusste gleich, dass Sie Jüdin sind.« Es war dasselbe Mädchen. Sie sagte, auch sie hätte mich als jüdisch erkannt. Wir sprachen bei diesem Anlass nicht viel miteinander. Ich vermute, dieser Zufall war zu merkwürdig und zu schmerzvoll für uns beide. Ich kann mich weder an ihren Namen erinnern noch weiß ich, was aus ihr geworden ist.

Wenn ich die Augen schließe, dann habe ich das Bild vor Augen, wie ich mit meinem Rucksack von Haus zu Haus zog. Ich trug ein Kopftuch über dem Haar und eine Art Mantel. Bei wem und wo auch immer ich mich aufhielt, wollte ich mich gut einfügen. Ich bemühte mich sehr, alles richtig zu machen und mich gut zu benehmen, um diesen anständigen Menschen zu gefallen. Ich verstand, dass jede Familie, die mir Unterschlupf bot, ihr Leben für mich aufs Spiel setzte.

Mein Bruder war mein Fels in der Brandung, meine Verbindung zur Welt, während ich von einem Versteck zum nächsten weitergereicht wurde – immer in der Angst vor dem nächsten Abschied. Niemals durfte ich die Namen der Menschen wissen, denn das konnte sie gefährden. Ich war so allein, so völlig abgeschnitten von der Welt. Ich lebte in einem Wartezustand – in der beständigen Angst davor, gesagt zu bekommen, was ich als Nächstes zu tun hatte, ohne zu wissen, ob es ein ›nächstes Mal‹ geben würde oder ob dieser Tag mein letzter wäre. Ich tat, was man mir sagte. Ich, die von Natur aus rebellisch war, die immer alles selbst machen wollte, die kleine ›Zosia Samosia‹, wie Mama mich genannt hatte, – ich wurde unterwürfig und duldsam.

Ich sehnte mich schrecklich nach Josek. Er verstand das, und der folgende Brief, den ich wohl immer bei mir trug, obwohl seine Entdeckung fatale Folgen gehabt hätte, offenbart, wie schmerzvoll unsere Trennung auch für ihn war.

»Liebe Binuś, Deinen lieben Brief habe ich erhalten, ich bin Dir für ihn wirklich sehr dankbar. Du hast mich aus meinem Widerwillen gegen das Schreiben aufgeweckt. Eigentlich ist es kein Widerwille, ich habe einfach keine Zeit. Bei der Arbeit jage ich Sachen hinterher, die mit dem ›Wald‹ zu tun haben, Proviant usw. Nach der Arbeit muss ich Mendzios und Loneks Anweisungen befolgen, dann ist es Zeit fürs Abendessen, Baden. Ich bin also erst um neun Uhr bei Hala, und erst dort kann ich mich entspannen. Meistens lege ich mich aufs Bett, schlafe, starre ins Leere und denke an nichts. Du weißt ja selber, wie gewissenhaft ich bin, und wenn ich etwas zu erledigen habe, komme ich nicht zur Ruhe, bis ich es erledigt habe. Das beschäftigt mich also immer wieder – aber genug davon. Bis jetzt habe ich in Tustanowice gearbeitet, dort besuchte ich Bauern, die mir Milch und Essen gaben, in der Werksküche kriege ich täglich zwei Mahlzeiten, also habe ich sogar ein bisschen zugenommen. Wir werden uns ja während der Woche sehen und über alles reden können. Ich denke oft an Dich, Binuś, – stell' Dir vor, wie egoistisch es von mir ist, dass ich froh bin, mir keine Sorgen um Dich machen zu müssen. Wenn ich nur daran denke, dass sie Dich schnappen könnten, ergreift mich Angst, aber ich versuche, diese Gedanken von mir fernzuhalten. Aber Binuś, mach' Dir keine Sorgen, alles wird gut. Ich bin in letzer Zeit sehr entschlossen, und irgendwie ist mir alles egal. Ich wünsche mir so sehr, dass Du überlebst, Du kannst Dir nicht vorstellen, wie sehr ich Dich liebe. Ich möchte, dass Du stark bist, denn manchmal sehe ich, wie verzweifelt Du bist. Doch Binuś, Du darfst nicht aufgeben. Das Wichtigste ist, nicht allzu viel nachzudenken und sich zu beschäftigen. Ich werde mich bemühen, so schnell wie möglich bei Dir zu sein – ich weiß, dass meine Nähe Dir Mut gibt. Also Binuś – meine Liebste, halte durch, Du weißt doch, wie viel Du mir bedeutest – Tschüss, Binuś, Dein Josek«

Ich bin im Jahr 1943 oft umgezogen. In meiner Erinnerung ist alles verschwommen. Es kann sein, dass ich, wenn mein Bruder keine christliche Familie finden konnte, die mich versteckte, unter Eisensteins Schutz wieder im Lager Zuflucht fand. Dort hätte ich Imek getroffen.

Mein Bruder baute, wie erwähnt, mit seinen Freunden an einem Versteck im Wald, aber ich glaube nicht, dass ich vor dem Frühjahr 1944 dorthin kam. Dagegen erinnere ich mich vage daran, dass ich einmal mit Pepa, Imeks Mutter, in den Wald ging, vermutlich im Spätsommer oder Herbst 1943. Ich weiß noch, dass ich im Lager war und jemand mir zeigte, wie ich mir alte wollene Stofflappen um meine Füße und Beine wickeln sollte. Die Kunst bestand darin, es so sorgfältig zu machen, dass sich die Lumpen nicht zusammenknüllten und in den Schuhen scheuerten. Pepa war eine große, schlanke Frau und ziemlich empfindlich. Ich weiß noch, wie sich andere Gedanken darüber machten, ob so ein Fußmarsch für sie überhaupt in Frage käme. Der Unterstand war seitlich in einen Berg hineingebaut. Er besaß so etwas Ähnliches wie ein Dach, aber keine Seitenwände, und gab den Blick auf ein Tal frei. Ich erinnere mich, wie unbeschwert ich mich dort oben in den Bergen mit Pepa fühlte, beinahe so, als wäre ich im Urlaub. Später, als ich in dem Versteck war, das mein Bruder gebaut hatte und das tiefer in den Bergen lag – dort, wo die lichten Buchen längst dunklen, dichten Tannen und Kiefern gewichen waren, fühlte ich mich viel mehr gefangen und isoliert. Doch bei diesem ersten Mal konnte ich den Himmel sehen, die Vögel hören. In der Nähe gab es einen kleinen Wasserfall, in dem wir uns wuschen. Aber wir blieben nur für eine kurze Zeit. Jemand hatte uns gesehen. Wir konnten nicht herausfinden, wer es war, doch wir konnten Stimmen unten im Tal hören, aufgeregte Rufe. Wir wussten, es war nur eine Frage der Zeit, bis Gerüchte über unseren Verbleib die Miliz erreichten. Also flohen wir durch die Wälder zurück in den vergleichsweise besseren Schutz des Lagers. Ich erinnere mich an stundenlange Fußmärsche bei Nacht. Ich weiß auch noch, dass wir rasteten und uns zum Schlafen in Heuschobern versteckten und wieviel Angst ich hatte, wenn ich im warmen, trockenen Gras geborgen lag – nicht, weil ich fürchtete, von den Dämpfen vergiftet zu werden, wie meine Großmutter mich einst gewarnt hatte, sondern weil die Deutschen auf ihrer Suche nach Juden mit ihren Waffen in die Heuhaufen hineinstachen.

Auf dem Land rings um Borysław strotzte es während des Krieges nur so vor Geschichten von Verrat, Gewalt und Mord. Diejenigen von uns, die sich versteckten, waren stets in Gefahr. Viele Menschen aus Borysław und den umliegenden Dörfern versuchten, sich in Unterständen und Höhlen in den Wäldern zu verstecken, und manche überlebten. Doch die meisten wurden verraten oder kamen um. Auf unsere Köpfe war ein Preis ausgesetzt. Die Nazis boten zugkräftige Anreize für Nichtjuden, damit sie Juden und diejenigen, die Juden versteckten, ergriffen oder denunzierten. Weder erinnere ich mich daran, wann es unmöglich geworden war, Familien zu finden, die mich unter ihrem Dach aufnahmen, noch weiß ich, wann mein Bruder es schaffte, dass ich in dem Versteck unterkam, das er und seine Freunde im Wald gebaut hatten. Zurückgezählt, schätze ich, dass ich gut zwei Monate unter dem Waldboden verbrachte und dass ich im Frühling 1944 dorthin gekommen war. Am 13. April 1944 kamen 600 Juden aus Borysław auf einen Transport nach Plaszow, einem Konzentrationslager – etwa zehn Kilometer vom Zentrum Krakaus entfernt. Möglicherweise hatte mein Bruder davon gehört, dass etwas passieren würde, und mich deshalb schon vorher in das Waldversteck geschickt. Ich kann mich an den Transport nicht erinnern. Erst sehr viel später habe ich erfahren, dass sich die Familie Eisenstein unter den Verschleppten befunden hatte.

Beinahe mein ganzes Leben lang habe ich die Erinnerungen an diese Zeit so tief in mir verschlossen, wie ich es vermochte. Es verstört mich, sie nun hervorzuholen. Daher ist es möglich, dass ich die Umstände in diesem Walderdloch mit jenen im Versteck unter dem Kaninchenstall verwechsele. Beide waren albtraumähnliche feuchte Gräber, Orte des nackten Überlebens.

Das Waldversteck war nicht sonderlich tief, vielleicht etwas weniger als zwei Meter, und mit grob gehacktem Schnittholz bedeckt, über dem Zweige und kleine Bäume zur Tarnung verstreut lagen. Ich teilte mein Gefängnis mit neun anderen, deren Namen ich nicht mehr weiß. Wieder gab es Kojen, die gerade groß genug waren, um darauf zu liegen. Wände und Boden waren irden, über unseren Köpfen spürten wir das Gewicht der Erde. Lediglich in der Nacht wagten wir uns nach draußen, um frische Luft einzuatmen und auf die Toilette zu gehen, sodass ich durch den Waldbaldachin zwar die Sterne, niemals aber das Sonnenlicht sah.

Wir waren vollkommen abhängig von Freunden aus dem Ort, die uns zu essen brachten und mit jedem dieser Ausflüge ihr Leben riskierten. Wir bekamen ein bisschen Marmelade und Brot, glaube ich, und eine Art Tee. Es herrschte kein Mangel an Wasser, und wir hatten Zucker. In guten Nächten brachte uns jemand eine warme Mahlzeit. Wer waren diese Menschen, unsere Retter? Ich glaube, es waren überwiegend nichtjüdische Freunde meines Bruders. Ich kann mich nur noch an einen einzigen Namen erinnern, Zygmunt Miśkiewicz. Wir nannten ihn

Mundek. Ich habe ein Foto von ihm. Nie habe ich ihn gefragt, warum er uns half. Ich habe auch sonst niemanden danach gefragt. (Die Psychoanalytikerin Eva Fogelman deutet in ihrer Analyse *Conscience and Courage* [Gewissen und Mut] über die Motive derer, die während des Holocaust Juden retteten, an, dass viele Menschen unter dem Wahnsinn der Besatzung durch die Nazis ihr normales Verhalten verloren haben, da nun das Böse belohnt und gute Taten bestraft wurden. »Die Angst nahm ihnen die Orientierung, und der Selbsterhalt ließ sie erblinden. Nur wenige orientierten sich an ihrem eigenen moralischen Kompass.«)

Nachdem ich einmal im Wald war, hörte das Kommen und Gehen für mich auf. Diejenigen, die uns Essen brachten, hielten sich kaum auf, um zu reden. Wir hatten so gut wie keine Verbindung mit der Außenwelt. So erfuhren wir auch nicht, dass die Deutschen das Lager geschlossen hatten und die ›Liquidierung‹ bereits im Gange war.

Den ersten Hinweis darauf, dass etwas Schreckliches vor sich ging, erhielten wir mit einer kurzen Nachricht, die uns Joseks Freund Mendzio in den Wald schickte. Ich habe sie noch immer. Sie wurde in Eile auf einen zerrissenen Fetzen Papier geschrieben, und dennoch war das Polnisch herausragend; selbst die Satzzeichen waren richtig gesetzt. Aber der Inhalt war entsetzlich:

»Ihr Lieben, ich erzähle Euch alles, wenn wir uns sehen. Ich bin in den Baracken, und ich darf nicht weg. Eisenstein hat mit seinem Leben dafür garantiert, dass ich nicht fliehe. Ich denke, dass ich es schaffen sollte, Euch zu besuchen. Wagt es nicht, in die Stadt zu gehen. Ich werde Euch alles hier organisieren. Ich habe Geld.

Lonek ist tot. Lonek wurde am Samstag, dem 3. Juni 1944, ermordet. Bleibt gesund, Mendzio«

Die Nachricht von Lonek Hoffmans Tod hat mich niedergeschmettert. Er war nicht allein der Freund meines Bruders, sondern in dieser Gruppe junger Männer ein Held, denn er hatte trotz Folter verweigert, den Ort des Verstecks im Wald preiszugeben. Tolek Manskleid, der den Krieg überlebte, hat in seiner Zeugenaussage im Kriegsverbrecherprozess gegen den SS-Lagerkommandanten Friedrich Hildebrand beschrieben, was damals geschehen war. Ein Förster hatte das Erdloch, in dem Loneks Mutter versteckt war, entdeckt und die ukrainische Miliz informiert. Als das Versteck gestürmt wurde, war Loneks Mutter unter den

Getöteten. Lonek war im Lager, als ihn die Nachricht vom Tod seiner Mutter erreichte. Er fand heraus, wo der Förster wohnte, und brachte ihn zur Strecke. Waffen konnte man bei den Partisanen im Wald kaufen.

»Als Lonek das herausfand, brachte er den Förster um. Hoffman trug immer eine Waffe bei sich«, sagte Tolek vor Gericht. Renate Reinke berichtet dies in ihrem Buch über den Hildebrand-Prozess *Antworte, Mensch!* Als Lonek und ein weiterer Freund von den Deutschen aufgegriffen und gefoltert wurden, damit sie die Lage anderer Verstecke verrieten, wurde Lonek so hart geschlagen, dass er ein Auge verlor. Tolek sagte vor Gericht aus: »Der Chef der Miliz sagte, dass er in seiner gesamten Laufbahn als Polizist niemals erlebt hätte, dass ein Mann einen solchen Schlag ertragen hätte wie Lonek. Er erklärte Lonek, er würde ihm das Leben retten, wenn er ihm verriete, wo sich Menschen versteckten.«

Nun war Lonek also tot. Aus Mendzios wenigen Worten begriffen wir, dass sich die Situation im Lager bedrohlich verschlechtert hatte. Die Front rückte näher. Die Russen waren nicht mehr weit. Hinrichtungen fanden auf der Stelle statt, und man musste entsprechend vorsichtig handeln. Mendzios Nachricht entnahmen wir, dass sich Walek Eisenstein im Lager befand. Erst sehr viel später konnte ich mir zusammenreimen, was mit ihm in diesem Frühling 1944 geschehen war.

Er war im April 1944 nach Plaszow deportiert worden, doch sechs Wochen später, Anfang Juni, unter der Bewachung der SS mit zwei anderen zurückgekehrt. Die Nazis wussten, dass sich einige übriggebliebene Juden in den Wäldern und im Ort versteckt hielten. Sie wollten das Gerücht verbreiten, dass das Lager in Plaszow alles in allem gar nicht so schlecht sei und man dort Arbeit und Essen erhalte. Natürlich war das gelogen.

Plaszow im Juni 1944 war etwas ganz anderes als unser Zwangsarbeitslager in Borysław. Kurz nach seiner Öffnung im Juni 1942 arbeiteten die Gefangenen für verschiedene deutsche Unternehmen – wie die Emaillefabrik des Industriellen Oskar Schindler, dessen berühmte ›Liste‹ Hunderten von Juden das Leben rettete. Doch nach und nach vergrößerte die SS das Lager und änderte dessen Aufgaben. Auf dem Höhepunkt seiner Aufnahmefähigkeit war es ein Konzentrationslager, in dem 20.000 Menschen gefangen waren. Bei seiner Auflösung wurden ab Spätsommer 1944 Juden auf Transporten nach Auschwitz und in andere Konzentrationslager gebracht, Tausende im Lager erschossen.

Eisenstein wurde zurück nach Borysław gebracht, damit er Juden mit dem Versprechen von Brot und Arbeit nach Plaszow lockte. Hat ihm irgendjemand geglaubt? Nein, ich denke nicht; doch einige gingen, weil sie sonst verhungert wären. Warum kollaborierte Eisenstein zu diesem späten Zeitpunkt mit den Deutschen? Warum hat er sich nicht verweigert? War es, weil Pepa und Imek noch am Leben waren und er vielleicht dachte, er könnte sie retten? Ich habe mich das oft gefragt. Die Fragen lasten schwer auf mir, doch ich finde keine Antworten.

Als ich im September 2006 nach Krakau reiste, bin ich mit dem Auto nach Plaszow gefahren – oder vielmehr zu dem Ort des einstigen Lagers. Wo sich einst Baracken, Fabriken, Lagerhäuser, Stacheldraht und Massengräber befanden, gab es nun Grünpflanzen und offene Wiesen, auf denen Familien mit ihren Kindern Drachen steigen ließen und ihre Hunde trainierten, wo Liebespaare umherschlenderten und die Älteren die Sonne genossen. Plaszow war zur ›grünen Lunge‹ einer aufblühenden mitteleuropäischen Metropole geworden. Die Nazis hatten das Konzentrationslager auf zwei jüdischen Friedhöfen errichtet. Als sie es 1944 schlossen, mussten die paar Hundert überlebenden Gefangenen 9.000 Leichen aus elf Massengräbern bergen und einäschern. Doch an einem warmen Spätsommernachmittag war dort nicht viel mehr als ein lauer Wind, der diejenigen, die die ›umgenutzte‹ Mordstätte der Nazis besuchten, kaum störte. Ich stieg hinauf bis zum Fuß eines klotzigen Mahnmals im Sowjetstil, das sich vor der Schnellstraße darunter abzeichnete. Ich dachte an die, deren Namen nicht auf Schindlers ›Liste‹ gestanden hatten – unter ihnen Walek Eisenstein, der zusammen mit Pepa und Imek von Plaszow nach Auschwitz deportiert worden und dort umgekommen war.

Ich kann Walek Eisenstein gegenüber nicht allzu objektiv sein. In den wenigen erhaltenen Auflistungen aus diesem Zeitabschnitt ist sein Name geschwärzt. Er war ein sehr gefürchteter Mann. Doch ich habe mich nie vor ihm gefürchtet. Ich habe ihn gern gehabt. Er beschützte mich, als wäre ich sein eigenes Kind, und ich kann daraus nur schließen, dass er mich liebte – um Imeks willen. Es gab keine verwandtschaftliche Beziehung zwischen unseren Familien, keinerlei Verpflichtung seinerseits, mich unter seine Obhut zu nehmen. Doch er tat es, nicht nur einmal, sondern viele Male. Ich bin sicher, dass ich ihm mein Leben verdanke. Ich kann und werde vor dieser Erkenntnis nicht fortlaufen.


## XII. DAS KRIEGSENDE

Im Frühsommer 1944 kam die Rote Armee von Osten her näher. Die Westalliierten waren am 6. Juni an den Stränden der Normandie gelandet und einsatzbereit für die Eroberung von Paris. Und noch immer rollten die Transporte nach Auschwitz.

Ich befand mich nach wie vor in meinem Versteck im Wald. Mendzio hatte uns befohlen, nicht in den Ort zu kommen. Am 8. Juni war mein 17. Geburtstag. Doch weder erwartete ich, dass irgendjemand ihn feiern würde, noch wusste ich, ob ich Josek in diesem Monat sehen würde oder überhaupt irgendjemand herauskäme, um nach uns zu sehen – nachdem wir Mendzios niederschmetternde Nachricht erhalten hatten. Am 22. Juni wurden 700 Menschen von Borysław nach Auschwitz deportiert, doch wir wussten davon nichts. Viele Jahre später erst erfuhr ich, dass Josek und ungefähr fünfzig andere aus dem Lager am selben Tag nach Stryj geschickt wurden, etwa fünfzig Kilometer östlich unserer Stadt, um dort eine Landebahn zu bauen. Josek konnte mir keine Nachricht zukommen lassen, dass er Borysław verlassen hatte – und als ich es herausfand, war es zu spät. Mein Bruder war tot.

Während ich im Wald war und von seinem Aufenthaltsort nichts wusste, floh Josek von seiner Arbeitseinheit. Ein Mann namens Milek Winkler, den ich 1993 – als ich zum ersten Mal nach Borysław zurückkehrte – kennenlernte, war ebenfalls zur Arbeit an der Landebahn geschickt worden. Er beobachtete, wie Josek seinen Bewachern entkam. In seiner Zeugenaussage im Hildebrand-Prozess 1967 sagte Winkler: »Ich sah, wie er davonging. Mein Herz schlug mir bis zum Hals, als er in einem Weizenfeld verschwand.«

Wohin ist er gegangen? Woran dachte er? Ich werde es niemals wissen. Am 19. Juli 1944 wurde Josek auf Hildebrands Befehl von einem Erschießungskommando im Lager von Borysław getötet. Er war zwanzig Jahre alt. Mein Vater und Mendzio wurden an seiner Seite erschossen. In einer Ansprache warnte Hildebrand, dass jeder andere, der versuchen würde zu fliehen, dasselbe Schicksal zu erwarten hätte. Wie und wo wurde Josek gefunden? War er zurück zum Lager gegangen, um meinen Vater und Mendzio mitzunehmen? Warum wurde er erwischt? Warum nur diese drei? Wenn sie im Wald aufgegriffen wurden, befanden sie sich in einem Versteck? Waren auch andere Menschen dort? Die Antworten werde ich nie erhalten. Ich kam zu spät.

Am selben Tag, als mein Bruder, mein Vater und Mendzio im Lager ermordet wurden, ließ Eisenstein mich zu sich rufen. Jemand kam in den Wald. Ich kann mich nicht mehr an seinen Namen erinnern, obwohl er mir damals geläufig war. Als er im Versteck ankam, gab es eine Diskussion, ob ich mit ihm gehen sollte. Einige meinten, ich sollte es nicht tun. Sie wollten, dass ich zu ihrem eigenen Schutz dablieb. Doch andere sagten, dass ich gehen müsste, wenn Eisenstein nach mir rief. Sie wussten, dass er mich schützte, doch sie hatten keine Ahnung, warum er mich ins Lager holen ließ. Wir waren ohne Nachricht, was im Ort oder im Lager vor sich ging.

Ich wanderte bei Nacht mit meiner Begleitung aus dem Wald heraus. Er erzählte mir nicht, dass mein Bruder und mein Vater tot waren. Als ich im Lager ankam, war es der Morgen des 20. Juli. Ich wurde in ein Zimmer gebracht, in dem Eisenstein wartete. Er sagte kein einziges Wort. Er öffnete bloß die Arme, umschlang mich, hielt mich eine Zeitlang so und setzte mich dann auf seine Knie. Anschließend begann er zu schluchzen – nicht zu weinen, nur zu schluchzen. Ich blieb eine Weile so sitzen. Er war nicht mehr der Mann, den ich kannte. Er war sehr abgemagert. Ich fragte ihn nach Imek und Pepa, und er hörte nicht auf zu schluchzen. Ich fragte ihn nach meinem Bruder. Ich sagte, ich wolle ihn und meinen Vater sehen, denn ich wusste ja, dass sie im Lager waren. Er antwortete nicht. Er sagte kein Wort zu mir, nicht ein einziges. Irgendwann setzte er mich ab und befahl: »Bleib' hier, bis ich zurück bin!« Dann schloss er die Tür hinter sich ab.

Ich weinte, weil er geweint hatte. Ich wusste nicht, warum ich hier und was geschehen war. Ich war erschöpft und hungrig. Irgendwo im Zimmer war etwas zu essen, das ich mir nahm. Wahrscheinlich habe ich danach geschlafen. Am Abend kam er wieder und erklärte mir: »Jetzt musst du zurückgehen!« Keine Erklärung, kein Wort, warum er nach mir geschickt hatte oder was passiert war. Er übergab mich wieder dem

Mann, der mich aus dem Wald hergebracht hatte, und so gingen wir zurück.

Als wir im Versteck ankamen, war es leer. Niemand war mehr im Wald. Eisenstein musste gewusst haben, was passieren würde. Die Erdverstecke galten als relativ sicher – bis zu dem Zeitpunkt, als er mich rufen ließ. Die größte Gefahr stellten ukrainische Partisanen dar, die den Wald ebenfalls als Zuflucht nutzten. Er musste gewusst haben, dass die Deutschen an diesem Tag vorgehabt hatten, den Wald zu räumen – und er wollte mich retten. Warum sonst hätte er mich holen lassen? Während ich eingesperrt und allein in diesem Zimmer saß, umzingelten SS und ukrainische Miliz den Wald. Sie hatten Hunde dabei. Auf diese Weise scheuchten sie die Juden in ihren Verstecken auf und brachten sie zurück ins Lager. So habe ich es jedenfalls später gehört.

Ich hatte keine andere Wahl, als den weiten Weg zurück ins Lager zu laufen. Wir schliefen ein paar Stunden und machten uns dann wieder auf nach Borysław. Mein Begleiter ließ mich am Stadtrand zurück – und so ging ich allein zum Lager.

Ich näherte mich ihm von der Straßenseite, weil ich wusste, dass dort immer noch die jüdische Polizei wachte. Normalerweise standen sie am Vordereingang. Ich hoffte, dass mich jemand erkennen und hineinlassen würde. Tatsächlich erblickte ich einen jüdischen Posten und erklärte ihm, was ich wollte. »Bist Du wahnsinnig?«, antwortete er. »Was machst Du hier?« Ich sagte es ihm ein zweites Mal: »Ich will hinein. Mein Vater und mein Bruder sind hier, und im Wald ist niemand mehr. Ich will zu ihnen.« Er starrte mich an und sagte: »Wozu? Weißt Du denn nicht, was passiert ist?« »Nein«, antwortete ich. Er teilte mir mit, dass mein Bruder und mein Vater zwei Tage zuvor im Lager ermordet worden seien, zusammen mit Mendzio. So fand ich es heraus. Er wies mich an wegzugehen, um mich zu retten; ich stand unter Schock. Doch ich war fest entschlossen hineinzugehen. Also lief ich an der Begrenzung des Lagers entlang und den Hügel hinauf. Ich dachte, ich könnte vielleicht durch den Hintereingang hineinschlüpfen, da der weniger stark bewacht war. Doch als ich ankam, standen dort zwei deutsche Polizisten zu Pferde, Angehörige des ›Reiterzugs‹, die auf mich zeigten und schrien: »Aus, aus! Hau ab. Du weißt, dass Du nicht mit Juden sprechen darfst.«

Ich war aus dem Wald hergekommen, mit einem Rucksack auf dem Rücken, einem Kopftuch über den Haaren und Stiefeln an den Füßen. Sie hielten mich für irgendein ukrainisches Bauernkind, erkannten aber nicht das verzweifelte jüdische Mädchen, das vor Kummer fast wahnsinnig war. Ich dachte, dass ich es noch einmal am Vordereingang probieren sollte. Doch als ich wieder hinab – auf die Straße zu – ging, sah ich, wie zahlreiche deutsche Polizisten eintrafen. Sie umzingelten das Lager.

Ich rannte. Ich hatte keine Ahnung, wohin, aber instinktiv lief ich in Richtung Stadt. Im Wald war niemand mehr. Er war geräumt worden. Ich erinnerte mich an unsere Freunde, die Staniszewskis, bei denen Josek und ich als Kinder zu Weihnachten gewesen waren. Ich überquerte den Marktplatz oder das, was von ihm übrig war, und hörte, wie Menschen über ›diese Juden‹ sprachen, die zwei Tage zuvor im Lager erschossen worden waren. ›Diese Juden‹, über die sie herzogen, waren: mein Vater, mein Bruder und Mendzio. Aber irgendwie kam das bei mir noch immer nicht an. Mein Kopf erfasste, dass es stimmte, was man mir sagte. Aber nichts an ihrem Tod ergab einen Sinn. So setzte ich Fuß vor Fuß, bis ich das Haus der Staniszewskis erreicht hatte.

Ich bat sie, mich aufzunehmen. Jurek und seine Mutter waren einverstanden, aber Herr Staniszewski geriet in Panik, als er mich sah. »Bitte, nur für eine Nacht«, flehte ich. Schon am Morgen würde ich fortgehen. Er stimmte zu. Ich nahm ein Bad, mein erstes Bad seit ich weiß nicht wie vielen Monaten oder Jahren. Ich schlief in einem Bett, ich aß mit ihnen, und am Morgen verließ ich sie. Ich weiß noch, wie Frau Staniszewski mich an sich drückte, doch ihr Mann war sehr dahinterher, dass ich verschwand.

In der Nähe gab es einen Park mit ein paar Bäumen und einer kleinen Bank. Dort nahm ich Platz und fragte mich, was ich jetzt machen sollte. Es war der Morgen des 22. Juli. Hochsommer, doch ich habe keine Erinnerung an das Wetter. Während ich dort saß, sah ich, wie gut 300 Juden aus dem Lager zum Bahnhof gebracht wurden – umgeben von SS-Leuten, ukrainischer Miliz und Hunden. Ich war mir sicher, dass irgendwer mich erkennen und auffordern würde, mitzukommen. Ich hoffte sogar, dass es jemand tat, dann wäre ich wenigstens nicht mehr so allein. Ich würde irgendwohin gehören – zu den Juden, und mit ihnen gehen, wohin auch immer. Es gab nichts, wofür es sich zu leben lohnte, keine Aussicht auf irgendeine Zukunft. Alle, die ich liebte, waren tot – meine Eltern, mein Bruder und – soweit ich wusste – auch Imek. Doch ich besaß weder die Kraft noch den Willen, mich aufzuraffen und mit ihnen zu gehen; und niemand von diesem tragischen Überbleibsel jüdischen Lebens sah mich. Oder wenn doch, so rief mich keiner. Niemand schien mich zu kennen. Zu der Zeit waren viele Menschen aus der Umgebung bis einschließlich Drohobycz im Lager – Menschen, die der Hunger aus den Wäldern herausgetrieben hatte und die vom Terror aufgescheucht worden waren. Ich saß da, sah den gesamten Transport vorübermarschieren und scherte mich nicht darum, was mit mir geschehen würde. Später fand ich heraus, dass dies der letzte ›Judentransport‹ aus unserer Stadt war, dass die Nazis das Lager ›liquidiert‹ und die Übriggebliebenen nach Auschwitz geschickt hatten.

Ich blieb auf dieser Bank und versuchte nachzudenken. Bestimmt habe ich gehofft, mich retten zu können, doch woran ich mich deutlich erinnere, ist ein Gefühl vollkommener Hilflosigkeit und Verlassenheit. Dann fiel mir Herr Machnicki ein. Er war der Einzige, von dem ich wusste, dass er mir vielleicht helfen würde. Als unser Versteck unter dem Kaninchenstall entdeckt worden war, haben die Deutschen nicht weiter gesucht. Sie haben die Juden im Keller nie gefunden. Soweit ich wusste, waren sie noch immer dort. Ich ging zu Herrn Machnicki, und er nahm mich auf. Die nächsten 17 Tage versteckte auch ich mich in seinem Keller. An diese Zeit habe ich überhaupt keine Erinnerung. Ich weiß nicht mehr, wer außer mir noch dort versteckt war. Nur ein Mädchen namens Mala, das zwei oder drei Jahre älter als ich war, und ein ebenfalls einige Jahre älteres Mädchen namens Anda Katz fallen mir ein. Vermutlich habe ich Herrn Machnicki noch gebeten, mich hereinzulassen, doch wahrscheinlich habe ich danach kein Wort mehr gesprochen – so wie damals, als meine Mutter nach Belzec deportiert worden war. Ich bin sicher, dass ich unter Schock stand. Diese Zeit war die einzige während des Krieges, in der ich mir meines Hungers bewusst war. Wir überlebten in diesem Keller mit einem Stück Zucker pro Tag.

Doch wir wussten, dass die Russen näherrückten. In diesen letzten Wochen konnten wir hören, wie sich die Armeen gegenseitig beschossen; wir konnten den Lärm der Artillerie hören. Diejenigen, die den

Himmel sehen konnten, sagten, er würde röter. Als mein Bruder aus seiner Arbeitseinheit in Stryj weglief, wollte er vermutlich bei mir sein, wenn der Krieg zu Ende ging. Jedenfalls rede ich mir das ein. Aber die Wahrheit werde ich nie erfahren.

## XIII. BEFREIUNG

Am 6. August 1944 – zwei Jahre nachdem meine Mutter und ich aufgegriffen worden waren – kam Herr Machnicki zu uns in den Keller herunter, um uns mitzuteilen, dass er gesehen hat, wie deutsche Polizisten und Soldaten – viele von ihnen verwundet – zusammenpackten und abhauten. Auch einige Ukrainer hatte er davonlaufen sehen. Am nächsten Morgen rollten sowjetische Truppen als Befreier in Borysław ein.

Niemand tanzte auf den Straßen oder tauschte Küsse aus. Wir waren vollkommen kraftlos – sowohl körperlich als auch seelisch.

Als feststand, dass die Deutschen fort waren, tauchten die jüdischen Überlebenden nach und nach auf. Sie hatten entsetzlich fahle Gesichter, ausgemergelte Leiber, geschwollene Glieder. Einige waren nicht in der Lage zu gehen, weil sie allzu lang eingesperrt gewesen waren. Sie krochen unter Schlafzimmerböden und aus dem Innern von Wänden hervor, aus Brunnen herauf und von Kaminen herunter, sie kamen aus dem Erdboden herauf und von Dachkammern herunter, aus all diesen engen, lichtlosen, unzugänglichen Löchern, in die ein menschlicher Körper sich gerade noch hineinzwängen konnte. Ich befand mich im Vergleich zu anderen in einer relativ guten Verfassung. Immerhin konnte ich aufrecht gehen. Ich hatte Hunger – doch alle hungerten, ob Juden oder Nichtjuden.

Im Vergleich zu den Deutschen waren die Russen ein schäbiger Haufen. Ihre langen, grauen Mäntel stanken erbärmlich. Aber wir waren so froh, dass sie endlich doch eingetroffen waren. Wir wollten sie berühren, und sie wollten uns berühren. Ich weiß noch, wie überrascht ich beim Anblick der vielen jungen Rotarmistinnen war, die sich bei den Truppen befanden, exotische Schönheiten aus den entfernteren Gebieten der Sowjetunion: aus Georgien, Kasachstan und Usbekistan.

Nach der Befreiung war unklar, nach wem man sich richten sollte und wer für was zuständig war. Wir jüdischen Überlebenden zogen die

Köpfe ein und sagten nur wenig dazu. Wir hegten ernsthafte Zweifel, ob uns überhaupt jemand glauben würde. Der Antisemitismus hatte den Ort nicht zusammen mit den Nazis verlassen. Ukrainer und Polen, die Juden versteckt hatten, wollten nicht, dass ihre Nachbarn davon erfuhren. Sie baten die Menschen in ihren Kellern, auf den Einbruch der Dunkelheit zu warten, ehe sie die Verstecke verließen. Und die Russen waren noch immer dieselben Lumpen, die wir vor gar nicht allzu langer Zeit ›Unterdrücker‹ genannt hatten.

Ich möchte hier festhalten, dass die Zahl der Juden Borysławs, die überlebt haben, verschieden hoch geschätzt wird: zwischen 250 und 800; vor dem Krieg waren es 14.000 gewesen. Ich persönlich habe die niedrigere Zahl häufiger gehört, obwohl der Historiker Robert Kuwałek mir erklärte, dass 800 Überlebende aus unserer Stadt kurz nach dem Krieg Aussagen gemacht hätten. Ich bin keine Historikerin, sondern Überlebende, und damals habe ich nicht gezählt, sondern nur hingeschaut.

Jeder suchte irgendwen. Ich wusste, dass ich niemanden mehr suchen konnte, dennoch ging auch ich hinaus auf die Straße, um zu schauen, wen ich wiederfinden könnte. Als ich so umherlief, traf ich Marek, Rózas Mann. »Hast Du noch jemanden?«, fragte er. Ich sagte ihm, dass ich allein wäre, und er antwortete: »Komm mit, Du kannst bei uns wohnen.« Er nahm mich bei der Hand und führte mich wie eine verlorengegangene Welpe heim zu Róża und ihrer Mutter Fenka. Ich hatte Róża, Marek und Fenka damals im Ghetto kennengelernt, wo sie direkt neben Imek lebten. Auch wenn ich Róża und ihre Familie nicht besonders gut kannte, so war es doch keine Frage für mich, bei ihnen zu bleiben. Marek jedenfalls ließ keinen Zweifel daran.

Marek hatte sein Fotostudio wiedereröffnet, und das Geschäft begann rasch, zu florieren. Alle Soldaten lassen sich gern fotografieren, die Russen bildeten da keine Ausnahme. Er war mit Róża und Fenka in eine leerstehende Wohnung in der Nähe gezogen. Die Wohnung verfügte über ein Schlafzimmer, eine Küche mit Spülbecken und eine Außentoilette. Marek rettete noch ein paar Möbel und persönlichen Besitz herüber – Dinge, die er bei einem polnischen Freund untergestellt hatte, als er versteckt war. Sie besaßen einen Esstisch, ein paar Stühle, einige Töpfe und Pfannen sowie einen weißen Küchenschrank, in dem sie ihre wenigen Kleidungsstücke unterbrachten. Fenka besaß nur ein einziges Kleid. Marek hatte Hosen, die Fenka aus Sackleinen genäht und blau eingefärbt hatte. Róża besaß ein Kleid, das aus ihrer Schuluniform gemacht worden war, einen guten Mantel (der auch zur Schuluniform gehörte) und zwei Unterhosen. Sie teilte ihre Kleidung mit mir. Wir wechselten uns beim Tragen von Kleid und Mantel ab, und sie gab mir eine ihrer Unterhosen. Weil wir die jeden Abend wuschen und jeden Morgen bügelten, waren sie schon bald ziemlich abgetragen. Fenka flickte die Löcher, und bald konnte man das Original nicht mehr von den Flicken unterscheiden. Ich habe meine noch immer. Fenka und ich teilten uns ihr Bett in der Küche. Sie schlief mit den Füßen neben meinem Kopf – und ich mit meinen Füßen neben ihrem Kopf. Róża und Marek waren in dem anderen Zimmer.

Ich verehrte Róża, die sieben Jahre älter war als ich. Über ihre Herkunft wusste ich nicht viel, doch eine geheimnisvolle Aura umgab sie. Ihr Vater war viele Jahre zuvor in der Sowjetunion verschwunden, so dass Fenka und sie deshalb schon vor dem Krieg kein einfaches Leben gehabt hatten. Róża sah wirklich gut aus: groß und schlank, mit hohen Wangenknochen, fein gebogenen Augenbrauen, wunderschönen grünen Augen, einem großen, sinnlichen Mund und dichtem, blondem Haar. Außerdem war sie eine Intellektuelle; ihr Denkvermögen und ihr Wissen beeindruckten mich noch mehr als ihre hochmütige Eleganz. Sie gab mir Bücher zu lesen – Proust, Goethe, Dostojewski, Balzac; und ich las sie in der Hoffnung, dass alles, was sie daraus aufgesaugt hatte, sich auch auf mich übertragen würde. Ich wollte so gern sein wie sie. Doch Róża und ich sind von grundverschiedener Natur, und so sehr ich mich auch bemühte, weder konnte ich sie jemals beeindrucken noch vermochte ich es, sie mit meiner Lebensfreude zu bezaubern.

Meine Schulfreundinnen, die Fleischer-Zwillinge Nina und Luka, haben immer gesagt, dass ich die Einzige sei, die sie aufheitern könne. Doch mein stets vorhandenes Lächeln und meine lachenden Augen schienen Róża zu verwirren. Manchmal verstand ich mich selbst nicht. Wie kam es nur, dass ich zum Tanzen wollte, wo doch ringsum alle tot waren? Ich fühlte mich schuldig, am Leben geblieben zu sein. Das Ausmaß meiner Verluste überwältigte mich, genau wie Róża. Doch ich war begierig auf das Leben, und meine sonnige Natur schien meine

Verzweiflung zu umbranden. Róża verstand nicht, dass meine Leichtherzigkeit nur Fassade war, und weil sie mein Leid nicht zu sehen oder anzuerkennen schien, glaubte ich, ihr nichts zu bedeuten. Sie war eine junge verheiratete Frau, die das Versäumte nachholen wollte; und ihr Mann brachte eine schwierige Halbwüchsige ins Haus. Ich war eine Waise, die verzweifelt jemanden suchte, den sie lieben konnte und der sie liebte. Wir gerieten in eine Spirale aus ihrem Groll auf mich und meinem Neid auf sie. Sie hatte ihre Mutter, sie hatte Marek. Ich hatte niemanden, und sie wollte mich auf Abstand halten.

Wenn ich heute das Tagebuch lese, das ich führte, während ich bei Róża und Marek lebte, dann werde ich wieder daran erinnert, wie schwierig unsere Beziehung war. Sie versuchte ihr Bestes mit mir, doch von Beginn an war stets etwas an mir, das ihr auf die Nerven ging. Vielleicht tat es ihr weh, dass Imek so hinter mir her gewesen war. Ich weiß es nicht. Wir haben nie darüber gesprochen. Jedenfalls entstand meine innige Verbundenheit mit Róża durch Imek. Sie liebte ihren Cousin Imek sehr. Sie waren beide die einzigen Kinder ihrer Mütter, der Samuely-Schwestern Fenka und Pepa. Es war um Imeks willen, dass Róża noch lange mit mir kämpfte, nachdem er schon nicht mehr da war.

Wenn ich die billigen Schulhefte überfliege, die ich als Tagebuch benutzte, dann tut es mir um uns alle so leid – um Róża, Marek und mich. Die Sätze kleben auf dem Papier so dicht aneinander, und meine Bleistifthandschrift ist so verblasst, dass ich mich äußerst anstrengen muss, die Wörter zu entziffern – selbst bei bestem Licht und mit Lupe. Die Last unseres Kummers hatte uns alle niedergedrückt; sogar das Reden über diesen Kummer war unmöglich. Wir hätten so gerne ein ›normales‹ Leben geführt: arbeiten, lernen, ein Zuhause bauen, eine Familie gründen. Doch das Problem lag darin, dass wir nicht wußten: Wozu? Und wie? Wir wollten alle so gern glauben, dass das moralische Universum, wie wir es aus der Zeit vor dem Krieg kannten, wieder aufzubauen war. Selbst ich – jung und unreif, wie ich mich und wie Róża mich sah –, erkannte, dass alle Maßstäbe dessen, was es bedeutet, ein Mensch zu sein, während Hitlers Krieg bis in die Grundfeste erschüttert worden waren. Und dennoch sprachen wir nicht von Gut und Böse. Wir sprachen darüber, ob ich zum Tanzen gehen durfte und wann ich wieder zu Hause zu sein hatte.

Im Januar 1945 setzen meine Notizen wieder ein. Ich war 17 und genau wie andere junge Tagebuchschreiber weit mehr mit dem Zustand meines Herzens als mit jenem der Welt um mich herum beschäftigt. Beispielsweise versäumte ich zu erwähnen, dass sich die Deutschen am 8. Mai den Alliierten ergaben, obwohl ich sicher bin, dass es in unserem Ort große Feiern gab. Ich begrüßte das neue Jahr in sehr düsterer Stimmung.

## 5. JANUAR 1945

»›Man muss vergessen. Genug der von Trauer erfüllten Seufzer.‹ Das ist ein Satz aus dem Buch *Byron*, das ich gerade lese. Ich habe es versucht. Zu Sylvester habe ich gefeiert. Ich bin damit nicht einverstanden. Ich kann nicht vergessen.«

Am nächsten Tag folgt eine längere Fortsetzung:

## 6. JANUAR 1945

»Nun ja. Das Jahr 1945. Fünf Monate sind vergangen. Ich kann es nicht glauben. Ich habe das Gefühl, dass ... Jeden Augenblick könnte ich aus diesem Albtraum aufwachen. Ich höre Stimmen, ich sehe, spreche, berühre ... Ich spüre es mit allen Sinnen, ich weiß es genau – die Bolschewisten sind da! Ich kann den Zustand, in dem ich mich befinde, nicht beschreiben. Ich bin in eine seltsame, schmerzvolle Apathie verfallen. Ich sitze und habe keine Kraft, aufzustehen, meine Gedanken kreisen nur um ein Thema. Josek ist tot ... Wie? Tot?! Es ist schwer, sich mit dem Tod abzufinden. Er erscheint mir so unverständlich. Ob es nur mir so geht? Als ich zum ersten Mal mit dem Tod direkt in Berührung kam (nach Loneks Tod), habe ich versucht, dagegen anzukämpfen. Es war ein trauriger Kampf, denn ich wollte dem Tod entreißen, was für ihn bestimmt war. Ich habe verloren. [...] Es stellte sich die Frage: Was heißt das, er ist tot?!

Ich fragte ältere Menschen. ›Ihr, die Älteren, erklärt mir die Wörter: Er lebt nicht mehr.‹ Niemals – das Wort ist so angsteinflößend. Es klingt nach schrecklicher Leere und Kälte ...

Und Menschen, die Menschen, die immer etwas zu sagen hatten – ›Du bist jung, Du verstehst nichts‹ – standen vor mir, zuckten ratlos mit den Schultern ... und gingen fort. Also wussten sie es auch nicht.

Dann kam die Verzweiflung. Tiefe Verzweiflung. Ich weinte, als keiner zusah. Weinte laut ... Dann waren keine Tränen mehr da. Jetzt kann ich auch wieder lachen. Nur manchmal kommt der Schmerz zum Vorschein – so ein schrecklicher Schmerz ...«

### 7. JANUAR 1945

»Jetzt sitze ich und schreibe. Eigentlich habe ich keine Lust zum Schreiben. [...] Ich weiß nicht, was ich will. Mein Leben ist so dumm und sinnlos. Einfach nur leben um des Lebens willen, das möchte ich nicht. [...] Im Lager ist die Erde frisch ausgehoben. Dort liegt mein Bruder. Doch die Grube ist zu kurz. Die Beine meines Bruders sind bestimmt verbogen. Nein, Entschuldigung. Seiner Leiche. Er lebte. Er war wunderschön und gesund. Stark war er! Die erste Kugel traf ihn, und er lebte. Er rannte weg. Er wollte leben! Die zweite Kugel traf ihn, und er lebte. Er winkte mit der Hand: Er nahm Abschied vom Leben. Und dann nur noch eine Leiche. Eine kalte Leiche.

Grünes Gras. Ziegen. Eine kurze Grube. Gelbe, frische Erde. Mein Bruder.

Gott! Ich werde wahnsinnig! Dort liegt mein Bruder. Ich möchte schreien! Schreien! Hört! Dort in der Erde verwest mein Bruder!

Die Menschen schweigen. Die Menschen hören nicht hin. Die Menschen haben genug eigene Sorgen.

Ich esse Brot. Köstliches Brot. Mit Butter beschmiert – und in der Erde liegt mein Bruder.

Ich betrachte sein Foto. Das ist er. Mein Süßer. Dieses Lächeln. Die Erinnerungen ... ›Binuś – meine Liebste, Du weißt doch, wie viel Du mir bedeutest.‹

Er lebt. Nicht. Ich lache.

Und in der Erde liegt mein Bruder!

Ich halte es nicht aus!

Gar nicht wahr. Das weiß ich genau. Jetzt weine ich.

Bald werde ich wieder lachen.

[...]

Schon zwei Jahre ohne Mama.

Ich kann mich daran erinnern, wie ich geschrien habe: ›Mama! Wo bist du?‹ Schweigen.

Und jetzt: Josenku!

Leichen schweigen. Gott! Glaube ich noch an Dich?

[...] Wo ist Gott? ... Mein Bruder ist tot!«

Im Februar regnete es. Ich schrieb: »Es regnet, und es gibt viel Schlamm. Er ist schwarz, klebrig, eklig und bleibt an den Füßen haften. Es ist schwer, sich aus dem Schlamm herauszuziehen. [...] Alles ist grau und traurig. Das Wetter spiegelt meine Stimmung und meine Gedanken wider.«

Und im März suchte ich verzweifelt Trost im Lächeln von anderen Waisen. Zu diesem Zeitpunkt arbeitete ich als Hilfslehrerin im katholischen Waisenhaus, das bei uns *St. Barbara* hieß und das die Russen in ›Kinderheim‹ umbenannten.

### 13. MÄRZ 1945

»[...] Vielleicht sollte ich mich glücklich schätzen, dass ich Kindern beibringe, Menschen zu sein (obwohl ich das selbst noch nicht so ganz beherrsche). [...] Das Glück liegt in jedem Lächeln, in jedem freundlichen Wort, das an mich gerichtet ist, und in meinen Augen, die auf die Kinder gerichtet sind ...

Und doch gibt es nicht viel Glück ...

Und viel Schmerz, Trauer und Tränen ...

[...] Es gibt so viele Waisen, auch ich bin ein Waisenkind. Ich möchte nicht in Selbstmitleid verfallen, aber ich sehne mich nach Nähe, nach zärtlichen Worten ...

Heute bin ich so traurig.«

Erst kürzlich erhielt ich – als Ergebnis einer verworrenen Serie von Verbindungen – die Kopie einer Tagebuchseite vom 22. April 1945, an deren Ende mein Name ›Binka Kulawicz‹ steht. Beinahe acht Monate nach der Befreiung Borysławs versteckte ich mich noch immer hinter dem polnisch klingenden Namen, den ich während des Krieges – vermutlich im Frühjahr 1943 – angenommen hatte, als ich anfing, in christlichen Familien zu leben. Über meinem Namen stand ein kurzes Gedicht von Adam Asnyk, das ich für das Mädchen, dem das Tagebuch gehörte, aus dem Gedächtnis aufgeschrieben hatte; das Mädchen war auch jüdisch, obwohl ich das zu diesem Zeitpunkt nicht wusste.

Der höchste Genuss
für edle Herzen
ist Freude zu schenken
in Zeiten von Schmerzen.

Die Frau, die mir diese Seite ihres alten Tagebuchs faxte, lebt heute in Brasilien. Sie war das Mädchen, eine Holocaustüberlebende wie ich. Ihr Name war mir schon vor langer Zeit entfallen, doch ihr Aussehen im Gedächtnis haften geblieben. Ich konnte sie dem Haus der Tenenbaums im Jahr 1943 zuordnen – gemeinsam mit ihrer Mutter und jenem Mann, von dem ich heute weiß, dass er ihr Onkel war und den ich damals als ›Herrn Machnicki‹ kannte, den Arbeitgeber ihrer Mutter und meinen Beschützer. Manchmal durften wir nach draußen gehen und frische Luft schnappen, und es muss bei einer dieser Gelegenheiten gewesen sein, dass ich mit Eva gespielt habe; heute weiß ich, dass ihr richtiger Name Henrietta lautet. Nachdem unser Versteck unter dem Kaninchenstall an die Deutschen verraten worden war, hatte ich nicht mehr erwartet, Eva oder sonst jemanden jemals wiederzusehen. Ich sah meinem Tod entgegen. Doch auch über sechzig Jahre später bin ich noch da und füge meinem Rückblick ein kostbares Dokument hinzu, dessen Bedeutung mich genauso fesselt wie das Wiederauftauchen Evas/Henriettas in meinem Leben.

Doch zunächst muss ich meine Schritte weiter zurückverfolgen. Kurz, nachdem die Russen angekommen waren, suchte ich die Militärkommandantur auf, weil ich versuchen wollte, bei der Armee unterzukommen. Ich wollte Rache üben. Ich wollte Deutsche töten. Ein Offizier fragte mich aus. Ich erklärte ihm, dass ich die Deutschen bekämpfen wollte. Er fragte mich, warum. Ich antwortete ihm, dass ich meine gesamte Familie verloren hätte. Er betrachtete mich und sagte auf Russisch (es klingt so schön): »Durotschka ty maja« [Du Dummerchen]. Ich wäre schon zehn Tode gestorben, ehe ich einen Deutschen auch nur zu sehen bekommen hätte, sagte er. Ich weiß noch, wie ich dachte, dass er ein guter Mann sei, weil meine Mutter, wäre sie noch am Leben gewesen, dasselbe gesagt hätte.

Also ging ich wieder zur Schule. Das war hart. Ich akzeptierte keinerlei Autoritäten, und nach all meinen Erfahrungen fiel es mir schwer, mich zu konzentrieren. Um dem Ganzen die Krone aufzusetzen, musste ich mich neben andere Schüler setzen und freundlich zu all denen sein, die mich nur einen Monat zuvor noch getötet oder zumindest denunziert hätten.

Tagsüber arbeitete ich, und abends besuchte ich die Schule. Nach der Arbeit im Waisenhaus lief ich die drei Kilometer zur Schule und war gegen neun Uhr abends wieder zu Hause. An den Samstagen half ich Marek im Studio, Filme zu entwickeln. Die Stelle im Waisenhaus wurde von der Regierung finanziert und war daher schlecht bezahlt. Also strickte ich, um noch etwas dazuzuverdienen. Es war nach dem Krieg schwierig, Wolle zu bekommen. Ich verarbeitete ein dickes Garn, das von alten Teppichbrücken stammte, die auseinandergepflückt worden waren. Es war grob und riss mir die Finger blutig. Ich strickte in der Nacht und führte ein Haushaltsbuch über meine Einnahmen: achtzig Rubel für Handschuhe, 350 Rubel für einen Pullover und so weiter. Auch meine Ausgaben verzeichnete ich darin. Wenn ich die heute betrachte, lese ich, dass ich in Drohobycz im Kino war, mir Holzpantinen und eine Bluse gekauft habe, zum Doktor gegangen bin, um mein Knie röntgen zu lassen, und mir die Schuhe reparieren ließ. Marek und Róża waren mir gegenüber stets großzügig, doch ich hatte das Bedürfnis, meine Auslagen selbst zu bezahlen. Es ist nicht das Schlimmste, sich seinen Lebensunterhalt zu verdienen. Viel schwieriger fand ich es, Różas Respekt zu erlangen.

Es waren Soldaten im Ort, und ich war ein attraktives junges Mädchen. Mein Körper hatte sich nach dem Krieg rasch erholt. Ich wollte ausgehen und Spaß haben. Natürlich trauerte ich – und mein Schmerz war tief und durchdringend, doch meine instinktive Reaktion war, wie zu anderen Zeiten meines Lebens, wenn ich den Boden unter den Füßen verloren hatte, weiterzumachen. Ich bin sehr extrovertiert. Ich bin gern unter Menschen. Gute Gesellschaft lenkt mich ab und wärmt mich. Im März 1945 lernte ich einen jungen russischen Offizier namens Pawel kennen, den ich ›Pascha‹ nannte und der mich zum Tanzen einlud. Zwei Monate später, als unsere Romanze an Różas Missbilligung zugrunde ging, schrieb ich Seite für Seite voll, weil ich verstehen wollte, was genau ich von meinem Leben eigentlich forderte.

»[...] Pascha. Er trat ganz unerwartet in mein Leben, wie so viele andere, mit denen man sich amüsieren, reden und Schluss machen kann. [...] Einmal, nach einem Tanzabend, hat er mich nach Hause begleitet. Ich reichte ihm, wie immer, die Hand, und wie aus dem Nichts passierte es – er küsste mich. [...] Mein Instinkt sagte mir – weglaufen. Aber dann wurde mir klar, dass ich den ersten Kuss meines Lebens genieße. Ich kann es bis heute nicht verstehen. [...]

Zwei Monate voller Vorfreude und Glück sind vergangen. [...] Pascha ist kein Kind, kein Bengel, er ist 27 Jahre alt, und er begehrt mich. [...] Ich weiß, dass ich nicht seine Geliebte sein werde. [...] Ich frage mich, ob ich Pascha liebe? Dieses starke Wort möchte ich nicht verwenden. [...] Ich habe mich mit Pascha getroffen. Ich wollte es beenden, ich fing an zu sprechen. Und dann: ›Also nie wieder?‹ Draußen war es kalt, ich fror. Ich zitterte vor Kälte. Ich kam in seine Baracke, um mich aufzuwärmen. Ich habe mich nie darum geschert, was andere Leute denken [...]. Aber die Unterkunft eines Offiziers zu betreten? Viele Soldaten haben mich dabei beobachtet, und ich wusste, dass alle am nächsten Tag darüber tuscheln würden – doch mir war alles egal.

Pascha versuchte mich zu überreden, er bat mich, beharrte, fragte, warum ich uns so quälen würde, was ich überhaupt wolle? Wie konnte ich es ihm erklären – dass er Russe ist, dass ich ihn fürchte, dass er mich nicht versteht und ich mir nicht vorstellen könnte, seine Frau zu werden?

Was habe ich vom Leben gehabt, wie ist mein Leben, was möchte ich im Leben? Auf diese Fragen sollte ich endlich Antworten finden – um meiner selbst willen. [...]

Meine Mutter lebte nach der Devise, uns zu geben, was sie selber nie hatte. Sie wollte uns Freude schenken, und solange sie am Leben war, ist es ihr gelungen. [...] Ich habe sie geliebt. Sie war mir Mutter, Kumpel und Freundin zugleich [...] Sie hat sich ein glückliches Leben und eine ruhmreiche Karriere für mich erhofft ... Sie glaubte an mich ... [...]

Imeks Verwandte haben mich aufgenommen. Sie geben mir zu essen, sie kleiden mich und versuchen, mir ein paar Krümel Zuwendung zu schenken. Verstehen sie mich? Sie können mich nicht verstehen. Sie haben genug eigene Sorgen.

Aus mir ist ein Mensch geworden, der unfähig ist, zu leben. Ich weiß nicht, was ich möchte, wonach ich mich sehne. [...] Ich möchte nicht lernen, ich bin ungebildet, nicht besonders intelligent, aber das kann ich mir selbst nicht eingestehen [...] Ich verstehe nicht, wozu ich weiterleben soll, ich bin ziellos. [...] Aus Angst, etwas Unbedachtes zu sagen, mache ich gar nicht erst den Mund auf [...] Ich möchte wieder an mich glauben können, doch es gelingt mir nicht. Was will ich? Ich bin weder intelligent noch begabt genug, Journalistin zu werden. [...]

Vielleicht Pascha? Sollte ich Pascha heiraten? Ich bin ihnen [den Russen] dankbar und erfüllt mit Bewunderung und Respekt. Aber sie sind einfach vollkommen anders. [...]

Ich bin von Natur aus sehr impulsiv, kann mich nicht bremsen und lasse mich nicht vom Verstand, sondern von meinen Gefühlen leiten. Es ist mir bewusst, dass das eine schlechte Eigenschaft ist. Mir fehlt die starke Hand meiner Mutter, die mich leiten würde. [...]

Ich bin noch nie im Leben jemandem begegnet, der so unentschieden und rückgratlos gewesen wäre. Die einzig gute Eigenschaft an mir ist, dass ich anpassungsfähig bin, aber dafür brauche ich Unterstützung. Ich fälle auch keine Urteile über Menschen, denn ich weiß, man kann einen Menschen nie gut genug kennen, um zu wissen, wie er wirklich ist. Trotz allem, was ich durchgemacht habe, vertraue ich den Menschen. [...] Und jetzt geschieht etwas mit mir. Eine Wende steht bevor. Das macht mir Angst ... [...]«

Ein paar Wochen später kam ich nachts nicht nach Hause, und aus der stets spürbaren leichten Spannung zwischen mir und Róża wurde ein offener Konflikt.

## 26. MAI 1945

»[...] Ich bin ihm zufällig beim Tanzen begegnet. Wir sind zusammengeblieben und zu ihm gegangen. Ich bin um fünf Uhr morgens nach Hause zurückgekehrt. Wann diese vier Stunden zwischen eins und fünf Uhr morgens vergangen sind, weiß ich nicht. Ich lag auf dem Bett, lehnte meinen Kopf an seine Brust und schlief ein. Als ich aufgewacht bin, war der Tag schon angebrochen. Mir ging es so gut, als wäre es natürlich, dass ich – Bineczka persönlich – um fünf Uhr morgens auf dem Bett eines Offiziers liege, angezogen und mit unangetasteter Tugend.

Aber die ganze Nacht außer Haus! [...] Und zu Hause: ›Was hast Du Dir dabei gedacht?‹ ›Ich denke nicht‹ – was für ein hervorragende und wahre Antwort.«

Für ein Mädchen meines Alters wusste ich nur wenig über Männer. Ich habe nicht viel Gelegenheit gehabt, das Spiel der Liebe zu erlernen. Ich hatte in einem Krieg gelebt, in dem die grundlegenden Regeln einer zivilisierten Gesellschaft auf den Kopf gestellt worden waren. In jenen Jahren bestand mein Hauptinteresse nicht darin, darüber nachzugrübeln, ob die Augen und Hände eines jungen Mannes vielleicht zu weit gingen, sondern herauszufinden, wem ich mein Leben anvertrauen konnte. Würde dieser Mensch mich erschießen oder laufen lassen? Meine Beziehung zu Imek war unter den außergewöhnlichsten Bedingungen entstanden und immer sehr behütet gewesen. Ich hielt mich für reif, doch tatsächlich war ich in mancher Hinsicht noch immer sehr kindlich. Aber wie sollte ich etwas von der Liebe erfahren? Und von wem?

Kurz vor der Krise wegen Pascha hatte Róża einen schlimmen Streit mit Marek und verließ ihn. Als ich nach Hause kam, traf ich Marek dort mit einem Mann, der manchmal im Fotostudio arbeitete an; ein schrecklicher Mann, der sich an mich heranmachte. Ich fragte, wo Róża und ›Mama‹ (wie ich Fenka nannte) seien. Marek antwortete, sie wären fort und kämen nicht wieder. Der andere Mann, Herr L., sagte irgendetwas wie: ›Man kennt doch die Frauen. Die reden doch alle nur. Die kommen schon wieder.‹

Ich machte mich auf die Suche nach Róża und Fenka und fand sie schließlich bei einer Freundin. Als ich hereinkam, habe ich vermutlich gelächelt, weil ich so froh war, sie zu sehen. Róża fuhr mich an: »Was lässt Dich denn so glücklich aussehen? Geh' nach Hause, geh' zu Marek. Du kannst gern meinen Platz dort übernehmen, in jeder Hinsicht.« Ich fing zu weinen an. »Wie kannst du nur so was sagen?«, stieß ich aus.

Weinend lief ich nach Hause, und Marek fragte mich, was Róża gesagt hatte. Ich teilte ihm mit, dass sie nicht wiederkäme. Und Herr L. fuhr fort mit seinem ›Aber natürlich kommen die wieder, keine Sorgen‹.

Er hatte recht. Am nächsten Tag kam Róża zurück. Ich schrieb in mein Tagebuch, wie ich sie und Marek hinter ihrer geschlossenen Tür lachen und Witze machen hörte. Mir gegenüber fiel kein Wort der Entschuldigung. Als Róża herauskam, erklärte ich ihr: »Ich werde nicht länger hierbleiben. Ich hasse dich, Róża.« Ich sagte, ich würde mich nach einer anderen Wohnmöglichkeit umsehen. Dann kam Marek zu mir und erklärte, Róża hätte ihm mitgeteilt, was sie mir am Tag zuvor an den Kopf geworfen hätte. »Das war schlimm«, sagte er. »Sie hat nicht die Größe, sich bei Dir zu entschuldigen, aber ich werde Dich nicht gehen lassen. Du gehörst zur Familie.«

Ich war von diesem Vorfall verwirrt und verletzt. Wie ›geht‹ Liebe? Wie konnte Róża nur sagen, dass ich ihren Platz übernehmen könne, ›in jeder Hinsicht‹? Sah sie denn nicht das Kind in mir? Behandelt hat sie mich jedenfalls immer wie eines. Warum sonst hätte sie das Schlimmste erwartet, als ich nach meinem Rendezvous mit Pascha so spät heimkam? Ich weiß noch, dass ich viel zu viel Angst hatte, an die Tür zu klopfen, und darum draußen weinend sitzenblieb, bis Fenka mich fand. Danach machte mir Róża diese schreckliche Szene. Als sie fertig war, mich auszufragen, erkundigte sie sich, ob ich vorhätte, an diesem Abend wieder zum Tanzen zu gehen. Ich bejahte, und sie erklärte mir daraufhin, ich würde nirgendwo hingehen und müsste lernen. Wenn ich das Haus verließe, sagte sie, dann bräuchte ich gar nicht mehr wiederzukommen, mehr hätte sie mir nicht zu sagen.

## 27. MAI 1945

»[...] Immer dasselbe. Nun gut. Hier geht es gar nicht um die blöden Tanzabende, an die ich überhaupt nicht mehr denke. Hier geht es darum, dass es ihr egal ist, was ich fühle, denke, durchmache. Es geht ihr nur darum, mir eine Lektion zu erteilen und ihre Erziehungsmethode durchzusetzen. Es geht darum, dass man Menschen etwas Herz zeigt, etwas Zuwendung, denn sonst scheitern jegliche Erziehungsmethoden. Worte in dem Ton – selbst wenn meine Mutter sie ausgesprochen hätte, hätten sie nur Widerstand entfacht. So kann man mit mir nicht sprechen, ich bin stur und werde nur noch schlimmer. [...]

Am 8. Juni habe ich Geburtstag, und er verspricht, wunderbar zu werden. [...] Bald werde ich von zu Hause ausziehen. Nach dem, was gesagt wurde, kann ich hier nicht weiterleben. Schade nur, dass es so enden musste. Ich wollte, dass wir Freunde bleiben. Es wäre besser für mich, woanders zu leben, den Glauben an mich wiederherzustellen, denn hier fühle ich mich so klein, so nutzlos, hier ist Róża die Klügste, die Beste und die Netteste. Ihre Perfektion erdrückt mich. [...] Mama, warum muss ich so leiden? Rette mich, hilf mir, weise mir den Weg ...«

Vier Tage später schließe ich diesen Bericht über die Nacht ab, als Pascha anfragte, ob er mich zum Tanzen abholen dürfte.

### 1. JUNI 1945

»[...] Nun es war so. Pascha ahnte, was passiert war, und kam in die Küche, um mit Marek zu sprechen. Wenn Marek nicht will, dann wird er sich nicht mehr blicken lassen, aber er hat keine schlechten Absichten, ganz im Gegenteil, er meint es ernst mit mir. Wenn Mitglieder des Komsomol [sowjetische Jugendorganisation] ihm die Erziehung so vieler junger Männer anvertraut hatten, warum konnte er, Marek, ihm nicht vertrauen, wenn es um mich geht? Er ist doch ein Parteimensch, ein Kommunist ... Ich kann mir vorstellen, wie amüsant das gewesen sein muss für Marek. [...] Letztendlich bin ich mit Pascha rausgegangen, um mit ihm zu sprechen. Wie ich bereits geschrieben habe, zwischen uns ist es vorbei. Pascha, er bat – beharrte – aber ich habe gesagt, dass ich mich entscheiden muss zwischen Büchern und Lernen auf der einen Seite und ihm und einem Eheleben auf der anderen Seite. [...] Am Montag fragte ich Róża: ›Hast Du mir irgendetwas zu sagen?‹

›Nein, nichts.‹

›Dann sage ich es. Ich werde von hier weggehen, ich muss aber zuerst Arbeit finden, das könnte ungefähr zwei Tage dauern.‹

Ich zog meinen Mantel an und wollte gehen.

›Binka, warte, setz' Dich.‹

Dann fing sie an zu sprechen. Dass ich jung wäre, unreif, am Schlimmsten wäre, dass ich mich nicht leiten ließe, dass ich trotzig, stur, eingebildet, arrogant und eigenwillig wäre (für den Anfang reicht's). Ich bin jung und unreif, das stimmt. Ich begehe Dummheiten. Aber wann soll ich Dummheiten begehen, wenn nicht jetzt! [...] Mit mir muss man umgehen wie mit einem Kleinkind. Mit dem einen muss man schimpfen, das andere ohrfeigen, bei manchen hilft nur ein gutes Wort. Was sie Dickköpfigkeit nennt, ist für mich ein starker Wille. Vielleicht hat sie recht. [...] Eingebildet bin ich bestimmt nicht. Ganz im Gegenteil. Ich fühle mich minderwertig. Ich versuche, es mir nicht anmerken zu lassen, es mit Selbstsicherheit zu überspielen, was auf andere arrogant wirken kann. [...] Das alles wollte ich Róża sagen, aber irgendwie ist es mir nicht gelungen. Zwar sagte sie, ich solle nichts schönreden und einfach offen sein, aber ich konnte meine Gedanken nicht sammeln, es herauslassen, sagen, wie es wirklich ist. Ich glaube, dass sie mich trotzdem verstanden hat, denn sie gestand ein, sich geirrt zu haben, und fragte, ob ich wolle, dass alles wieder in Ordnung ist. Natürlich will ich das! [...] Mein Versuch, mich selbständig zu machen, ist im Sande verlaufen. Bin ich es, die in ihren Gefühlen so unbeständig ist? Eigentlich will ich gar nicht weg, trotz allem geht es mir dort so gut wie nirgends sonst. Doch ich vermisse Pascha. Ich muss zugeben, dass ich mich schick mache und ins Kino gehe in der Hoffnung, ihn dort zu treffen. [...] Jetzt habe ich aber ein einziges Ziel. Die Prüfung! Wahrscheinlich werde ich sie nicht bestehen! Es ist traurig, aber wahr. Ich habe keine Ahnung von Algebra, Geometrie oder Physik, Ukrainisch brauche ich sowieso nicht ... Ich kann es einfach nicht und Schluss!«

Das war es mit Pascha. Róża hat die Entscheidung an meiner Stelle getroffen. Doch wenn ich Pascha gegenüber genauso ehrlich gewesen wäre wie er mir gegenüber, dann hätte ich dieselbe Entscheidung getroffen. Die Wahrheit war, dass ich nicht die Frau eines russischen Soldaten sein wollte. Das hätte bedeutet, von Stadt zu Stadt zu ziehen, unser Leben in Form von Fünf-Jahres-Plänen zu organisieren und anzunehmen, was immer die Kommunisten uns zugewiesen hätten. Ich besaß noch immer meine Träume. Ich kehrte zu meinen Büchern zurück, machte Mitte Juni meine Examensprüfungen und bestand sie.

Nach Ende der Schulzeit nahm ich eine Stelle in einem Lebensmittelladen im nahegelegenen Drohobycz an. Ich war froh, sie bekommen zu haben. Ich besaß keine nennenswerten Fähigkeiten, und mein Lohn war besser als im Waisenhaus. Die Geschäftsinhaberin, Frau Spiegel, gab mir während der Woche Unterkunft, und am Wochenende fuhr ich per Anhalter zurück nach Borysław. Im Geschäft machte ich alles: Ich sperrte morgens den Laden auf, bereitete Essen vor, bediente hinter der Theke, machte sauber und so weiter. Die Russen befanden sich nach der Eroberung Berlins auf dem Rückzug nach Osten, und wir verkauften Wodka und Wegzehrung an sie. Ich arbeitete viele Stunden am Tag, doch ich verdiente, wie es mir schien, ein Vermögen: rund hundert

Rubel am Tag. Trotzdem war ich einmal versucht, zu stehlen. Ich kann mich gut daran erinnern. Das Geschäft hatte einen Umsatz von mehreren tausend Rubeln am Tag, und es gab keine Registrierkasse. Ich trug eine Schürze und steckte das Geld in eine große Vordertasche mit Reißverschluss. Ich dachte, wenn ich mir nur hundert Rubel mehr nähme, könnte ich mir Dinge kaufen, die ich gern haben wollte – echte Schuhe (meine hatten Holzsohlen) und einen warmen Mantel. Allein der Gedanke beschämte mich zutiefst. Was würde meine Mutter dazu sagen? Frau Spiegel vertraute mir. Meine Scham war groß genug, um diesen Drang zu bändigen. Doch meinen Wunsch nach Schuhen und Mantel konnte sie nicht unterdrücken.

Etwa zu der Zeit, als ich die Stelle in Drohobycz erhielt, wurden die sterblichen Überreste meines Bruders und meines Vaters von irgendeinem russischen Unternehmen, das das frühere Lager übernommen hatte, exhumiert. Der nächste und letzte Eintrag in diesem Tagebuch stammt vom 3. Juni 1945:

»Sie haben versehentlich meinen Vater, Bruder und Mendzio in der Nähe der Baracken ausgegraben. Sie wurden zum Friedhof gebracht, sie mussten beigesetzt werden, doch keiner war da. Ich bat Bekannte, zu kommen und sie zu begraben. Ich wollte zusehen, doch ich hatte Angst. Die Menschen beobachteten mich, mein Verhalten. Ich stand ganz still, spürte nichts außer Angst. Erst als der Sarg auf den Boden aufschlug, löste sich etwas in mir. Ich wollte schreien, schreien: ›Versteht Ihr nicht, das ist nicht mein Bruder – diese Erde, hört auf zu sagen, dass das Josek ist!‹ Mein Josek, er lebt in meinen Erinnerungen und Gedanken, und das da ist Erde [...]«

Ich konnte über meinen Kummer nicht sprechen. Ich konnte nicht einmal darüber schreiben. Ich brauchte andere, die für mich sprachen. Die erste Strophe eines Gedichts, das ich einst gelesen hatte, fiel mir ein; ich schrieb sie in mein Tagebuch. Dann, langsam, Zeile für Zeile, kehrte das Gedicht vollständig zu mir zurück. Es stammte von Lucjan Rydel und drückte genau das aus, was ich fühlte.

Verflucht seien die Tränen, die vergebens fließen
Wenn der Sturm tobt,
Und der Donner grollt
Wenn man mit Mut und Hoffnung voranschreiten muss

Und die Stirn nicht beugen darf –
Verflucht seien die Tränen!

Verflucht seien die Träume, die sich vergebens träumen
Wenn das Dach überm Kopf abgebrannt ist
Und das Haus zusammengefallen
Wenn man aufstehen und mit ruhigem Antlitz
Das Gebäude wieder richten muss –
Verflucht seien die Träume!

Verflucht sei, dreifach verflucht,
Der blasse Kleinmut,
Der Schande bringt
Und den grausamen Geist antreibt
Und in der Stille Angst ihm einhaucht
Seinen Tränen und Träumen!

## XIV. ZEIT DER VERZWEIFLUNG

Im Sommer 1945 wurden die Grenzen Mitteleuropas wieder einmal verschoben. Unser Teil Polens wurde hinter die neugezogene westliche Grenze der Ukraine ›versetzt‹ und dadurch zu einem Teil der Sowjetunion. Als Ersatz für diese Verluste erhielt Polen im Westen Gebiete, die zuvor zu Deutschland gehört hatten. Borysławs polnische Einwohner durften wählen, ob sie bleiben und Bürger der Sowjetunion werden oder ob sie sich für eine ›Repatriierung‹ nach Polen registrieren lassen wollten. Róża und Marek taten Letzteres und ließen Fenka und mich auf ihren Papieren mit eintragen. Wir waren jederzeit zur Abreise nach Polen bereit. Wann die Transporte in Richtung Westen abgingen, wurde vorher nicht groß angekündigt. Wenn die Reihe allerdings an einem war, hatte man sofort mitzukommen.

Ich arbeitete noch immer in dem Lebensmittelgeschäft in Drohobycz und kam normalerweise an den Wochenenden nach Hause. Ende September 1945 fragte mich Frau Spiegel, ob ich nach Kiew reisen würde, um dort für den Laden ein paar besondere Lebensmittel einzukaufen. Sie kannte jemanden, der mich mitnehmen würde. Dessen

Tochter war im Krieg umgekommen, doch er besaß noch immer ihre Papiere. Ich könnte ihre Dokumente für die Reise benutzen und auf diese Weise Waren einkaufen, die außerhalb der großen Städte nur schwer zu bekommen waren. Dieses Angebot war viel zu verlockend, um es abzulehnen. Kiew war im Krieg stark zerstört worden, doch es blieb eine Metropole und geschichtlich betrachtet die bedeutendste Stadt der Ukraine. Meine bisher weiteste Reise von Borysław aus hatte mich nach Lemberg geführt. »Ich habe bisher noch nichts gesehen, und ich bin schon 18 Jahre alt«, schrieb ich am 29. September 1945 in mein Tagebuch. »Ich fange an zu glauben, dass ich doch etwas Glück habe.«

Am nächsten Tag reisten wir ab. Ich hatte keine Gelegenheit mehr, Róża und Marek mitzuteilen, dass ich verreiste. In jenen Tagen hatten wir keinen Telefonkontakt. Ich wusste nicht, wie lange ich fort sein würde, doch ich war sicher, sie in ein paar Tagen schon wiederzusehen.

Während wir am Bahnhof von Drohobycz auf unseren Koffern saßen und auf die Ankunft unseres Zuges warteten, kritzelte ich in mein Tagebuch: »Überall liegen Soldaten auf dem Boden und schlafen. Ihre dreckigen Schuhe herausgestreckt, die Gewehre auf einen Haufen geworfen, Kochgeschirr, Rucksäcke. Das einfache Soldatenleben ... Nebenan spielt jemand Harmonika, sie laden zum Tanzen ein ... Alles ist so neu ...«

Am 4. Oktober war ich in Kiew, für die Osteuropäer die Geburtsstätte des russisch-orthodoxen Christentums. Als Touristin besuchte ich eine der berühmten Kirchen und setzte mich auf eine Kirchenbank, um das Geheimnis und die Schönheit dieses Ortes aufzusaugen. »Ich fühle mich, als hätte es mich in eine Zeit vor tausend Jahren zurückversetzt. [...] Um mich herum herrscht Stille. [...] Von Zeit zu Zeit geht ein Pope vorbei, mit langem Bart, hohem Hut, wie in einem Film.« Ich machte mir Notizen über die religiösen Gemälde, die ich sah, über die Zeit, aus der sie stammten, und die Namen der französischen, italienischen, deutschen und holländischen Maler und fügte noch einen kurzen Abriss zur Geschichte dieser Kirche hinzu, die weit älter war als jede andere, in der ich jemals zuvor gewesen war. Kiew gab mir einen ersten Eindruck dessen, was es jenseits des Provinzlebens noch gab, doch es blieb mir nicht viel Zeit, es zu genießen.

Am 12. Oktober waren wir wieder in Drohobycz, um die Ware bei Frau Spiegel abzuliefern, und dann kehrte ich zurück nach Borysław.

Ich klopfte an unsere Tür. Jemand Unbekanntes antwortete. »Wo ist die Familie H.?«, fragte ich. Sie seien nicht mehr hier, wurde mir mitgeteilt, sondern nach Polen abgereist.

Während ich in Kiew weilte, hatten Róża und Marek die Nachricht erhalten, dass sie mit dem nächsten Zug nach Polen reisen müssten. Sie erklärten den Zuständigen, dass sie nicht abreisen könnten, weil ich noch zur Arbeit fort sei und dass sie mich jeden Tag zurückerwarteten. Doch das interessierte niemanden. »Entweder fahren Sie jetzt oder gar nicht.«, lautete die Antwort. Es blieb ihnen nichts anderes übrig, als ohne mich abzufahren. Ich verurteile sie nicht. Das habe ich nie getan. So war das eben in dieser Zeit. Man tat, was man tun musste.

Ich blieb also wieder einmal allein in Borysław zurück – ohne Obdach, ohne Familie und ohne Identitätsnachweis. Rein rechtlich war ich mit 18 noch minderjährig. Als Róża, Marek und Fenka die Grenze erreichten, hatten sie eine Menge Ärger, wie ich später erfuhr, denn mein Name stand auf ihren Papieren, aber ich war nicht bei ihnen. Schließlich wurde mein Name einfach gestrichen. Offiziell existierte ich nun also nicht mehr.

Bis heute fürchte ich Abschiede. Es geschieht so oft, dass sich zwischen einem Abschied und einem Wiedersehen alles verändert. Abermals sah ich Róża und Marek sechs Monate lang nicht. Und als ich schließlich abreiste, bezahlte ich dafür einen Preis, der mir noch heute die Schamröte ins Gesicht treibt.

Ich kehrte nach Drohobycz zurück, und Frau Spiegel nahm mich auf. Sie bot mir an, so lange bei ihr bleiben zu können, wie ihr Geschäft noch geöffnet sei. Denn auch sie wartete auf die Ausreise nach Polen. Mein Leben ging weiter. Ich arbeitete viele Stunden am Tag, und wenn ich noch die Kraft dazu hatte, ging ich ins Kino oder mit russischen Soldaten zum Tanzen. Ich lebte in zwei Welten: Nach außen zwang ich mich, aktiv zu sein, aber im Innern trug ich bleischwer an der Last meiner Verluste und an meiner Verlassenheit. Am 23. Oktober schrieb ich in mein Tagebuch:

»Wieder ein Tag, wieder ein Abend. [...] Alles ist so grau, so eintönig. Den ganzen Tag lang im Laden nur anzügliche Komplimente, Tausende von blöden Worten und Lügen, ein süßes Lächeln im Gesicht und diese schreckliche Trauer, dieser Schmerz.

Drei Jahre sind vergangen seit Mamas Tod, ein Jahr seit Josek, Papa, Lonek und Mendzio tot sind.

Wir können uns immer noch nicht damit abfinden. Wenn ich nur daran denke, fängt es an zu schmerzen. [...] Jemand drückt sein Kind – mich wird man nie mehr so drücken. [...] Wie sehr ich diese mütterliche Wärme spüren möchte, aber keiner kann sie mir geben. (Immerhin ist es schön, wenn sich jemand um dich sorgt, auch wenn es dir dein Zuhause nicht ersetzen kann.) Bald ist es Winter, man muss sich warm anziehen, aber woher soll ich die Sachen nehmen? Du willst lernen, du willst essen, du bist jung, möchtest dich schön anziehen, du hättest gerne dein eigenes kleines Zimmer und duftend-frische Bettlaken, viele Bücher, woher soll all das kommen?!

Dann setzen die Skrupel ein ... [...] Ich bin doch erst 18 Jahre alt. Mein Bruder war erst zwanzig, und sie haben ihn erschossen. Er war so jung und gesund, voller Lebensfreude und Zuversicht, er wollte leben. Und er hatte das Recht zu leben. Josenek? Gibt es eine Strafe?«

Am 22. November erhielt Frau Spiegel ihren Bescheid zur ›Repatriierung‹ und schloss ihr Geschäft; ich stand plötzlich ohne Arbeit da. Ich schrieb:

»Ich bin so traurig. [...] In meiner Arbeit habe ich einen Lebenssinn gefunden. Es ist angenehm zu arbeiten, Geld zu verdienen [...] Ich werde alles, was ich nicht mehr brauche, verkaufen, meine Sachen packen und fahren ... Eine Reise ins Unbekannte. [...] Ich weiß nicht, wo ich hin soll. Zu Marek und Róża, oder doch zu Zygmunt? [Zygmunt Miśkiewicz war Joseks Freund, der uns Lebensmittel in den Bunker im Wald gebracht hatte.] Ich habe Angst, mich auf etwas festzulegen, und ich würde so gerne Warschau sehen. [...] Es wird schon irgendwie werden.«

Abermals kehrte ich nach Borysław zurück, obwohl ich dort inzwischen so gut wie niemanden mehr kannte. Die meisten Menschen waren entweder schon fort oder bereiteten sich auf ihre Abreise nach Polen vor. Ohne Papiere konnte ich jedoch keine Arbeit finden oder das Land verlassen und außerdem jederzeit verhaftet werden. Ich hatte keinen Platz zum Leben, keine Adresse.

Auf der Straße traf ich Mala, das Mädchen, das mit mir bei Kriegsende in Herrn Machnickis Keller versteckt gewesen war. »Solange ich hier bin, kannst du bei mir wohnen«, bot sie mir an. Sie bewohnte ein Zimmer nahe der Brücke, dem zentralen Treffpunkt in Borysław. Das Zimmer verfügte über zwei einzelne Betten, einen Ofen, einen Tisch, ein Waschbecken und einen Wäscheständer.

Mala arbeitete in einer Kantine, wo man – wenn man sich dort Suppe kaufte – Brot umsonst dazubekam. Sie stahl regelmäßig von dem Brot und brachte es mit nach Hause. Ich hatte vom Arbeiten in Drohobycz etwas Geld gespart, sodass wir uns morgens Milch kaufen und das Brot dazu essen konnten. Zu Mittag und am Abend aß ich nichts. Mala konnte in der Kantine essen.

Eigentlich hätte ich es besser wissen müssen, doch in meiner Verzweiflung entschied ich mich einige Wochen später, zur Polizei zu gehen und dort zu berichten, was mir zugestoßen war. Die Russen, so dachte ich, würden anders sein als die Deutschen. Sie würden Juden wie Menschen behandeln. Ich ging also zur Polizeiwache (es war dieselbe Wache, wo ich zwei Jahre zuvor in die dreckige Zelle geworfen worden war und neben der sich unser einstiges Zuhause befand). Dort wurde ich in einen großen Raum gebracht und unter grellem Licht von einem Polizeioffizier befragt, der an einem Schreibtisch saß. ›Wie heißt du? Hast du irgendwelche Papiere zum Beweis? Warum nicht?‹ Wieder und wieder genau dieselben Fragen, auf die ich immer wieder genau dieselben Antworten gab. Panik machte sich in mir breit. Was würden sie mit mir machen? Plötzlich wurde das Licht gelöscht, ein anderer Offizier betrat den Raum und bat meinen Befrager zu gehen. Er winkte mich mitsamt meinem Stuhl zu sich herüber an den Schreibtisch. Er war älter als der andere Mann und sah freundlicher aus. Er sah mir an, dass ich Angst hatte, und versuchte, mich zu beruhigen. Er bat mich, ihm nochmals zu beschreiben, was geschehen sei und was ich eigentlich wolle.

Ich erzählte ihm, dass ich Jüdin sei, dass meine ganze Familie ermordet worden war und dass die Familie, bei der ich seitdem lebte, nach Polen abgereist sei, während ich in Kiew war. Ich erklärte ihm, dass ich Papiere benötigte und gedacht hätte, die Polizei könne mir helfen.

Er sah mich auf beinahe dieselbe Weise an wie der Offizier auf der Kommandantur. »Dummes Kind«, höre ich ihn in meiner Erinnerung noch sagen. »Hast Du denn gar nichts gelernt? Wie kannst Du darauf vertrauen, dass ausgerechnet die Polizei Dir hilft?« Er war Jude. Einen

Teil seiner Familie hatte er in Russland verloren. Er erzählte mir, dass Kinder wie ich – Kinder, die ihre Eltern verloren hatten und für die niemand mehr sorgte, – vom Staat nur als Ärgernis angesehen würden. ›Verwahrloste Kinder‹ wurden wir genannt. Ich könnte verhaftet und verbannt werden, doch das würde niemandem helfen. Er könne mir keine Papiere geben, sagte er. Das Einzige, was er tun konnte, war, mich laufen zu lassen, nicht ohne mir den guten Rat zu geben, mich niemals mehr in die Nähe einer Polizeiwache zu begeben. Also ging ich.

Nun stand ich wieder am Anfang. Man sagte mir, die einzige Möglichkeit, an Ausweispapiere zu gelangen, sei, sie zu kaufen. Doch ich besaß nicht genug Geld, und ohne Papiere bekam ich keine Arbeit. Ein Mann, den ich kannte, bot mir an, mich in sein Zigarettengeschäft auf dem Schwarzmarkt einzuschleusen. Sein Name war Dunio. Er würde nach Lemberg gehen, erklärte er mir, und ich könne mit ihm kommen, um Zigaretten zu kaufen, die ich dann in Borysław und Drohobycz verkaufen könne. Er fragte mich, wieviel Geld ich hätte. Ich sagte es ihm, und er war einverstanden damit, dass wir zusammen nach Lemberg gehen würden.

Es war Dezember und bereits ziemlich kalt. Lemberg liegt etwa hundert Kilometer von Borysław entfernt. Wir fuhren auf einem Laster dorthin; Dunio saß vorn in der Kabine und ich hinten auf der offenen Ladefläche. Ich fror. Als wir ankamen, war es bereits dunkel, und wir mussten übernachten. Darauf war ich in meiner Ahnungslosigkeit nicht vorbereitet gewesen. Er war wohl davon ausgegangen, dass ich mit ihm schlafen würde, doch ich schloss meine Tür ab. Ich hörte, wie er gegen die Tür schlug und versuchte hereinzukommen, doch ich schrie ihn an, dass er abhauen solle.

Am Morgen zog er los und kaufte Zigaretten, die er auf unsere beiden Rucksäcke aufteilte. Dann erklärte er mir, wir sollten besser getrennt nach Drohobycz und Borysław zurückkehren. Er würde als Erster losgehen. Zu diesem Zeitpunkt verstand ich nicht genau, warum. Es kam mir nie in den Sinn, dass jemand, der überlebt hatte, was wir überlebt hatten, mir etwas Böses antun wollte. Als ich in Drohobycz ankam, suchte ich die Geschäfte auf, die er mir genannt hatte. Dort erfuhr ich, dass sie keine Zigaretten mehr brauchten, weil sie sie längst bei Dunio gekauft hätten. Wohin ich auch kam, es war überall dasselbe. Da stand ich nun mit einem Rucksack voller Schwarzmarktzigaretten, die im Falle, dass ich geschnappt würde, schon gereicht hätten, um mich auf der Stelle nach Sibirien zu schicken. Geld hatte ich keines mehr. Ich hatte alles Dunio gegeben.

An der Straße, die von Drohobycz nach Borysław führt, gibt es eine Ecke, an der sich diejenigen sammeln, die per Anhalter weiterfahren wollen. Dort wartete ich in der Menge, bis ein Militärlaster hielt. Eigentlich wollte ich mit den anderen nach hinten auf die Ladefläche klettern, doch die Soldaten im Fahrerhaus luden mich ein, bei ihnen zu sitzen. Mich und meinen Rucksack.

Es waren keine gewöhnlichen Soldaten. Sie waren vom NKWD, der sowjetischen Geheimpolizei. Sie hielten mich für ein hübsches, nettes Mädchen, jedenfalls sagten sie das. Erst fragten sie mich nach meinem Namen, dann wollten sie wissen, was ich in meinem Rucksack hätte. Ich war zu Tode erschrocken. Doch was sollte ich tun? Sie brauchten nur den Rucksack zu öffnen, um nachzusehen, ob ich gelogen hätte. Also sagte ich ihnen die Wahrheit: »Zigaretten.« Sie explodierten fast vor Lachen. »Zigaretten?« »Ja«, wiederholte ich, »Zigaretten«. Sie dachten wohl, ich hätte viel Sinn für Humor. Was für ein großartiger Scherz. Doch sie forderten mich nicht auf, den Rucksack zu öffnen. Als wir Borysław erreichten, verließ ich mit klopfendem Herzen den Laster und winkte ihnen zum Abschied.

In Borysław hatte Dunio mir dieselbe Gemeinheit angetan. Niemand wollte meine Zigaretten kaufen. Am Ende verhökerte ich sie für die Hälfte des gezahlten Preises. Immerhin bekam ich so ein wenig Geld zurück.

Ich war verzweifelt. Ich hatte keine Ahnung, was nun mit mir geschehen sollte.

Bei Kriegsende kehrten einige der Juden, die 1941 mit der sich zurückziehenden Roten Armee in die Sowjetunion geflohen waren und dort überlebt hatten, nach Borysław zurück. Ich kannte keinen von ihnen, doch als Ende 1945 nur noch wenige überlebende Juden in der Stadt wohnten, waren wir alle miteinander bekannt. Ich wurde von ihnen als ein Problem betrachtet, das gelöst werden musste – ein junges jüdisches Mädchen, ohne Papiere und allein, ohne männlichen Schutz, in einem Ort voll russischer Soldaten. Es gab eine ganz offensichtliche

Lösung für mein Dilemma: Mit 18 war ich alt genug, um zu heiraten. Das war zwar nicht gerade das, was ich wollte, doch weil gutmeinende Menschen, die zudem älter waren als ich, die Meinung hatten, ich sollte es tun, dachte ich bald genauso. Am 26. Januar 1946 schrieb ich in mein Tagebuch:

»[...] Vor nicht allzu langer Zeit konnte ich mich nicht damit abfinden, dass ich wie so viele andere gezwungen sein werde zu heiraten und all die angenehmen wie auch ekelerregenden Pflichten des Ehelebens zu erfüllen. [...] Heute erscheint mir der Gedanke gar nicht so schrecklich, ganz im Gegenteil, er ist recht verlockend, solange der voraussichtliche Ehemann menschlich ist. [...]

Mit Unterstützung meines fürsorglichen Umfelds habe ich angefangen, nach einem Mann zu suchen. [...] Vielleicht, wenn der Krieg nicht gewesen und meine jetzige Situation eine andere wäre, hätte ich mich nicht so schnell dazu entschieden. Heute habe ich aber keine Mutter, keiner sorgt für mich – meine Zeit ist gekommen.«

Ich kann mich nicht mehr daran erinnern, auf welche Weise ich Henek vorgestellt wurde. Er war einer der Juden, die den Krieg über in Russland gewesen waren. Er war etwa zehn Jahre älter als ich, sah blendend aus und besaß ein gutes Herz. Die Leute um uns fanden, wir würden ein gutes Paar abgeben. Ich war bereit, es ebenso zu sehen. Henek sei der »ideale Ehemann«, schrieb ich in mein Tagebuch. »Er ist nicht verwöhnt, hat eine wunderbare Persönlichkeit und ein goldenes Herz, aber was am wichtigsten ist – er liebt mich.« Doch ich erkannte, dass es in unserer Beziehung Probleme geben könnte. Henek sei ein »sehr einfacher Kerl«, schrieb ich, nicht wie die Jungen, die ich bisher kennengelernt hatte. Ich beschrieb ihn als »ungebildet und ungehobelt«. Seine Muttersprache war Jiddisch; er sprach ein grauenhaftes Polnisch. Ich stelle mich bei dem Versuch, mein angebliches Interesse, ihn zu heiraten, vor mir selbst zu begründen, beinahe auf den Kopf. Dann entschied ich, dass ich einfach ›fällig‹ sei:

»Vor kurzem zählte nur, ob jemand gutaussehend und elegant ist, sich schön ausdrücken und tanzen kann. Diese Eigenschaften reichten, um mich glücklich zu machen. Denn damals ging es ums Flirten, Spaß zu haben. Heute geht es mir um die Zukunft und einen Lebenssinn. Das Wichtigste ist es, ein Zuhause zu schaffen, und es ist die Bestimmung einer Frau, ein Kind zur Welt zu bringen und ihm einen angemessenen Vater zu geben. [...] Ich rede weder mir selbst noch Henek ein, ich würde ihn lieben, aber ich werde danach streben, denn ich möchte ihn lieben. [...] Für alles gibt es eine Ausrede, also: Bildung ist nicht allen wichtig [...], und man kann sie immer noch aufholen, Gewandtheit und gute Manieren sind erworbene Fertigkeiten, und wenn er regelmäßig polnisch liest und spricht, wird auch das sich bessern. Es gibt kein Ideal, es gibt auch keine Menschen, die nur Vorzüge und keine Schwächen haben.«

Die nächsten Monate über war ich zwischen dem Zweckoptimismus, dass es mit Henek schon gut werden würde, und schrecklichen Zweifeln, dass wir uns nichts zu sagen haben würden, hin- und hergerissen. Ich schrieb über einen Traum, in dem meine Mutter mich warnte: »Überlege Dir gut, mein Kind, was Du tust!« Als ich davon erfuhr, dass die Leute bereits darüber herzogen, wie Mala und ich lebten – zwei Mädchen ganz allein, die mit russischen Soldaten zum Tanzen gingen –, war ich sehr getroffen.

Der Auslöser war schließlich folgender: Immer schon hatte ich mir ein Paar echte Schuhe gewünscht – nicht hölzerne, sondern lederne, mit ledernen Schuhsohlen. Henek kaufte mir ein Paar Lederstiefel, und ich nahm das Geschenk an. In meinem moralischen Universum nahm ein Mädchen kein teures Geschenk von einem Mann an, ohne sich dafür erkenntlich zu zeigen. Ich hatte wegen der Stiefel Schuldgefühle, aber ich wollte sie unbedingt haben. Also willigte ich ein, Henek zu heiraten.

Viele Jahrzehnte lang hat mich diese Episode meines Lebens beschämt schweigen lassen. Ich habe mich für diese, wie es heute heißt: Überlebensstrategie, hart verurteilt. Doch zu jener Zeit dachte ich anders. Ich war viel zu romantisch, als dass ich mir selbst gegenüber zugegeben hätte, einen Ehemann nur deshalb genommen zu haben, weil er mir Papiere besorgen konnte. Also redete ich mir ein, ich würde heiraten, weil es einfach das Richtige sei. Dennoch muss ich gewusst haben, dass Róża meine Argumente durchschauen und sie fadenscheinig nennen würde.

Vor ein paar Jahren hat Róża mir einen Brief zurückgegeben, den ich ihr und Marek am 17. Februar 1946 geschrieben und in den ich die Nachricht über meine sich anbahnende Heirat eher unaufrichtig eingeschmuggelt habe.

»Ich nutze die Gelegenheit und schicke Euch diesen Brief mit einem Transport aus Borysław. Ich wollte mich rechtfertigen und mich für die Schwierigkeiten, die Ihr meinetwegen hattet, entschuldigen. Der verlockenden Möglichkeit, Kiew zu sehen, konnte ich einfach nicht widerstehen. Außerdem hatte ich nicht erwartet, dass der Transport so bald losfahren würde. Ihr könnt Euch meinen verwirrten Gesichtsausdruck nicht vorstellen, als ich in die Wohnung hereinkam und dort Fremde vorfand. [...] Ich dachte, ich würde gleich nachkommen, aber sie machen mir Schwierigkeiten, und ich bekomme weder einen Pass noch Ausreisedokumente, weil ich bereits als aus Polen Ausgereiste eingetragen bin. [...] Wenn Ihr Euch über mich nicht so geärgert hättet, hätte ich meine Reise nach Kiew sehr genossen. Ich habe viele Sehenswürdigkeiten gesehen, wie das Kiewer Höhlenkloster und viele andere. Ich bitte nochmals um Vergebung.

Róża! Du kannst Dir nicht vorstellen, wie besorgt wir um Dich sind! [Róża war schwanger, als sie Borysław verließ, und brachte im November 1945 Zwillingstöchter zur Welt.] Wenn ich nur wüsste, was bei Euch los ist ... So viele Fragen ... Róża! Ich weiß nicht, warum ich Dich so lieb habe. [...] Hat Marek ein gutes Geschäft? Hat er viel Arbeit? Wie ist Eure Wohnung, wie sehen Eure Lebensbedingungen aus? [...] In meinem Leben hat sich so einiges verändert. Es kann sein, dass ich als verheiratete Frau in den Westen komme. [...] Ich möchte gerne glauben, dass Eure Ausreise und mein Zuspätkommen Schicksal waren. Mein zukünftiger Mann wäre perfekt, wenn er doch nur gebildet wäre – leider ist er ungebildet. Ihr kennt ihn nicht. Er ist aus Russland gekommen. Róża! Ich muss zugeben, dass – obwohl ich alle vermisse und Poldzio, Hetti und Bekki seit Jahren kenne – ich an keinem so hänge wie an Dir. Niemanden vermisse und liebe ich so. Deine Meinung ist mir wichtig, und an Deinem Urteil liegt mir viel. Was auch immer ich tue, ich denke sofort ›Was würde Róża davon halten?‹ Ich möchte nicht an all die heftigen Worte denken, die Du manchmal geäußert hast, an all die Zweifel an mir. Ich verstehe wirklich nicht, warum ich Dich so liebe. Lach' nicht. [...]«

Warum bloß bedeutete mir das, was Róża dachte, so viel? Ich beklagte mich darüber, dass Henek ungebildet war, doch meine eigene mangelnde Bildung spürte ich ebenso deutlich. Wegen des Krieges hatte ich drei wichtige Jahre am Gymnasium verpasst. Ich habe immer gern gelernt, doch ich hatte viel nachzuholen. In meinen Augen war Róża so viel kultivierter und belesener als ich. Ich bewunderte sie. Ich nahm es als gegeben hin, dass ihre Meinung besser begründet war als meine; ich war von Zweifeln geplagt über mein eigenes Urteilsvermögen und meine Zukunftsaussichten.

Ich heiratete am 3. März 1946. Für die Hochzeit, die in einem Privathaushalt stattfand, lieh ich mir ein Kleid aus. Ich verlor die Adresse und brauchte eine Weile, um das Haus zu finden. Von der Zeremonie habe ich nichts behalten – außer dass jemand, der das Recht besaß, uns zu verheiraten, sie leitete (es war eine jüdische Hochzeit, keine standesamtliche) und dass es Trauzeugen gab. Ich schrieb an jenem denkwürdigen Tag in mein Tagebuch: »Ich habe geheiratet. Das klingt etwas seltsam. Ich kann es selber nicht fassen. Und doch ist es das Schicksal jeder Frau. Früher habe ich gesagt, dass ich nie zulassen werde, dass ein Mann Vorrang hat. Ich werde versuchen, ihn zu überzeugen, dass ich Respekt verdiene, und jetzt sind all diese Theorien den Bach runtergegangen. Von heute an versuche ich – wie andere Ehefrauen auch, meinen Mann zu befriedigen, reiße mir ein Bein aus, erwarte Lob aus seinem Munde, dass das Mittagessen gelungen ist, suche nach seinem Blick und warte auf sein Lächeln, auf ein freundliches Wort meines Herrn und Gebieters.«

Nach der Hochzeit kehrte ich in das Zimmer zurück, das ich mit Mala teilte. Ich weiß, es klingt seltsam, aber ich wusste nicht einmal, wo Henek in Borysław eigentlich wohnte, weil ich niemals zuvor bei ihm gewesen war. Heute ist das kaum zu verstehen, auch für mich nicht. Doch es waren keine normalen Zeiten damals. Die Menschen hatten fürchterliche Traumata durchlitten. Sie waren einsam. Man griff nach jedem, der nah und bereit war. Oft heiratete man schon wenige Tage nach dem Kennenlernen. Henek war nie mein Freund gewesen, im engeren Sinne des Wortes. Ich wusste nichts über ihn. Seine Familie habe ich nie kennengelernt. Er war freundlich zu mir, und das schien für eine Heirat zu reichen. Während des Krieges habe ich nur wenig Freundlichkeit erfahren. Zwei Wochen nach der Hochzeit schrieb ich: »Im Allgemeinen kann man sagen, dass ich glücklich bin. Der Begriff des Glücks ist relativ, und es gibt keine wahrhaftig glücklichen Menschen.«

Wir verließen die Sowjetunion kurz nach der Hochzeit in Richtung der schlesischen Stadt, in die Róża und Marek und andere aus Borysław umgesiedelt worden waren. Henek ließ mich als Ehefrau in seine Papiere eintragen – und, weil ich darauf bestand, auch meinen zwölfjährigen Cousin Benio. Ich weiß nicht mehr, wann ich herausfand, das Benio den Krieg bei Hania Proc überlebt hatte und – eine Waise wie ich – auf der falschen Seite der polnischen Grenze zurückgeblieben war. Ich verstehe nicht, warum ich nicht gleich, als meine Auswanderung mit Róża und Marek feststand, gebeten habe, Benio mitzunehmen. Wahrscheinlich hatte ich noch nicht herausgefunden, dass er überlebt hatte. Vielleicht war es so. Wie dem auch sei, irgendwann bin ich zu Hania gelaufen und teilte ihr mit, dass ich nach Polen gehen würde. Sie fragte mich: »Was hast du mit Benio vor? Du kannst ihn nicht bei mir lassen. Er kann hier nicht aufwachsen. Er muss unter Juden sein.«

Benio, das arme Kind, wollte nicht fort. Er kannte mich kaum. Hania war die Einzige, die ihn liebte und die er liebte. Hania brachte ihn zum Bahnhof und schob ihn unter Tränen und Jammern in den Zug. Ich fühlte mich schrecklich, ihn aus seiner gewohnten Umgebung herauszureißen, zumal ich selbst keine Ahnung hatte, welche Zukunft uns erwartete. Doch Hania hatte mir unmissverständlich klargemacht, dass für ihr jüdisches Kind jedwede Zukunft besser sei, als in der sowjetischen Ukraine zurückzubleiben.

## XV. DIE ERSTE EHE

Als wir im Frühjahr 1946 im niederschlesischen ›Wałbrzych‹ eintrafen, befand sich die Stadt mitten in einem Identitätswandel. Viele Menschen nannten sie noch bei ihrem deutschen Namen: Waldenburg, doch es gab keine Zweifel daran, wem sie von nun an gehörte. Die Neuankömmlinge, überwiegend Polen aus dem Osten, schnappten sich die Güter und die bewegliche Habe der abreisenden Deutschen zum Sonderpreis. Die Menschen durften kaum etwas mitnehmen und waren deshalb froh, für ihren Besitz wie Möbel, ihr Silber und so weiter immerhin noch ein wenig zu erhalten. Ihre Wohnungen und Geschäfte mussten sie zurücklassen. So war es damals nach dem Krieg. Man nahm, was und wo man es bekommen konnte.

Waldenburg war von größeren Kriegszerstörungen verschont geblieben. Es ist eine recht hübsche kleine Stadt, die erst vor kurzem ihre Bergbauvergangenheit abgeschüttelt hat und heute als Paradies für Mountainbiketouren sowie Herkunftsort bezahlbarer ausgebildeter Arbeitskräfte gilt. Angeblich hat Goethe hier während einer Reise im Jahr 1790 in einem Weinlokal am Marktplatz haltgemacht, doch die Hauptattraktion des Ortes ist die Burg Fürstenstein, die im 13. Jahrhundert von polnischen Fürsten als Festung gebaut und im 17. Jahrhundert von einer der reichsten Familien Preußens, den Hochbergs, in einen luxuriösen Palast umgewandelt wurde. Drei Jahrhunderte später plünderte die Rote Armee das Schloss, und die polnische Regierung restaurierte die reichhaltige Innenausstattung nach dem Krieg trotz klammer Kassen. So war der Lauf der Geschichte, der uns – die wir in diesem Teil der Welt geboren waren – ganz normal vorkam.

Henek fand einen Platz, an dem wir leben konnten, und setzte seine Geschäfte fort. Ich hatte keinerlei Interesse an dem, was er tat. Irgendetwas im Bereich Verkauf, vermutete ich. Er gab mir reichlich Geld, und wir lebten sehr gut. Wir hatten sogar eine Frau, die kochte und uns den Haushalt führte. Was brauchte ich mehr? Doch genau das war das Problem: Was war es eigentlich, das ich brauchte? Am dringendsten musste ich diese Ehe rückgängig machen. Was hatte ich mir nur dabei gedacht? Henek und ich kamen aus zwei Welten. Wir hatten einander nichts zu sagen. Róża und Marek wollten mit uns als Paar nichts zu tun haben. Ihre nur mäßig kaschierte Verachtung meiner Heirat traf mich bis ins Mark.

Im Mai 1946 schrieb ich in mein Tagebuch:

»Gott, was habe ich getan? Ich habe mein Leben zerstört und das eines Mannes mit goldenem Herzen. [...] Bin ich wirklich schuldig? Die Menschen sind grausam, überall wittern sie Ärger, keiner sorgt sich um mein Herz. Alle haben vermutet, dass ich Henek verlassen würde, doch als ich sie nach Rat fragte, redeten sie mir zu. Warum sagte keiner ›tu es nicht‹ oder wenigstens: ›Wir dürfen keinen Rat erteilen‹, stattdessen redeten sie mir nur zu ... [...]

Gott, liebste Mama, was soll ich tun! [...] Im Alter von 19 Jahren anfangen zu weinen, wo diese Jahre doch wenigstens einigermaßen schön sein sollten. Wie kann ich einem Menschen, der mich vergöttert, so viel

Schmerz zufügen? Er versteht es nicht. Meine Freunde haben mich verstoßen (schließlich habe ich mich verkauft). Wenn sie miteinander auskommen könnten, wäre es etwas anderes, aber sie verstehen sich nicht, sie haben auch nichts gemeinsam. [...] Ich sehe keinen Ausweg aus dieser Situation, muss ich wirklich die Verantwortung tragen für diesen Fehler, den ich begangen habe? Mama, Joseńku! Warum seid Ihr nicht bei mir?«

Henek war der Meinung, ich wäre das Beste, was ihm je passiert sei. Er hätte mich mit Geschenken überschüttet, wenn ich darum gebeten hätte. Doch ich wollte nichts, vor allem keinen Sex. Er war nicht unattraktiv, doch jegliche Begierde wurde in meinem Gewirr von Selbstbeschuldigungen erstickt. Ich habe jede Erinnerung an unsere körperliche Beziehung aus meinem Gedächtnis verbannt.

Nina und Luka Fleischer, meine Schulfreundinnen aus Borysław, lebten mit ihren Eltern in einer kleinen Stadt namens Glatz, etwa fünfzig Kilometer südlich von Waldenburg. Wir standen in Briefkontakt. Aus meinen Briefen muss offenbar geworden sein, wie unglücklich ich war. In einem Brief vom 11. Mai 1946 schrieb Nina:

»Liebes altes verrücktes Mädchen! [...] Binuś, ich möchte Dich nicht kränken, aber ich muss Dir schreiben, was ich denke. Bitte sei mir nicht böse, ich sehe aber, dass Du viele Zweifel hast. [...] Ich habe viel darüber nachgedacht, und mit einem Mann zusammen zu sein, der Dir intellektuell unterlegen ist, wird Dich nur belasten. Seine Güte Dir gegenüber kennt keine Grenzen, und ich weiß, wie wichtig ein gutes Herz und Zärtlichkeit für Dich, die sich immer nach Liebe sehnt, sind. Aber Binuś, kannst Du Dir ein Leben an seiner Seite vorstellen? [...] Verzeih' mir, aber du musst wissen, dass die Wahrheit, auch wenn sie schmerzt, besser ist als Unaufrichtigkeit. [...]«

Ihr Brief enthielt nichts, was ich nicht auch selbst bereits wusste. Nina schrieb mir am 19. Mai als Antwort auf einen Brief von mir erneut: »Ich hatte so große Angst, dass Du mich missverstehen würdest [...], doch ich sehe, dass Du genau verstehst, was ich denke.«

An dieser Stelle des Briefes brach Nina ab, um mir kurz ihren Plan, zum Katholizismus zu konvertieren, zu erläutern. Offensichtlich hatte ich ihr geschrieben, dass ich dies für keine gute Idee hielt. »Bitte verurteile mich deshalb nicht. Vielleicht hast Du recht, aber jetzt bin ich schon so weit gegangen«, schrieb sie.

Ich bekannte mich nicht zum Judentum. Es schien mir zu unsicher zu sein. Doch nachvollziehen, warum jemand konvertieren wollte, konnte ich nicht. Mir war es stets wichtig, wahrhaftig zu sein, und es hat mich sehr geschmerzt, die Wahrheit verbergen zu müssen. Das hieß nicht, dass ich die Angst unterschätzte, die, so glaubte ich, Nina in die Arme der katholischen Kirche trieb. Die Wurzeln des polnischen Antisemitismus liegen sehr tief. Unmittelbar nach dem Krieg wurden Juden in polnischen Dörfern, Ortschaften und Städten noch immer verunglimpft und terrorisiert. Ich habe gelesen, dass im Lauf der Jahre 1946 und 1947 nicht weniger als 1.500 Juden, die aus den Todeslagern oder aus Verstecken zurückgekehrt waren, in Polen ermordet wurden. Die berüchtigtste Mordorgie fand etwa sechs Wochen nach Eintreffen dieses Briefes von Nina in der Stadt Kielce in Zentralpolen (rund 300 Kilometer östlich der Gegend, in der ich lebte) statt. Während des Kriegs war Kielce von Juden geräumt worden, doch im Sommer 1946 hatten mehr als 200 Juden den Weg zurück in die Stadt gefunden, wo die meisten von ihnen in einem Gebäude untergebracht waren. Am 4. Juli griff ein Mob örtlicher Anwohner diese Überlebenden brutal mit Eisenrohren, Steinen und Keulen an, tötete über vierzig und verwundete gut achtzig weitere. Das Pogrom von Kielce löste eine Panikwelle unter polnischen Juden aus und beendete schlagartig sämtliche Hoffnungen auf ein Wiederbeleben des Judentums neben Europas Friedhöfen. Über 60.000 Juden verließen Polen zwischen Juli und September 1946 – indirekt ermutigt durch die polnische Regierung, die Pässe nur zu Ausreisezwecken bewilligte.

Wie gesagt, ich wusste nur zu gut, warum Nina keine Jüdin mehr sein wollte, doch ich fühlte mich unbehaglich bei dem Gedanken, zu verleugnen, wer und was ich war. Ich hatte überlebt, indem ich mich als Christin getarnt hatte, und in gewissem Maße fuhr ich damit fort. Doch ich wollte nicht, dass meine Zukunft auf einer Lüge fußte. Nina betrieb ihre Konversion weiter, und wir sprachen nicht mehr darüber.

In ihrem Brief kehrte sie zu meiner Heirat zurück.

»Binuś, Du schreibst, dass Du Dich in dieser Angelegenheit schuldig fühlst. Liebes, da gibt es keine Schuld, oder nur wenig. Es liegt daran, dass Du allein bist, oder besser gesagt allein warst, Du warst ratlos und leichtsinnig. Das musst Du zugeben. [...] Persönlich könnte ich nur einen Mann, der vielleicht nicht so gut oder so verliebt in mich, mir aber geistig überlegen ist, heiraten. [...]«

Neben meinen Problemen mit Henek musste ich mir überlegen, was ich mit meinem heranwachsenden Cousin Benio tun wollte, der mich dafür verurteilte, dass ich ihn von Hania getrennt hatte. Ich konnte ihn nicht bei mir behalten. Er sprach ukrainisch; sein Polnisch aber war zu schlecht, als dass er in die Schule hätte gehen können. Nicht weit von Waldenburg gab es ein Waisenhaus, das Verbindungen zur Untergrundbewegung besaß, die jüdischen Kindern half, in das von Briten kontrollierte Palästina zu emigrieren. Schließlich fand Benio sich damit ab auszuwandern und zog in das Heim, wo er auf einen Schiffsplatz wartete. Irgendwann im Jahr 1947 traf er in Palästina ein. Es muss noch vor dem großen Skandal um die *Exodus* gewesen sein, denn danach schickte das Waisenhaus keine Kinder mehr nach Palästina. (Die *Exodus* verließ am 11. Juli 1947 Frankreich mit mehr als 4.500 jüdischen Männern, Frauen und Kindern an Bord. Bevor das Schiff die Gewässer vor Palästina erreichte, wurde es von der Britischen Marine abgefangen, die rigoros gegen illegale Einwanderung vorging. Es gab einen brutalen Kampf, bei dem einige Menschen ums Leben kamen, und die Passagiere wurden auf Transportschiffe der Marine verlegt, die sie zurück nach Europa – in ›DP‹-Lager [Displaced Persons] – brachten. Der Vorfall weitete sich aus, verursachte bei den Briten eine große Verlegenheit und spielte bei der anschließlichen Anerkennung des jüdischen Staates im Jahr 1948 eine entscheidende Rolle.)

Über das Rote Kreuz fand ich Mitte 1946 heraus, dass meine amerikanischen Onkel nach mir suchten. In der Zeitschrift der Organisation hatten Menschen Suchanzeigen nach verlorenen Angehörigen aufgegeben. Ich kaufte ein Heft, und ganz oben auf der Liste stand ein Aufruf nach Überlebenden der Familie Kulawicz. Ich erinnere mich, so aufgeregt gewesen zu sein, dass ich sofort zurück in unsere Wohnung rannte, unterwegs hinfiel und mir die Knie aufschlug.

Vier Brüder meiner Mutter lebten in Amerika: der älteste, Sam, hatte Polen nach dem Ersten Weltkrieg verlassen und lebte in San Francisco; Adolf, ihr Lieblingsbruder, der 1936 zu uns nach Borysław gekommen war, um sich zu verabschieden, wohnte in Sams Nähe; Harry hielt sich in New York und Jakob in Argentinien auf. Am 7. Juli 1946 erhielt ich einen Brief meiner Onkel, in dem sie mir schrieben, dass sie alles tun würden, um meine Ausreise in die Vereinigten Staaten zu ermöglichen. Darüber hinaus erteilten sie mir die Erlaubnis, das Haus und den kleinen Landbesitz meiner Großeltern in Hureczko zu verkaufen und den Erlös zu behalten. In der Hoffnung, Polen so bald wie möglich in Richtung Vereinigte Staaten verlassen zu können, reiste ich nach Przemyśl und erledigte den Verkauf durch einen dortigen Anwalt so schnell ich nur konnte und ohne Hureczko noch einmal zu besuchen. Ich dachte, dass ich dort nichts mehr zu suchen hätte. Die Wahrheit ist: Ich hätte das Gesehene einfach nicht ertragen.

Sechzig Jahre später fand ich endlich den Mut, nach Hureczko zu fahren. Ich kam nicht allein deshalb, den Schatten der Toten nachzujagen. Ich kam, um mir ins Gedächtnis zu rufen, dass meine Großeltern und ihre große Familie hier einst gelebt hatten. Wie sich herausstellte, hatten die Ermordeten nicht einmal einen Eintrag im Totenregister. In der Gemeindeverwaltung im Zentrum von Przemyśl teilten mir zwei äußerst entgegenkommende junge Frauen diese Nachricht sehr freundlich mit – nachdem sie beinahe eine Stunde damit verbracht hatten, nach meiner Anfrage Leitern hoch- und wieder herunterzusteigen, festgebundene Registerbücher aus hohen Lagerregalen herbeizuschleppen und die schönen handschriftlichen Einträge nach den wertvollen Informationen zu durchforsten, die ich suchte. Zumindest etwas erfuhr ich durch ihre Mühe – das Datum der Hochzeit meiner Eltern in Hureczko, den 30. Januar 1923. Doch dann verliert sich ihre Spur. Die Damen bedauerten, dass im Jahr 1942 keine Totenregister mehr geführt worden seien. Da hatte die ›Liquidierung‹ des Ghettos bereits begonnen.

Im Sommer 1942 waren alle Juden aus den Dörfern rund um Przemyśl gezwungen worden, in den jüdischen Bezirk der Stadt umzuziehen. Am 15. Juli wurde das Ghetto abgeriegelt; zwischen 22.000 und 24.000 Juden saßen in der Falle. Am 27. Juli 1942 begannen die Nazis mit ihrer systematischen Auslöschung der gefangenen jüdischen Bevölkerung dieser Gegend. Ich muss davon ausgehen, dass meine Großeltern, Chana und Joel Kulawicz, meine Tante Nesia mit ihrem Mann und ihrer Tochter Sala sowie mein Onkel Bernhard mit seiner Frau und seinen zwei Kindern in Belzec ums Leben kamen – zusammen mit der Mehrheit der Juden aus dem Ghetto von Przemyśl. Ich habe gelesen, dass lediglich 250 Juden aus ihren Verstecken herauskamen, um die Befreier am 27. Juli 1944 zu begrüßen.

An der Hotelrezeption in Przemyśl hatte ich eine Touristenbroschüre mitgenommen, mit deren Hilfe ich nun jenes Dorf ausmachte, in dem meine Großeltern ihren Boden beackert, ihre Viehzucht betrieben und ihre sieben Kinder aufgezogen hatten. Die ländliche Gegend in Polen war von schönem, weichem Grün und die Felder bewirtschaftet; es gab Wasserläufe und Bäume, die noch Laub trugen. Beim Wegweiser nach Hureczko – an einer Abzweigung – hielt Adam, mein Fahrer, an und fragte eine Gruppe von halbstarken Jungen, die dort mit ihren Fahrrädern herumstanden, ob sie uns den Weg ins Dorfzentrum weisen könnten. Sie brachen in Gelächter aus und zeigten die Straße hinunter, unter die Eisenbahnbrücke. Den restlichen Nachmittag bis in den Abend hinein verbrachten wir damit, einer regelrechten Flut ähnlich einfältiger Hinweise zu folgen.

Am ersten Haus, das wir erreichten, trafen wir auf eine Frau, die in einer Vorortkopie von Claude Monets *Liliengarten* arbeitete, den eine Pagode in japanischem Stil und eine geschwungene Brücke im Miniaturformat vervollständigten. Ich fragte sie, ob sie jemals von Juden gehört hätte, die früher hier gelebt hätten. Sie lehnte sich über einen provisorisch zusammengesägten Zaun in mexikanischem Stil und nahm sich bedächtig meiner Frage an. »Ja«, sagte sie, »es gab hier früher Juden, doch die wurden alle getötet. Alle umgebracht.« Der Klang ihrer Stimme, der Ausdruck ihres Gesichtes gaben nichts über ihre Gefühle angesichts solcher brutalen Wahrheit preis. Sie schickte uns ihren Mann mit, damit er uns weiterhelfe. Er führte uns in die Irre und ließ uns dann stehen, ohne sich groß zu verabschieden. Danach erkundeten wir Haus für Haus, durchkreuzten das Gelände vor und zurück – angetrieben von meinem starken Willen, irgendeine Bestätigung zu finden, dass meine Großeltern hier, an diesem Ort, gelebt hatten. Wir fühlten uns von Menschen hinter Toren und hinter spitzenbesetzten Vorhängen beobachtet. Schließlich leitete mich mein Instinkt zu einem Stück Land, das ich wiederzuerkennen glaubte. Das moderne zweistöckige Bauernhaus sagte mir gar nichts, doch der Anblick einer Baumreihe und eines leicht ansteigenden Feldes ließ mich schaudern. Die Bewohner des Hauses hatten noch nie etwas von einer Familie Kulawicz gehört, doch sie kannten den Namen der Familie, der das Grundstück seit Kriegsende gehört hatte. Etwas später, bereits am frühen Abend, bestätigte eine Begegnung mit einem erschöpften Mann – die kleinen Augen in einem riesigen Kopf – in einer windgepeitschten Seitenstraße mein Gefühl. Er war der Sohn der Leute, an die ich den Grundbesitz meiner Großeltern verkauft hatte. Ich besaß noch den Kaufvertrag. Er habe nie dort gewohnt, sagte er, die Arme wie zur Abwehr vor der Brust verschränkt. Er wisse nicht, ob das Haus noch stehe, glaube es aber nicht. Er hätte die Hälfte des Grundstücks an seine Mieter verkauft – die Menschen, die ich getroffen hatte.

Dies also war der Ort. Als wir aus Hureczko herausfuhren, nahm der Himmel, der den Nachmittag über mit vom Winde zerzausten hohen Wolken übersät gewesen war und wie der Bauch eines Schafes ausgesehen hatte, ein triumphales Gold an. Ausgerechnet bei diesem unpassend schönen Anblick einer idyllischen Landschaft begriff ich die vollkommene Auslöschung des Lebens meiner Familie. Der Schmerz und die Verzweiflung, die ich jedes Mal verspürte, wenn ich wieder einen dieser unversöhnlichen Bauern fragte, ob er sich an meine Familie erinnern könne, und ein Schulterzucken oder einen vagen Wink in die Richtung, aus der wir soeben gekommen waren, zur Antwort erhielt, – sie beide lagen auf mir wie ein Schleier, als wir am nächsten Tag in Przemyśl aufbrachen und Richtung Ukraine fuhren, gen Borysław.

## XVI. RÓŻA

Als ich im September 1946 nach Przemyśl reiste, um über den Verkauf des Grundstücks meiner Großeltern zu verhandeln, war ich noch immer mit Henek verheiratet und offensichtlich ziemlich niedergeschlagen. Am 18. September schrieb ich in mein Tagebuch:

»[...] am schlimmsten ist die Einsamkeit. Ich versinke immer tiefer in ihr, meine Verfassung wird immer schlechter [...] Ich habe keinen, der mir etwas bedeuten würde, der an meinen Empfindungen teilhaben würde. Zwar denke ich ständig darüber nach, aber ich kann mein Handeln nicht verstehen, warum ich dieses oder jenes tue [...] Allein zu wissen, dass ich gezwungen sein könnte, Schwierigkeiten zu überwinden, lässt mich schon aufgeben. [...] Ich glaube nicht an mich, an meine Kraft. [...] Henek habe ich schon eine Woche nicht gesehen, und ich vermisse ihn auch nicht [...] Ich schlage mich mit Gedanken über meine Zukunft mit Henek herum, ich bin beunruhigt und leide unter Zukunftsängsten. [...]«

Kurz nachdem ich von Przemyśl nach Waldenburg zurückgekehrt war, lieferte Henek mir einen willkommenen Anlass, ihn zu verlassen. Ich ergriff die Gelegenheit sofort, täuschte zwar Kummer vor und fühlte aber nichts als große Erleichterung. Ich hatte schon vermutet, dass zwischen ihm und der Haushälterin etwas lief, was mir natürlich gar nichts ausmachte. Solange er mich in Ruhe ließ, konnte er tun und lassen, was er wollte. Doch eines Tages kam ich heim und erwischte die beiden – und schon hatte ich eine Rechtfertigung, um mich aus dem Staub zu machen. Ich erklärte ihm: »Pass auf! Lebe Du einfach Dein Leben weiter, und ich lebe meines.« Zu der Zeit besaß ich bereits eigene Ausweispapiere. Ich nahm nur mit, was mir gehörte – meine Kleidung, einen hübschen Krug, den ich als Vase benutzte, ein besticktes Tischtuch und eine warme Decke. Letztere drei Dinge hatte ich mir von meinem eigenen Geld gekauft, das ich in Drohobycz verdiente. Zu Róża und Marek wollte ich nicht zurück. Und weil mir nichts Besseres einfiel, zog ich in das Waisenhaus, in dem Benio lebte. Vermutlich habe ich gedacht, wenn alles andere schiefginge, könnte ich – wie er – immer noch nach Palästina auswandern.

Allerdings blieb ich nicht lange dort. Meine Freundinnen Nina und Luka spürten mich auf und kamen gemeinsam mit ihrer Mutter, Frau Fleischer, herbei. Diese verlor nicht viele Worte: Ich sollte meine Sachen packen und mit ihr und den Mädchen mitkommen. Wieder einmal war ich gerettet.

Nina und Luka besuchten das Gymnasium in Glatz und lernten für ihr Abitur. Ich wollte auch gern das Abitur machen, doch ich musste zugleich Geld verdienen. Also bewarb ich mich bei dem Direktor eines Sägewerks um eine Stelle als Sekretärin. An das Bewerbungsgespräch erinnere ich mich noch gut. Ich betrat das Büro eines (in meinen Augen) älteren Mannes, der – nachdem er sich nach meinem Namen erkundigt hatte – damit begann, mich nach meinen Berufserfahrungen zu befragen. Ich teilte ihm mit, dass ich keinerlei Erfahrung besäße. Doch er beharrte auf seinen Nachforschungen. »Können Sie Steno?«, fragte er. Nein, antwortete ich ihm, aber ich könne sehr schnell schreiben. »Können Sie Maschine schreiben?«, fragte er weiter. Nein, sagte ich, aber ich könne es lernen. Ich würde sehr schnell lernen, versicherte ich ihm. »Wissen Sie, was die Arbeit einer Sekretärin beinhaltet?«, fragte er. »Nein«, gab ich zurück, »aber wenn Sie es mir erklären, kann ich es.« Ich könne alles machen.

Ich erklärte ihm, dass ich unbedingt Arbeit benötigte. Ich hätte meine gesamte Familie im Krieg verloren. Er antwortete, dass er mich nicht als Sekretärin beschäftigen könnte, aber er würde mich für sechs Wochen hinaus ins Gelände schicken, damit ich alles über dieses Geschäft lernen würde – jedes kleinste Detail, vom Wald bis zum Holzlagerplatz. Ich war von der Idee, lernen zu dürfen, begeistert. Ich wollte ihm beweisen, dass er mir vertrauen konnte und dass ich ihn nicht enttäuschen würde. Nach diesen sechs Wochen ernannte er mich zu seiner Assistentin. Ich wurde nicht besonders gut bezahlt. Polen war jetzt ein kommunistisches Land, dies ein staatlicher Betrieb und ich die Jüngste unter den Angestellten. Doch ich wurde gut behandelt.

Am Abend besuchte ich die Schule. Meine Tage waren lang. Ich lernte eifrig. Ich weiß noch, wie ich dasaß – meine Füße in kaltem Wasser und eine kalte Kompresse auf meinem Kopf – und mit Hilfe starken Kaffees versuchte, wachzubleiben, aber dennoch stets über meinen Büchern einschlief. Trotzdem sind Nina, Luka und ich zum Tanzen gegangen, wann immer es möglich war. In Sachen Sparen war ich ein hoffnungsloser Fall. Wenn ich ein bisschen Geld hatte, gab ich es aus. So habe ich mir zum Beispiel, nachdem das Geld aus dem Verkauf des Hauses in Hureczko da war, einen schönen Mantel gekauft. Ich betrachtete es als Fürsorge für mich selbst. Ich erinnere mich, dass Frau Fleischer einmal sagte, der Unterschied zwischen Nina und Binka wäre, dass wenn ich 900 Złoty gespart hätte, binnen kürzester Zeit noch zehn übrig hätte und wenn Nina zehn Złoty gespart hätte, sie im Nu 900 besitzen würde.

Ich schrieb an Róża und teilte ihr mit, dass ich bei den Fleischers leben würde. Was auch immer ich tat, ich ließ es Róża stets wissen. Ich betrachtete sie und Marek als meine Familie. Ihre Antwort erhielt ich wohl Ende 1946 oder Anfang 1947. Der Brief, den ich habe, ist undatiert. Ich habe ihn immer wieder gelesen.

»Hör mal, meine Kleine, ich liege im Bett, und es ist schwer zu schreiben, deshalb werde ich mich kurzfassen. Ich bin nicht überrascht, dass Du bei den Fleischers gelandet bist. Ich habe es erwartet, denn Du machst es Dir gern einfach und gehst immer den Weg des geringsten Widerstands. So kann es nicht immer sein. Du kannst nicht jemandem länger zur Last fallen, als es sich für einen Gast gehört. Du kannst nicht immer Gast sein. Auch wenn Du Deinen Unterhalt bezahlst, ist das noch lange keine Lösung. Englisch lernen und Tuchweben werden sicherlich einige Stunden in Anspruch nehmen, was willst Du aber mit dem Rest Deiner Zeit anfangen? Du wirst Dir das Gesicht schminken, Dir die Augenbrauen nachziehen, in den Spiegel schauen und sehen, dass Du hübsch bist, und dann wirst Du losziehen, um Ninas Freunde zu verführen. Mit Deinem Leichtsinn und kindlichem Verständnis dessen, was es bedeutet, zu leben, wirst Du bald wieder eine Dummheit begehen. Pass also auf. Es kann noch ein halbes Jahr dauern, bis Du Deine Ausreisedokumente ausgestellt bekommst. Du kannst nicht ewig nur warten. Wenn die Fleischers im Frühjahr wegziehen, bist Du wieder ganz allein. Du musst lernen, weiterzuschauen als bis zum nächsten Tanzabend. Du trägst die Verantwortung für Deine Taten, Du entscheidest, auch wenn Du bei Freunden lebst.

Zeig' mir endlich, dass meine Gefühle für Dich anders begründet werden können, als dass der Mensch, der Dich liebte [Imek], mir der Allerliebste auf der ganzen Welt war. Ich verlange nichts Unmögliches. Seit wir uns kennen, hast Du immer wieder Sachen getan, die ich nicht gutheißen konnte. Wenn ich unsere Beziehung bis jetzt nicht abgebrochen habe, dann scheine ich ja daran zu glauben, dass Du auch anders handeln kannst. Deine Ehe habe ich Dir noch nicht verziehen, und schon hast Du etwas getan, was ich nicht ohne weiteres billigen kann [Henek zu verlassen]. Und wenn Du schon so gehandelt hast, dann benimm Dich wenigstens wie eine Erwachsene. Du bist erst 18 oder 19 Jahre alt, und schon hast Du es geschafft, mindestens zwei Männern Schmerzen zu bereiten. [Welche zwei Männer? Meinte sie, ich hätte auch Imek wehgetan?] Glaubst Du, dass Du ungestraft davonkommst?

Deine verantwortungslose Haltung regt mich auf.

Jetzt sitzt Du bei Nina – das ist der Epilog Deiner Ehe.

Du musst auf eigenen Füßen stehen. Du sollst lernen, aber nach der Arbeit, nicht nach dem Vergnügen. Die Einzelheiten überlasse ich Dir und erwarte einen ausführlichen Brief.

Ich weiß, dass ich Dir wehgetan habe, aber darin besteht im Wesentlichen unsere Beziehung. Bleib' gesund!«

Der Brief zerriss mich. Ich war kurz davor, mich umzubringen. Vermutlich, so dachte ich, hat sie recht. Ich suchte mir oft den einfachsten Weg. Mit meiner Heirat hatte ich einen Fehler gemacht, und ich besaß nicht den Mumm, mit diesem Fehler zu leben. Doch in bezug auf Imek hatte sie unrecht. Was wusste sie schon? Sie war nicht einmal dabei. Die meiste Zeit, als Imek und ich ein Paar waren, war sie versteckt. Ich habe Imek geliebt. Wir hatten auf eine gemeinsame Zukunft gehofft. Warum warf sie mir diese Dinge an den Kopf? Ich verstehe es bis heute nicht. Offensichtlich habe ich ihr zurückgeschrieben und mitgeteilt, wie sehr mich ihre Andeutungen verletzt hatten. In ihrer Antwort klang sie ebenso reumütig, wie sie in ihrem vorangegangenen Brief kritisch geklungen hatte.

»Servus, meine Kleine, mit der ich mehr Ärger habe als Freude.

Deinen Brief habe ich erhalten, den Nasenstüber – ebenfalls.

Du hast recht. In jeder Angelegenheit gibt es so viele Ansichten wie betroffene Personen. Erinnerst Du Dich an die Geschichte über die Ägypterin und das Krokodil? Ich habe sie Dir oftmals erzählt. Ich rufe sie Dir noch einmal in Erinnerung.

Einer Ägypterin, die ihre Wäsche im Nil wusch, wurde von einem Krokodil ihr Kind gestohlen. Als sie weinte und klagte, sagte das Krokodil: ›Ich werde es dir zurückgeben, wenn du errätst, was ich mit ihm vorhabe.‹ ›Du wirst es fressen‹, sagte die Mutter und fragte: ›Habe ich es erraten?‹ Als es bejahte, sagte sie: ›Dann gib mir mein Kind zurück.‹ ›Ich kann Dir Dein Kind nicht zurückgeben, denn wenn ich es täte, würde das bedeuten, dass Du es nicht erraten hast, und ich sollte es unserer Abmachung zufolge fressen, um zu bestätigen, dass Du recht hattest.‹ ›Nein‹, antwortete die Mutter, von ihrer Intuition geleitet, ›Du wirst es mir zurückgeben, denn wenn ich es nicht erraten habe, musst Du mir das Kind zurückgeben, um zu beweisen, dass ich nicht recht hatte. Wenn ich es aber doch erraten habe, musst Du es mir auch zurückgeben, denn das war unsere Abmachung.‹

Weder im Leben noch auf der Bühne darf man aus der Rolle fallen. Da ich das getan habe, habe ich eine Lektion verdient, und nun ist die Sache geregelt. Ich ziehe mich zurück auf meine Position als wohlwollende Beobachterin. [...] Menschen können einander helfen zu lachen, doch man kann nicht immer gemeinsam weinen.

Das ist alles, was wir tun können, sogar für die, die uns am nächsten sind. Jeder muss seine eigene Last tragen. [...] Mir steht es nicht zu, Ratschläge zu erteilen. Ich werde auch von niemandem welche annehmen. Es würde nichts an meinem Leben oder an mir ändern. Momentan empfinde ich für mich selbst nur Verachtung und Ekel. Dein Brief hat Salz in die Wunde gestreut. [...] Bleib' gesund, Du dumme Kleine. Versuche, nichts zu unternehmen, was mich verärgern würde. Einen Kuss auf Deine Wange, Róża«.

Meine Freunde, Nina zum Beispiel, konnten nie ganz verstehen, warum ich Róża einen so starken Einfluss auf mein Leben erlaubte. Alles, was ich dazu sagen kann, ist: Ich hatte keine Mutter. Auch wenn Róża eher im Alter einer großen Schwester war, gewöhnte ich mich daran, mich wie eine Tochter, die Zustimmung braucht, an sie zu wenden. Ich schleppte meinen dritten und meinen vierten Ehemann um die halbe Welt, damit Róża sie inspizierte. (Nur der vierte, der viele Jahre jünger ist als ich und mit dem ich die letzten dreißig Jahre verbrachte, bestand die Prüfung.)

Róża und Marek nahmen mich auf, als ich niemanden sonst hatte; eine 17-jährige Waise mit einer unersättlichen Sehnsucht nach Liebe. Ich hing an ihnen wie an meinem Leben, hob Róża gar auf einen Sockel. Ich brauchte eine Frau, zu der ich aufsehen konnte, und hoffte, so wie sie zu werden. Róża dagegen betrachtete mich noch immer wie zu Beginn. Sie wusste, dass ich mich stets selbst aus der Tiefe herausziehen und schwimmen lernen würde. Ich hatte keine Angst vor der Strömung. Ich würde sie benutzen, damit sie mich dorthin trug, wohin ich wollte. Und wenn sie sich als zu stark für mich erweisen würde, so würde ich mich ihr ergeben und warten, bis mich das Wasser zurück ans Ufer tragen würde. Sie wusste, dass ich nicht untergehen konnte.

Seit ich im Jahr 1950 nach Australien ausgewandert war, bin ich häufig wieder in Polen gewesen. Jedes Mal habe ich Róża und ihren Mann Marek, solange er noch am Leben war, besucht. Es gibt niemanden in meiner Heimat, dem Land der Abwesenden, der mir mehr bedeutet. Doch selbst heute weiß ich noch nicht, was Róża über unsere Beziehung denkt. Ich vermute, ich verwirre sie.

Ich glaube, dass meine Aufgeschlossenheit gegenüber Männern und der Welt der Gefühle Róża verängstigt – wie so viele Dinge, die sie in einen Schrank sperrt, dessen Tür sie anschließend fest verschließt. Sie fürchtet sich genauso vor dem Inhalt wie davor, was passieren könnte, wenn die Schranktür plötzlich aufgeht. Ich neige eher dazu, alles, das mir Angst bereitet, ans Licht zu holen und zu begutachten. So besitzen diese Dinge nicht allzu viel Macht über mich. Aber ich kann Róża nicht davon überzeugen, die Welt so zu betrachten, wie ich es tue. Ich habe es nie vermocht.

Ich erinnere mich an eine Zeit in den 1970-ern, als ich mich in einer Phase zwischen zwei Ehemännern befand und Róża besuchen wollte. Ich reiste mit einer Freundin aus Sydney, einer in Deutschland geborenen Künstlerin namens Jutta Feddersen, die meine Freundin, die große polnische Bildhauerin Magdalena Abakanowicz, kennenlernen wollte, nach Warschau. Wir flogen über Deutschland, und unterwegs wurde unser Flugzeug wegen schlechten Wetters nach Prag umgeleitet. Während dieser langweiligen Stunden in der Flughafenlounge in Prag, in denen wir auf den Start nach Warschau warteten, gerieten wir zwei Frauen in ein Gespräch mit einigen polnischen Journalisten. Wir hatten alle viel Spaß miteinander – und ich gab ihnen die Telefonnummer von Róża und Marek, bei denen Jutta und ich wohnen würden. Kurz nach unserer Ankunft erhielt ich dort einen Anruf, und eine verwirrte Róża wollte von mir wissen: »Wer ruft Dich hier in Warschau an? Du bist gerade erst angekommen, und schon erhältst Du Anrufe?« Ich erklärte ihr, dass wir diese interessanten Männer im Flugzeug kennengelernt hätten und dass sie mit uns etwas unternehmen wollten. Róża hatte kein Verständnis. So etwas tat sie nicht.

Das Leben war nicht besonders freundlich mit Róża umgegangen. Ihre Beziehung zu Marek war leidenschaftlich und intensiv, vor allem von Ideen und Ideologien getragen, an denen ich niemals teilhatte. Ich war nicht wie sie. Ich bewegte mich in eine andere Richtung, in jeder Hinsicht, obwohl ich – wie eine Brieftaube – immer wieder zu ihnen zurückkehrte. Róża erwartete das nicht von mir. Sie hat niemals verstanden, dass ich sie um ihrer selbst willen liebte. Sie dachte, dass ich sie nach meiner Abreise aus Polen am liebsten vergessen wollte, weil sie mich an die traurigste Zeit meines Lebens erinnerte. So hat sie es mir gesagt. Sie hat mir oft erklärt, welches Glück ich gehabt hätte, aus ihrem Haus entkommen zu sein. Damals habe ich das nicht so gesehen. Heute schon. Sie führten ein trauriges Haus, voll von Tragik.

Ich wollte, dass Róża und Marek auch nach Australien emigrierten. Ich flehte sie an zu kommen, doch sie waren Intellektuelle, für die die polnische Sprache von sehr großer Bedeutung war; niemals hätten sie sie gegen eine andere eingetauscht. Sie wollten ihren Beitrag dort leisten. Nach dem Krieg gab es manch schreckliche Zeit, 1946/47 und 1968/69 Wellen von Antisemitismus, den die Regierung entfacht hatte. Die meisten Juden, die bis dahin ausgeharrt hatten, sahen sich gezwungen, das Land zu verlassen. Doch Róża und Marek wollten nicht weg aus Warschau.

Ich wäre so gern Teil ihrer Familie gewesen. Nachdem ich aus Polen fortgegangen war und mein Leben – in materieller Hinsicht – leichter wurde, habe ich oft meine Hilfe angeboten. Doch Róża lehnte ab. Sie will sie bis heute nicht. Indem sie das tut, lehnt sie mich ab. Sie will mir damit sagen: ›Du bist keine von uns.‹ Du gehörst nicht zur Familie.

## XVII. JANEK

Entgegen Rózas Vorhersage habe ich Nina keine Freunde ausgespannt. Das hatte ich gar nicht nötig. In Glatz gab es jede Menge netter Jungen, denn in der Nähe lag ein Armeestützpunkt. Wir Mädchen gingen zusammen zum Tanzen aus, und irgendwann gegen Ende des Jahres 1946 lernte ich einen polnischen Offizier namens Janek kennen, der mein erster richtiger fester Freund wurde. Ja, ich habe Imek geliebt; ich habe darüber nachgedacht, mich mit Pascha zu vermählen, Henek dann tatsächlich geheiratet – aber Janek war anders. Mit ihm konnte ich mir tatsächlich eine Zukunft vorstellen.

Janek war kein Berufssoldat; er hatte sein Jurastudium unterbrechen müssen, um seinen Militärdienst abzuleisten. Er besaß genau jene intellektuelle Gefühlstiefe, die ich bewunderte, und er war groß und leicht gebaut, mit blonden Haaren und attraktiven hageren Gesichtszügen. Ende März 1947 hatte er seinen Armeedienst beendet und kehrte nach Hause zurück, nach Pabianice bei Lodz, von wo aus er mir regelmäßig schrieb. In einem seiner Briefe schlug er vor, ich solle der Polnischen Sozialistischen Partei beitreten. Ich antwortete ihm, dass ich das nicht wolle (er wurde später Teil der Parteimaschinerie). Ende April besuchte ich seine Familie – und er erklärte mir, dass seine Eltern mich mochten. Ich mochte sie auch. Ihr Zuhause war von einer so schönen kulturellen Ausstrahlung geprägt. Sein Vater war ein bekannter Sozialist und hatte Freunde auf der höchsten Ebene der polnischen Nachkriegsregierung.

Nach Janeks Abreise traf ich mich mit anderen Jungen in Glatz, doch ich versprach, ihm treuzubleiben. Wir hatten, obwohl wir offiziell nicht verlobt waren, bereits miteinander geschlafen. Seine Eltern wiederum hatten angedeutet, dass sie unsere Verlobung sehr glücklich machen würde.

So begann ich, darüber nachzudenken, was es bedeutete, einen Polen zu heiraten. Ich hatte Janek noch nicht gesagt, dass ich Jüdin war. Janek und ich sprachen über jedes Thema unter der Sonne, doch über meine Vergangenheit sprachen wir nie. Er und seine Eltern wussten, dass meine Familie im Krieg getötet worden war, doch viele Polen teilten dieses Schicksal. Sie wussten, dass ich aus dem Osten stammte und Verwandte in den Vereinigten Staaten hatte, die versuchten, mir Ausreisepapiere zu beschaffen. Doch auch hier war ich kein Einzelfall. Sie fragten mich nie direkt nach meinen Kriegserfahrungen, obwohl ich mich daran erinnere, dass wir über Auschwitz sprachen, wohin sein Vater als politischer Gefangener verschleppt worden war.

Etwa um diese Zeit fand ich heraus (ich weiß nicht mehr, wie), dass ich eine Art Onkel hatte, der in einem kleinen Dorf namens Sorenbohm an der Pommerschen Ostseeküste, nicht weit von Köslin, wohnte. Er sagte, er sei ein Verwandter meiner Mutter. Ich wusste nicht genau, in welchem Grade wir miteinander verwandt waren, aber für mich war es ein Glück, überhaupt jemanden aus der Familie zu haben. Darum besuchte ich ihn ab und an, einmal zusammen mit Nina und Luka. Anfang Juli 1947 schrieb ich aus Sorenbohm einen Brief an Janek, in dem ich deutlich zu machen versuchte, was unsere Beziehung mir bedeutete.

»[…] Früher dachte ich, dass Schweigen nur Trauer oder Schwermut ausdrücken kann. Wenn es mir schlecht ging, habe ich geschwiegen. Schweigen konnte auch Resignation bedeuten. Erst während meines Besuchs bei Euch habe ich begriffen, dass Schweigen auch ein Ausdruck vollster Zufriedenheit sein kann. Als es mir gut ging, weil Du mir so nah warst, fehlten mir die Worte, außerdem wollte ich gar nicht sprechen, ich konnte nur nicken … Doch dieses Schweigen war ausdrucksstärker als tausend Worte …

Man kann aus Wut, Hass, Verzweiflung oder Trauer in Schweigen verharren, doch es gibt auch diesen zarten Hauch des Schweigens, wenn es Dir gut geht und Du wenigstens einen Augenblick daran glaubst, es spüren kannst, wie zwei Herzen im gleichen Takt schlagen. Lach' nicht, vielleicht liegt es am Meer oder an meiner ausgeprägten Phantasie, aber Du hast mir erlaubt, Dir alles zu sagen. […] Unabhängig davon, wie lange es anhalten wird, wie lange wir zusammenbleiben möchten, […] wollte ich Dir das schreiben.«

Mein Glück schien perfekt. Doch nach weniger als einem Monat geschah etwas, das mich derart erschütterte, dass zwischen uns nichts mehr blieb, wie es war. Nach so langer Zeit ist es schwierig zu sagen, wann genau ich mich damals wo aufhielt. Ich weiß nicht mehr, zu welchem Zeitpunkt ich Janek und seine Eltern in Pabianice besuchte. War es auf dem Weg nach Norden, nach Sorenbohm, oder war es auf dem Rückweg? Oder beide Male? Egal, während ich also in Pabianice bei Janek war, gingen wir mit zwei seiner Freunde zum Essen in ein Restaurant. Auf dem Heimweg überquerten wir eine schmale Straße; aus einem der Häuser wehte ein starker Geruch aus Knoblauch und Zwiebeln zu uns herüber. Heutzutage verbindet man Zwiebeln und Knoblauch eher mit der französischen und italienischen Küche, doch in Polen waren es die Juden, die Zwiebeln und Knoblauch aßen. Einer der Jungs sagte: »Da riecht es nach Juden.« Ich erstarrte zu Eis. Damals dachte ich, Janek wüsste nicht, dass ich Jüdin bin. Ich erinnere mich an seine Reaktion. Er fuhr seinem Freund scharf über den Mund, indem er sagte: »Wie kannst Du nur! Schämst Du Dich nicht? Hast Du denn gar nichts gelernt?« Der andere murmelte, dass er es nicht so gemeint habe, dass es ein Witz gewesen sei. Doch es war nun einmal geschehen.

Janeks Freunde entstammten demselben sozialen Kreis wie er – der polnischen Intelligenz. Sollten wir beide also eine gemeinsame Zukunft haben, so war es diese Sorte Mensch, mit der wir zusammenkämen und die unser gemeinsames Leben beeinflussen würde. Ich konnte der Traurigkeit, die mich ergriff, nicht entfliehen. Ich wollte die Vergangenheit vergessen, ich wollte leben, aber ich konnte nicht damit fortfahren, eine Lüge zu leben.

In einem Brief an mich, der das Datum des 31. Juli 1947 trägt, schreibt Janek, dass wir miteinander reden müssten. Er konnte nicht glauben, dass ich tatsächlich plante, Polen zu verlassen, obwohl er wusste, dass ich Kontakt mit meinen amerikanischen Onkeln wegen der notwendigen Visa hatte. Es waren also nicht allein meine vagen Ausreisepläne, die ihn umtrieben. Irgendetwas in unserer Beziehung hatte sich verschoben und er spürte es. Ich wusste, was mich störte. Doch aus Angst vor den Folgen für uns konnte ich mich nicht überwinden, darüber zu sprechen.

Ich weiß nicht, wie lange ich mir das Hirn zermarterte, bevor ich Janek schrieb, die inoffizielle Verlobung mit ihm brach und ihm gleichzeitig mitteilte, dass ich Jüdin bin. Ich vermute, es dauerte mehrere Monate. Denn der Antwortbrief stammt vom 15. November 1947. Er ist eines meiner wertvollsten Besitztümer. Janek schrieb:

»Meine kleine Bin,

es fällt mir schwer, diesen Brief zu schreiben. Ich weiß nicht, wo ich anfangen soll und wie ich mit Dir sprechen soll über Sachen, die mir, das kann ich Dir versichern, längst bekannt waren. Schon seit den ersten Augenblicken unserer Bekanntschaft ... [...] Wir haben uns in einem kompliziertem Geflecht widersprüchlicher Gedanken verloren, jeder hatte eine eigene Erklärung für dieses lange und unerklärliche Schweigen ... [...]

Erinnerst Du Dich an unseren kurzen, aber wunderschönen Urlaub am Meer? Erinnerst Du Dich daran, dass ich sagte: ›Bin, Du bist irgendwie anders als sonst‹, sogar mehr, ›Binuś, Du bist so fremd, möchtest Du, dass wir es so in Erinnerung behalten?‹ Ich weiß nicht warum, Deine kurze und ehrliche Antwort lautete: ›Ich habe es mir überlegt, und es ist besser so.‹ Ich hätte mich – und davor habe ich große Angst – zum Narren gemacht, wenn ich dort am Meer eine andere Antwort verlangt hätte. Als wir Abschied nahmen und ich losfuhr, wolltest Du Dich nicht einmal umdrehen. [...] Wir sind erwachsen, und wir müssen ehrlich zueinander sein. In Deinem Brief hast Du gewisse Ansichten über mich geäußert, gestatte mir bitte, Bemerkungen auch über Dich zu machen. [...] Du hast so eine leichte Art, ohne dass Du Dir jeden Tag Rechenschaft ablegst, Du schaust weder in die Zukunft noch in die Vergangenheit. Ich weiß, dass das häufig schwer sein kann. Manchmal lohnt es sich nicht, manchmal möchte man auf das Vergangene gar nicht zurückblicken. Es ist jedoch notwendig für ein Leben ohne besondere Sorgen und traurige Überraschungen. [...] Du hast oft über Dein Bedürfnis nach einem Zuhause gesprochen, Möglichkeiten dazu wurden Dir geboten, genauso wie Du Chancen auf eine mit ehrlicher Arbeit und Bildung erfüllte Selbständigkeit hattest. Ich habe mich gefreut, dass Du nach Amerika ausreisen kannst, zu Deinen Verwandten, ich hätte mich aber mehr gefreut, wenn Du in Warschau gearbeitet und studiert hättest. [...]

Binuś, ich wollte noch ein paar Sätze anfügen, die nach Deinem letzten Brief besonders aussagekräftig erscheinen mögen. Nicht nur ich habe gewusst, dass Du Jüdin bist, sondern auch Mama und Papa wussten es. Den warmen und herzlichen Empfang, der Dir in unserem Haus zuteil wurde, bereiteten wir Dir im vollen Bewusstsein der Tatsachen. Einmal mehr kann ich nicht glauben, dass Du annehmen konntest, meine Einstellung Dir gegenüber hätte sich geändert.

Ich verstehe, dass es Dir schwergefallen ist, mir davon zu schreiben, doch ich möchte Dich nur noch einmal wissen lassen, dass Du für uns immer dieselbe Binka gewesen bist, von der wir wussten, was Du mir mitgeteilt hast.«

Janek schalt mich dafür, dass ich ihm nicht vertraut hatte. »Ich kann es nicht verstehen, kann Dir Deine Anschuldigung, dass ich mich Dir gegenüber bestimmt unangemessen verhalten hätte, wenn ich gewusst hätte, dass Du Jüdin bist, nicht verzeihen«, schrieb er. »Das ist nur ein Beweis dafür, wie wenig Du mich kanntest und auch kennenlernen wolltest.« Vielleicht hatte er recht. Möglicherweise hatte es mir nicht an dem Mut gemangelt, ihm zu sagen, dass ich Jüdin bin, sondern an dem Mut, ihn besser kennenzulernen. Vielleicht hatte ich Angst vor dem, was ich dort entdecken könnte. Damals war der Antisemitismus in Polen weit verbreitet. Die Menschen sprachen offen darüber, wie schade es doch sei, dass Hitler seine einmal begonnene Arbeit nicht zu Ende gebracht hätte; sie sprachen darüber, dass all die verbliebenen Juden getötet oder wenigstens aus Polen ausgewiesen werden sollten. Doch nicht alle Polen waren Antisemiten. Ich war ein Opfer meiner eigenen Vorurteile. Ich hatte Angst davor, Janek könnte aufhören, mich zu lieben, weil ich Jüdin bin. Ich vertraute ihm nicht, also trennte ich mich von ihm, ehe er es tat. Es kann sein, dass ich Folgendes dachte: ›Wir sind jetzt frei. Ich muss keine Armbinde mehr tragen. Warum also soll ich darüber sprechen müssen?‹ Ich wollte nicht darüber sprechen, was es bedeutete, jüdisch zu sein. Nicht zu jener Zeit. Es war zu schmerzvoll.

Wir versprachen einander, dass – egal, was geschehen würde – wir uns fünf Jahre lang schreiben wollten. Den letzten Brief an ihn verfasste ich in Paris, wo ich mich auf der Durchreise befand, während ich auf die Einreisegenehmigung der amerikanischen Behörden wartete. In seiner Antwort bat er mich, ihm zurückzuschreiben. »Ich habe Dir längst verziehen«, schrieb er. Doch ich war bereits einem anderen Mann verpflichtet. Ein Mann, der genügend wusste, um keine Fragen zu stellen. Ein Mann, der selbst eine Armbinde getragen hatte.

## XVIII. ZDENEK

Róża hat am 7. Juni Geburtstag, einen Tag vor mir. 1947 fuhr ich für einige Tage nach Waldenburg, damit wir gemeinsam feiern konnten. Sie hatte beschlossen, dass es zu unserem Geburtstagsessen Würstchen geben sollte, darum gingen wir gemeinsam einkaufen. Während sie im Lebensmittelgeschäft beim Aussuchen war, wartete ich in der Nähe der Tür. Ich bemerkte, dass mich ein Mann hinter dem Tresen ansah, ein älterer, gutaussehender Mann mit einem schmalen Schnurrbart und durchdringenden Augen. Er brachte mich ein wenig aus der Fassung damit.

Zwei Monate später war ich wieder in Waldenburg, wo mich Freunde von Róża und Marek aus Borysław, die Heiligs, zu Kaffee und Kuchen einluden. Ich ging hin und traf den Mann aus dem Laden erneut. Er war schlau. Er hatte es arrangiert. Er wusste, dass Róża und die Heiligs aus Borysław stammten, und hatte die Heiligs gefragt, wer das Mädchen gewesen sei, das bei Róża zu Besuch war, und ob sie uns nicht einander vorstellen könnten. Auf diese Weise lernte ich meinen zukünftigen Ehemann kennen, Zdenek Wolanski.

Anfangs interessierte er mich nicht. Ich war noch mit Janek zusammen und wollte außerdem zum Studium in die Vereinigten Staaten gehen. Meinen Reisepass hatte ich mir bereits organisiert. Darum kam ich gar nicht auf den Gedanken, dass sich mit diesem Mann etwas Ernsthaftes entwickeln könnte. Doch genau das geschah.

Nachdem ich mich von Janek getrennt hatte, wollte ich unbedingt die Arme eines anderen um mich spüren und jemanden haben, der sich um mich kümmerte und um den ich mich kümmern konnte. Ich litt unter vielen Schrecken des Krieges, doch am meisten unter der Angst, allein zu sein. Ich sehnte mich nach menschlicher Berührung, menschlicher Wärme. Zdenek zeigte deutlich, dass er mich mochte – und ich verliebte mich in ihn, geradezu als Zeichen meiner Dankbarkeit. Ich verliebte mich immer schnell. Jetzt wohl nicht mehr, doch damals auf jeden Fall. Sobald ich das Gefühl hatte, dass jemand Interesse an mir zeigte, hängte ich mich sofort an ihn. Bei Zdenek, der zehn Jahre älter war als ich, fühlte ich mich geborgen. Er besaß das selbstbewusste, kultivierte Benehmen eines Müßiggängers, das nicht nur sehr attraktiv war, sondern zugleich auch beruhigend.

Er war in der zweitgrößten Stadt Polens aufgewachsen, in Lodz, einem bedeutenden Industrie- und Textilzentrum. Als der Krieg ausbrach, war er 22. Ich habe nie erfahren, was er davor gemacht hat. Offensichtlich war mir das nicht wichtig gewesen. Während des Krieges war er im Warschauer Ghetto und kämpfte im 1944-er Aufstand mit. Er gehörte einer der kleineren Widerstandsgruppen an, der ›Polska Armia Ludowa‹ [der linksgerichteten polnischen Volksarmee]. Er sprach mir gegenüber nicht viel über das, was ihm passiert war, doch ich weiß, dass er seine Eltern, einen älteren Bruder und seine Freundin im Krieg verloren hatte. Nachdem Warschau befreit worden war, gingen er und sein jüngerer Bruder Henio in die Tschechoslowakei, um ihre Schwester Hela zu besuchen, die zum Medizinstudium nach Prag gegangen war. Zwischen den beiden Weltkriegen waren viele junge Juden emigriert, um studieren zu können, da die Zahl der Zulassungen für Juden an polnischen Universitäten beschränkt war; so retteten sie oft ihr Leben. Nachdem Zdenek und Henio nach Polen zurückgekehrt waren, gingen sie aufgrund der Möglichkeiten, die sich in den ›neuen‹, ehemals deutschen, Gebieten boten, nach Waldenburg.

Als ich Zdenek kennenlernte, war er finanziell gutgestellt. Er und sein Bruder Henio führten eine Fleischerei, die zugleich ein Lebensmittelladen war. Er lebte in einer komfortablen Wohnung im ersten Stock in der Stadtmitte von Waldenburg; Henio, der später ein Mädchen heiratete, das ich aus Borysław kannte und Lusia hieß, wohnte in der Wohnung darunter. Zdenek fuhr einen großen Mercedes und kannte eine Menge Leute. Doch weder sein Geld noch sein Einfluss waren der Grund für mich, ihn zu heiraten. Ich liebte ihn und beabsichtigte, den Rest meines Lebens mit ihm zu verbringen.

Er wusste von Anfang an über meine jüdische Heirat und die Notwendigkeit einer Scheidung Bescheid. Er erklärte, er würde das organisieren. Henek war zwar einverstanden, forderte jedoch von Zdenek Geld dafür. Ich weiß nicht, wieviel es gekostet hat. Ich hatte Zdenek gebeten, mich herauszuhalten. Viele Jahre später hat er mir während eines Streits an den Kopf geworfen: »Ich habe für Dich bezahlt. Du gehörst mir.«

Für mich kam eine weitere jüdische Hochzeit nicht in Frage. Wir heirateten am 4. Februar 1948 im Rathaus von Waldenburg. Es war eine kleine Angelegenheit, wir hatten nur wenige Menschen eingeladen. Ich habe ein kleines Stück Karton aufbewahrt, das Zdenek mir am Hochzeitstag gab: »Meine liebste Frau, Binuś, ich wünsche mir, Dich in unserer gemeinsamen Zukunft so glücklich zu sehen wie heute, Dein Dich liebender Ehemann, Zdenek.«

Róża befürwortete diese Heirat mehr als die erste, aber nicht gänzlich. Sie war immer noch der Meinung, ich sollte studieren. Ich habe mich stets bemüht, weiter zu lernen, weil ich ihren Erwartungen unbedingt gerecht werden wollte, und ich bin Róża für ihr Drängen nach wie vor sehr dankbar.

Glücklicher als in diesen ersten Tagen unserer Ehe konnte ich nicht sein. Ich musste nicht mehr arbeiten. Zdenek stand morgens früh auf, um auf dem Markt Fleisch einzukaufen, und sobald er gegangen war, kam mein deutscher Schäferhund Dolma zu mir ins Bett. Im Bett mit Dolma zu liegen, mit meinen Büchern und vielleicht einer Tafel Schokolade, war die reinste Glückseligkeit. Wir hatten eine deutsche Haushälterin, Frau Rauschke, die für uns kochte – und für all die Freunde Zdeneks, die tags und nachts vorbeischauten, auf eine Mahlzeit und um der Gesellschaft willen. Bevor wir heirateten, hatte er ein offenes Haus für jedermann. Um jedoch eine gewisse Ordnung einzuführen, schrieb ich eine Zeitregelung auf einen großen Bogen Papier: von neun bis elf Uhr Frühstück, von eins bis drei Mittagessen, von sieben bis neun Abendessen. Und wer zu spät käme, würde nichts mehr bekommen.

Róża und Marek lebten ganz in der Nähe. Ich verbrachte viel Zeit mit Róża und Fenka und spielte mit den Babys, Kaja (Karolina) und Jasia (Joanna), die ich vergötterte. Ich besaß Geld, auch wenn ich darum bitten musste, und konnte sie so ein bisschen verwöhnen. Noch heute besitze ich einen Brief von Fenka aus dem Jahr 1948, in dem sie sich für ein Kleid bedankt, das ich ihr gekauft hatte, obwohl doch ihr Geburtstag, wie sie schrieb, schon lange vorüber war. »Ich danke Dir für das Kleid, ich war mir sicher, dass ich es bekommen würde, weil es Dir für mich gefiel.« Ich liebte Fenka, und sie liebte mich. »Ich wünsche Dir, dass Dir im Leben nur solche Menschen begegnen, die Dich genauso sehen, wie Fenka es tut«, schrieb sie in demselben Brief. Für sie würde ich immer das kleine Mädchen sein, das in den ersten Monaten nach der Befreiung das Bett mit ihr geteilt hat. »Ich verstand, was Du durchgemacht hast, auch wenn Du nicht darüber sprachst. Ich weiß, wer Du bist, und das ist das Mädchen, das ich kenne und respektiere.« Und dann fügte sie noch einen Satz hinzu, den ich sie oft habe sagen hören und der mir zu einem Lebensmotto geworden ist: »Ich gehöre zu jenen Menschen, die in Sachen Liebe und Freundschaft weder auf das Alter (Bina) noch auf Herkunft oder Nationalität (Gerda) achten.«

Am 14. Juni 1948 beschied mir das Französische Konsulat in Warschau, dass es um meine Bitte nach einem Transitvisum sehr günstig stünde – unter der Bedingung, dass ich einen gültigen Reisepass besäße. Den hatte ich, doch das Datum seines Ablaufs rückte näher. Meinen Reisepass aber wollte ich nicht verlieren, also reiste ich im Oktober 1948 nach Paris – allein. Zdenek hatte, nachdem wir uns kennengelernt hatten, einen Reisepass beantragt, doch ich würde erst in Paris dazu in der Lage sein, ihm ein Visum zu organisieren. Ich musste ihn gar nicht erst dazu überreden, mit mir Polen zu verlassen. Eine große Anzahl von Juden verließ in diesen Jahren Europa, auf der Flucht vor anhaltender antijüdischer Gewalt, vor der Unnachgiebigkeit der kommunistischen Regierung, die es ablehnte, Vorkriegsbesitz zurückzugeben, und vor den Ruinen der vom Holocaust zerstörten jüdischen Gemeinden. Für Zdenek war es keine Frage des Ob, sondern lediglich des Wann und Wie, Polen zu verlassen.

Paris. Endlich. Das war der Westen, das war Leben, das war Kultur, das war die Aufklärung. Doch zunächst war es ein Bordell. Eine Freundin von Hela, Zdeneks Schwester, holte mich am Bahnhof ab. Und weil gerade die öffentlichen Verkehrsmittel bestreikt wurden, gaben wir mein Gepäck auf und machten uns zu Fuß auf den Weg, ein Hotel zu suchen. Bevor ich abgereist war, hatte ich auf dem Schwarzmarkt zwar ein paar amerikanische Dollars eingetauscht, doch meine Złoty waren in Frankreich nichts wert. Die Hotels, die mein begrenztes Budget zuließ, waren alle von der Sorte, dass die Zimmer nicht pro Nacht, sondern pro Stunde vermietet wurden. Schließlich fand ich ein Zimmer, mit einem Spiegel an der Decke. So etwas hatte ich nie zuvor gesehen. In dieser Nacht wurde ich sehr krank. Während das Fieber von mir Besitz ergriff und ich immer wieder das Bewusstsein verlor, nahm ich wunderschöne Mädchen und gutaussehende schwarze Männer wahr, die das Zimmer betraten und mir zu essen brachten. Ich hatte niemals zuvor Dunkelhäutige gesehen. Sie riefen einen Arzt, der nach mir sah. Als es mir wieder gut ging und ich in ein Hotel in der Nähe umgezogen war, grüßten mich die Mädchen auf der Straße. »Sabine, ça va? Très bien, Sabine?«, riefen sie mir nach. (Später, als Zdenek eingetroffen war, fragte er mich: »Woher kennst du diese Mädchen?« Ich erklärte es ihm, aber er schien mir nicht zu glauben.)

Freunde in Polen gaben mir den Namen eines Paares, Niuta und Max, die mir vielleicht bei der Suche nach einer Bleibe behilflich sein könnten. Ich spürte ihr Zimmer in einem anderen kleinen billigen Hotel auf, wie es sie überall in Frankreich gab – sehr einfach, mit einem Hockklosett auf dem Gang und ohne eine Möglichkeit zu duschen oder zu baden. Niemand antwortete, als ich an die Tür klopfte, darum ging ich ungebeten hinein. Eine Frau kroch unter dem Bett hervor. Ich war genauso erschrocken wie sie. »Was machen Sie da?«, fragte ich. Sie stand auf, strich sich die Kleider ab und antwortete schroff: »Ich wohne hier. Was aber machen Sie hier?« (Es stellte sich heraus, dass sie ihre

Habe in einem Koffer unter dem Bett aufbewahrte, weil das Zimmer so klein war.) Niuta und ich wurden schließlich enge Freundinnen und landeten letztendlich beide in Sydney. Doch an jenem Tag brachte sie mich zunächst zur Concierge, die ein Zimmer für mich fand.

Bevor Zdenek eintraf, stand mir die Stadt zur freien Verfügung. Ich war im siebten Himmel. Jeder, der etwas galt, lebte im Nachkriegsparis – Philosophen und Dichter, Kommunisten und Maler, Spione und Chansonniers. Ich kann nicht behaupten, dass ich mich mit Jean-Paul Sartre und Simone de Beauvoir auf Tuchfühlung befand, doch ich atmete dieselbe Luft. Ich habe Juliette Gréco gesehen, die in einem Café an der ›Rive Gauche‹ auftrat, und Jean Louis Barrault, dessen Arbeit mit dem avantgardistischen und dem klassischen Theater dazu beitrug, das französische Theater nach dem Krieg wieder zum Leben zu erwecken, sah ab und zu bei unserer Universitätstheatergruppe vorbei. Ich schrieb mich bei der *Alliance Française* ein und hing in den Studentenmensen ab, wo ich billig essen und andere Menschen in meinem Alter treffen konnte. Ich strolchte, so kann man es nennen, am Rande des Pariser Intellektuellenlebens umher. Das war für ein Mädchen aus der polnischen Provinz, das die Augen weit geöffnet hielt, anregend genug. Natürlich traf ich auch auf andere Emigranten, darunter junge Menschen, die aus meiner Ecke der Welt kamen, doch über unsere Vergangenheit sprachen wir nie miteinander. Ich hatte immer noch viele Fragen – dieselben, die ich bis heute habe, doch in jenen Tagen war meine Art nach Antworten zu suchen sehr intuitiv. Ich glaubte, dass ich sie weniger durch Fragen als vielmehr durch die Begegnung mit anderen erhalten könnte.

Nachdem Zdenek in Paris eingetroffen war, hörte mein studentisches Leben auf, abgesehen vom Französischsprachkursus an der *Alliance*, den er als nützlich ansah. Er erwartete von seiner Ehefrau, dass sie ihm half und sich für ihn stark machte. Das amerikanischjüdische ›Joint Distribution Committee‹, bekannt als ›Joint‹, kümmerte sich um überlebende Juden, die in Paris Station machten, und bot ihnen verschiedene Kurse an. Zdenek lernte Herrenschneider, und weil er so klug und geschickt mit seinen Händen war, brachte er es bald anderen bei. Er bekam eine Stelle bei einer Hemdenschneiderei, und nach einer Weile – als mein Französisch gut genug war – begannen wir nebenbei damit, selbst Hemden herzustellen. Ich nähte nicht, doch ich war die

Verbindungsfrau, die mit der ›Metro‹ zwischen Zdenek und unseren zwei oder drei Heimarbeitern hin- und hersauste. Und ich bügelte die Hemden. Ich war sehr gut im Bügeln.

Wir blieben fast zwei Jahre in Paris. Über einen Kontakt seiner Schwester gelang es Zdenek, ein paar unserer Sachen aus Polen herzuholen: Perserteppiche, ein paar schöne Möbelstücke, viele meiner Bücher und ein sehr schönes Silberbesteck, das wir zu Bargeld machten. Schließlich mieteten wir eine Wohnung. Als wir noch im Hotel lebten, hatte ich allerdings einen schlimmen Unfall. Es war uns nicht erlaubt, auf dem Zimmer zu kochen, und weil wir es uns nicht leisten konnten, auswärts zu essen, behalfen wir uns mit einem Primuskocher. Eines Abends, als ich versuchte, Fleisch zu garen, dauerte es mir zu lange, und in meiner Ungeduld gab ich mehr Öl in den Primus. Die Explosion traf mich ins Gesicht. Ich erlitt schlimme Verbrennungen und musste ins Krankenhaus eingeliefert werden. Während des Heilungsprozesses war das Jucken der Haut unerträglich. Der Arzt warnte mich, dass die Haut, wo immer ich sie berührte, vernarben würde, sodass Zdenek, als ich nach Hause entlassen wurde, mir nachts die Hände am Körper festband, damit ich mich nicht kratzte. Sogar nachdem die Haut verheilt war, lief sie bei Kälte lila und bei Hitze rot an. Der Arzt empfahl mir, das Gesicht der Sonne auszusetzen. Wir waren mit einer Familie im südfranzösischen Nizza befreundet, also reiste ich für eine Zeitlang dorthin. Zdenek folgte gegen Ende meines Aufenthalts. Ich besitze noch ein Foto, das uns dort zeigt: So jung waren wir. Ich trage eine schulterfreie weiße Bluse mit Lochstickerei – eine ›broderie anglaise‹, die er mir genäht hatte, damit ich sie zu zwei Röcken tragen konnte, einem weißen Rock mit blauen Tupfen und einem blauen mit weißen Punkten.

Zdenek war ein besitzergreifender Mann. Anfangs war mir seine Eifersucht nicht aufgefallen. Ich dachte nur, dass er mich wohl sehr liebt, weil er mich ganz für sich haben wollte. Ich erinnere mich, dass ich in Nizza – bevor er ankam – Freunde gewonnen hatte und dass ihn das ziemlich ärgerte. Um mit Zdenek in Streit zu geraten, genügte es, in einer Bar oder einem Café lediglich ein Lächeln zu erwidern. Er wollte, dass ich mich allein auf ihn konzentrierte, während ich so begierig war, die Welt zu umarmen. Von Anfang an hatten wir damit Probleme. »Warum wirst du nicht erwachsen?«, forderte er, obwohl es doch gerade meine sonnige, kindliche Natur gewesen war, die ihn in erster Linie angezogen hatte. Ich wurde erwachsen. Ich lernte, und als ich dann erwachsen war, gefiel es ihm nicht.

Doch ich greife wieder vor. In Paris lernten wir eine Freundin von Hela kennen, die ich sehr bewunderte. Edita M. war eine in ihrem Äußeren auffallende Tschechin, die beträchtlich älter war als ich und in einer eleganten Wohnung lebte. Sie war eine vermögende, unabhängige Frau mit einem verheirateten Liebhaber in London und einem Sohn, der in Israel als Pilot arbeitete. Sie liebte es, mich mit kleinen Geschenken zu verwöhnen, mit Parfüm und Ähnlichem. Außerdem erteilte sie mir eine Lektion in Sachen Geld, die ich nie vergessen habe. Bald nachdem wir uns kennengelernt hatten, lieh sie Zdenek Geld, eine Menge Geld sogar. Als er sich nach dem Grund erkundigte, antwortete sie: »Sie werden es mir zurückgeben, wenn Sie sich etabliert haben. Doch in dem Augenblick, da Sie Geld in der Tasche haben, reden Sie anders mit den Menschen. Sie fühlen sich sicherer. Ich möchte nicht, dass Sie sich mittellos fühlen.«

Die Schlange der Polen, die darauf warteten, in die Vereinigten Staaten ausreisen zu dürfen, war lang, und wir hatten keine Ahnung, wann es uns gelingen würde. Es stand außer Frage, dass wir in der Lage waren, längerfristig in Frankreich zu bleiben. Doch die französischen Behörden sorgten dafür, dass wir uns nicht allzu wohl fühlten. Regelmäßig mussten wir unsere Transitvisa für den zeitweiligen Aufenthalt in Frankreich verlängern und dabei jedes Mal nachweisen, dass wir nach wie vor auf die Einreisepapiere für die USA warteten. Die USA wiederum hatten sehr niedrige Quoten für Polen festgelegt. In der Zwischenzeit wurde die Situation zwischen den beiden neuen Supermächten, der Sowjetunion und den Vereinigten Staaten, immer angespannter. Die erste Krise des Kalten Krieges hatte die Sowjetunion am 24. Juni 1948 ausgelöst, als sie alle Straßen und Bahnstrecken sperrte, die durch die Sowjetische Besatzungszone zu den drei Westsektoren Berlins führten.

Mehr als ein Jahr lang flogen Amerikaner und Briten Lieferungen, darunter Lebensmittel, Kohle und Maschinen, nach Berlin. Auf dem Höhepunkt der ›Berliner Luftbrücke‹ landete dort pro Minute ein alliiertes Flugzeug. Am 4. April 1949 unterzeichneten die Westmächte den Nordatlantikvertrag, den Beginn der NATO, der festlegte, dass ein Angriff auf einen der Mitgliedsstaaten als ein Angriff auf alle betrachtet würde. Am 12. Mai 1949 hob die UdSSR die ›Blockade‹ Berlins auf, doch die Gefahr eines drohenden Krieges blieb. Ich wusste, dass ich keinen weiteren Krieg überstehen würde. Ich war schwanger – das zählte, und die Faszination des Pariser Schwebezustands neigte sich ihrem Ende zu. Mittlerweile war ich mir sicher, dass ich nicht nach Frankreich gehörte. Ich brauchte ein Zuhause, einen Ort, an dem Zdenek und ich eine Zukunft für unsere Familie aufbauen konnten – anstatt an die Vergangenheit erinnert zu werden.

Zu Beginn des Frühlings 1950 war ich mit der ›Metro‹ unterwegs, als mein Blick auf ein übergroßes farbiges Plakat von ›Bondi Beach‹, einem berühmten Strand bei Sydney, fiel. ›Come to sunny Australia‹ oder so etwas Ähnliches stand darauf. Ich ging heim und sagte zu Zdenek: »Ich weiß, wohin wir ziehen. Ins sonnige Australien.« Wir kannten jemanden, der bereits nach Australien ausgewandert war, also schrieben wir dorthin und baten um Unterstützung. Ein Visum zu bekommen war einfach. Zu dieser Zeit verkündete die australische Regierung den Wahlspruch ›Bevölkerungswachstum oder Aussterben‹. Der Krieg hatte die Erkenntnis gebracht, dass ein derart weitläufiges Land von einer so geringen Einwohnerzahl nicht zu verteidigen sei. Daher standen ab Februar 1948 Australiens Tore für alle, die das vom Krieg zerrissene Europa verlassen wollten, offen. Für uns ging nun alles sehr schnell. Bereits im Juni 1950 waren wir an Bord des italienischen Schiffes *Surriento* als ›willkommene Einwanderer‹ gen Australien unterwegs.

Während wir mitten in den Vorbereitungen unserer Abreise aus Paris steckten, erlebte der Film *Vom Winde verweht* mit Vivien Leigh und Clark Gable in den Hauptrollen seine Frankreich-Premiere. Ich hatte das Buch gelesen und wollte diesen größten Kassenschlager unter den Liebesfilmen des vergangenen Jahrzehnts (in London lief er seit 1940 vier Jahre lang ununterbrochen) auf keinen Fall verpassen. Wer wusste schon, was in Australien los war und ob sie solche Filme dort unten überhaupt zeigten? *Vom Winde verweht* ist ein sehr langer Film, und als ich vom Kino heimkam, war Zdenek bereits zu Hause. Er tobte. Wie ich in dieser Zeit ins Kino gehen könnte? Wo wir noch nicht einmal wüssten, wohin es uns verschlagen würde, und so weiter. Ich antwortete, dass wir so oder so abreisen würden und ich nicht verstünde, was so schlimm daran sei, ins Kino zu gehen. Jahre später hat er mir einmal vorgeworfen: »Aber du musstest ja *Vom Winde verweht* anschauen«, als ob er mir damit meine mangelnde Ernsthaftigkeit vorführen wollte.

Zdenek und ich waren eine leicht entflammbare Paarung, dennoch hatte ich hohe Erwartungen an unser gemeinsames Leben. Wenn diese enttäuscht wurden, gab ich gewöhnlich mir die Schuld. Auf dem Schiff nach Australien beschrieb ich mein Unbehagen über unsere Ehe in meinem Tagebuch. Erst viele Jahre später las ich die Zeilen erneut – und es traf mich zutiefst, in meinen frühen Vorahnungen bereits so viel von dem zu finden, was uns später noch viel Kummer bereiten sollte.

»Seit einer Woche sind wir unterwegs. Ich kann mich nicht beruhigen. Ich bin so gereizt, jedes Wort kann Tränen hervorrufen. Ich weiß nicht, worin der Grund dafür liegt, ob es die Schwangerschaft ist oder einfach meine strapazierten Nerven …

Zdenek wirft mir wie immer vor, ich würde mich nicht ausreichend mit den wichtigen Fragen des Lebens beschäftigen. Ich habe das Gefühl, dass er überhaupt nicht träumen kann … Er ist immer sehr sachlich. Ich kann ihm nichts vorwerfen. Er ist ein guter Ehemann, er ist energisch, denkt stets ans Geschäft – doch wir verstehen uns nicht besonders gut. Es gibt so viele Sachen, über die ich gerne reden würde. […] Bin ich schuld? Wir reden kaum miteinander … Unsere Gespräche verwandeln sich auf der Stelle in Streitereien, die mit Wutausbrüchen und hysterischen Anfällen enden, für die ich mich später so schäme. Ich wünsche mir so sehr, dass alles in Ordnung kommt zwischen uns […], aber Tausende von Kleinigkeiten ärgern mich. Zdenek ist schnell beleidigt, und er mag es nicht, wenn ich ihn rüge. Er ist davon überzeugt, dass er alles besser weiß … Ich bin trotzig und gebe nicht nach. Ich kann es nicht ertragen, wenn man die Stimme gegen mich erhebt, es ruft nur negative Reaktionen und Verbissenheit hervor … Es wäre so viel einfacher, wenn Zdenek ein gutes Wort für mich übrig hätte, ein Lächeln. Ich habe ein großes Bedürfnis nach Zärtlichkeit, guten Worten … Das versteht er nicht. […] Er glaubt, seine nächtliche Zärtlichkeit würde reichen, doch das löst das Gegenteil in mir aus … Ich kann es nicht ertragen, dass wir nach all der Gleichgültigkeit und den heftigen Auseinandersetzungen einfach in Küsse übergehen sollen, als wäre nichts gewesen …

An meiner Überempfindlichkeit kann ich nichts ändern. [...] Keine Ahnung, ob das nur bei Zdenek so ist, oder ob die Liebe für alle Männer zum Großteil auf körperlicher Begierde beruht? Wenn ich emotional nicht dazu bereit bin, empfinde ich kein Vergnügen [...] Ich weiß immer noch nicht, wie ich mich Zdenek gegenüber verhalten soll ... [...] Mir ist schwer ums Herz, und ich habe niemanden, den ich um Rat bitten könnte. Fenka ist weit weg, [...] ich habe keine Mutter ...

Ich erwarte ein Kind. Ich glaube, dass ich gestern die ersten Bewegungen gespürt habe. Es ist mir noch nicht ganz bewusst – vielleicht werde ich nicht so einsam sein. Ich habe Angst vor der Zukunft. Ich habe so wenig Kraft und so viel, worauf ich vorbereitet sein muss ... Ich hoffe so sehr, dass mit Zdenek alles in Ordnung kommt. Ich bin so unglücklich nach jedem Streit ... Ich möchte nicht leben ... Alles wird sinnlos ... Wozu brauche ich das ...«

Offensichtlich tat ich mir selbst ziemlich leid, als ich das schrieb. Die Schwangerschaft verursachte mir Übelkeit. Ich aß nicht. Denn jedes Mal, wenn ich aufstand, musste ich mich übergeben. Schließlich empfahl der Schiffsarzt dem Kapitän, uns eine bessere Kabine als die übliche für ›willkommene Einwanderer‹ im Schiffsinneren zu geben. So reisten wir den Rest der Überfahrt Erster Klasse. Ich erinnere mich, dass Zdenek böse auf mich war, weil er – nicht ganz zu Unrecht – vermutete, ich hätte den Arzt bezirzt. Dennoch genossen wir die neue Unterkunft; wir hatten denselben Sinn für Luxus.

## XIX. ›BONDI‹

Am 23. Juli 1950 legten wir im Hafen von Sydney an. Ich schob meine Eheängste dorthin, wo sie hingehörten: außer Sichtweite, und begrüßte die Neue Welt mit meinem strahlendsten Lächeln. Sydney wurde gerade von Dauerregen überflutet. Fürwahr, ein sonniges Australien. Der Regen dauerte wochenlang, doch wir steuerten ohnehin auf ›Bondi‹ zu. Die dortigen preiswerten Pensionen zogen damals europäische Einwanderer magnetisch an.

Zdenek fand rasch eine Stelle in einer großen Hemdenfabrik in der Stadt und ließ mich in der Obhut einer Pensionswirtin zurück, die mir jedes Mal, wenn sie mich sah, ein kräftiges »Sie können Ihr Baby nicht in einer Pension zur Welt bringen!« entgegendonnerte. In meinem verstümmelten Englisch erwiderte ich, dass ich mein Baby sowieso lieber draußen auf der Straße bekäme. Ich hasste es, so angreifbar zu sein. Die meisten Australier begegneten dem Durcheinander, dass die Neubürger verursachten, mit höflicher Nachsicht. Einige belehrten uns jedoch auch, als ob wir umherziehende Schulkinder wären. Eines Morgens, nachdem ich Zdenek an der Straßenbahnhaltestelle wie immer einen Abschiedskuss gegeben hatte, kam eine Frau auf mich zu und erklärte mir streng: »Das dürfen Sie hier nicht!« Ich verstand sie kaum, aber wie sie mir mit dem Finger vor dem Gesicht drohte, ließ mich ahnen, dass ich irgendetwas ganz furchtbar falsch gemacht haben musste. Später erläuterte mir jemand, dass man in Sydney keine Männer auf der Straße küsste. Wir waren nicht in Paris.

Auf dem Weg zurück von der Straßenbahnhaltestelle blieb ich oft stehen, um die Fortschritte der Bauarbeiten an einem Wohnblock zu beobachten, der kurz vor seiner Fertigstellung stand. Eines Morgens sprach mich ein Mann an und fragte, warum ich immer dieses Gebäude ansehen würde. Ich erklärte ihm, dass ich kein Englisch spräche. »Jiddisch?«, fragte er. Ich schüttelte den Kopf. Wir setzten unser Gespräch dann in gebrochenem Polnisch-Russisch fort, und ich verstand soviel, dass er der Besitzer sei. Zdenek sprach Jiddisch, also veranlasste ich, dass er sich mit dem Mann traf. Ich hatte gehofft, dass wir dort einziehen könnten, doch er erklärte uns, dass bereits alle Wohnungen vermietet seien. In letzter Minute machte aber einer der voraussichtlichen Mieter einen Rückzieher, warum auch immer. Auf diese Weise hielten wir acht Monate, nachdem ich Zdenek in Paris verkündet hatte, dass wir nach Australien ziehen würden, die Schlüssel zu einer Zweizimmerwohnung in ›Bondi‹ in der Hand.

Es war etwa um diese Zeit, als Zdenek und ich die ›William Street‹ in Richtung ›Kings Cross‹ hinaufgingen; neben uns hielt eine Straßenbahn an, und zwei Menschen taumelten heraus, die ebenso überrascht waren, mich in Sydney anzutreffen, wie ich über ihre Anwesenheit. Rolek Harmelin, der Freund meines Bruders, und dessen Frau Rita waren gerade auf dem Heimweg nach ›Kings Cross‹, nachdem sie Filme ausgeliefert hatten (sie führten zu dieser Zeit ein 24-Stunden-Fotolabor), als Rolek mich entdeckte. Rita weiß heute noch, was ich damals anhatte –

eine rote Sportjacke mit kariertem Futter, die man von beiden Seiten tragen konnte, und dazu ein kleines Tuch. Ich liebte diese Jacke. Ich hatte sie in Paris gekauft und machte stets großen Eindruck damit. An diesem Tag erregte sie Roleks Aufmerksamkeit und sorgte für ein ganz besonderes Wiedersehen. Es stellte sich heraus, dass Rita mit ihrem Vater, der Auschwitz überlebt hatte, gerade erst in Sydney eingetroffen war, um bei Rolek und seinen Eltern zu sein, die ein paar Jahre früher eingewandert waren. Erst vor kurzem hatte ich mit Zdenek über Roleks Vater, Dr. Harmelin – unseren Hausarzt in Borysław –, gesprochen und mir seinen Beistand gewünscht, wenn ich mein Baby zur Welt brachte. Da war er nun, hier – in Sydney. Wie sich herausstellte, büffelte er gerade für seine australische Zulassung als Arzt und praktizierte noch nicht. Doch allein das Gespräch mit ihm brachte mich meiner Mutter näher.

Auch ich wollte so gern Mutter sein. Josephine kam nach langer, schwerer Geburt im November 1950 zur Welt. Als ich die Augen aufschlug und erfuhr, dass ich eine Tochter hatte, erwiderte ich dem Arzt: »Ich weiß.« Zdenek arbeitete viele Stunden am Tag. Aber als ich aus dem Krankenhaus kam, war ich viel zu beschäftigt, um ihn zu Hause zu vermissen. Wir hatten einen Pensionsgast aufgenommen, den ich – wie mein Baby – versorgte, mit Frühstück und Abendessen. Seine Zahlungen deckten unsere Mietkosten ab. Ich war sehr zufrieden mit mir. Ich dachte, ich wäre eine Hilfe. Doch es gab Augenblicke, in denen ich alles andere war, wie zum Beispiel an jenem Tag, als ich sehr viel Geld verlor.

Meine Onkel hatten für mein nicht genutztes Flugticket nach Amerika eine Rückerstattung bekommen und die Summe an mich weitergeleitet. Ich löste ihren Scheck ein und steckte das Geld in meine Handtasche, um es Zdenek zu bringen. Auf dem Heimweg sah ich mit Josie in der *Karitane*-Familienhilfe vorbei. Ich war im Umgang mit meiner Tochter sehr nervös und äußerst dankbar für die Hilfe der Kinderschwestern. Während ich in der Schlange darauf wartete, an die Reihe zu kommen, begann Josie zu schreien. Ich ging nach draußen, wo ich den Kinderwagen hatte stehen lassen, stellte meine Handtasche ab und kramte – mit meinem brüllenden Kind auf dem Arm – nach einer trockenen Windel. Dann ging ich wieder hinein, um sie zu wickeln. Als ich bemerkte, dass ich meine Handtasche draußen neben dem Kinderwagen hatte stehen lassen, waren Tasche und Geld längst gestohlen. Ich war vollkommen außer mir. Die Schwestern versuchten, mich zu beruhigen, und erklärten mir, die Milch würde mir wegbleiben, wenn ich weiter so weinte. Ich war aber nun mal eine Heulsuse. Als Zdenek von der Arbeit nach Hause kam, blieb er gelassen. »Es ist doch bloß Geld«, sagte er. »Mach' Dir keine Sorgen.« Doch genau das tat ich. Wir hatten mit dem Geld gerechnet, und nun sollten wir ohne all das auskommen, was wir davon anschaffen wollten.

Doch lange mussten wir darauf nicht verzichten. Zdenek machte sehr viele Überstunden und brachte oft das Doppelte seines üblichen Lohns heim. Am liebsten wollte er sich allerdings selbständig machen. Die Frage war nur, in welcher Branche? Ich hatte einen Vorschlag, den ich buchstäblich seit Paris bei mir trug. Dort war ich eines Tages auf der Straße stehen geblieben, um einem Mann beim Straßenverkauf zuzusehen. Ich war so fasziniert, dass ich eines seiner Produkte kaufte und es zu Hause Zdenek vorführte. »Wer zum Teufel würde so etwas tragen?«, fragte er verächtlich. Es war eine Krawatte zum Anstecken, damals noch eine absolute Neuheit. Ich packte die Krawatte ein und nahm sie mit nach Australien.

Tatsächlich warf Zdenek nun einen zweiten Blick auf die Krawatte und beschloss, dass die Idee Potenzial hätte. Wie ich bereits erwähnte, war er geschickt mit seinen Händen und obendrein kreativ. Später, sehr viel später nutzte er diese Fähigkeiten, um sich mit Skulpturen zu beschäftigen, doch die Herausforderung bei einer Krawatte zum Anstecken war rein technischer Natur. Er veränderte deren Funktionsweise vollkommen. Die *Lido*-Ansteckkrawatte wurde unsere große Erfindung, wir ließen sie patentieren und verteidigten dieses Patent.

Am Anfang behielt Zdenek seine Stelle in der Hemdenfabrik noch, und wir stellten die Krawatten zu Hause her, ich mit Josie auf dem Schoß. Meine Aufgabe war es, die Materialien zu finden und die fertigen Krawatten zu verkaufen. Die Einkäufer in den Herrenbekleidungsgeschäften wussten mit einer Frau, die Krawatten anbot, nichts anzufangen. Ich erinnere mich gut daran, wie höflich sie meinen Vorstoß ablehnten. Es war Neil Glasser, der damals in der Stadt ein Geschäft mit schottischen Textilien führte, der uns zum Durchbruch verhalf.

(Er wurde als treibende Kraft bei der Wiedererrichtung von Sydneys bedeutendster Sehenswürdigkeit aus der Kolonialzeit, dem Queen-Victoria-Gebäude, bekannt. Er war und ist technikbegeistert. Selbst heute noch, da er längst nicht mehr jung ist, leuchten seine Augen, wenn er von den unglaublichen technischen Entwicklungen spricht, die aus China herüberströmen.) Er war völlig begeistert von unserer Krawatte und bot an, sie landesweit zu vertreiben.

Ich fand ein wunderbares satingleiches Material auf einer Palette dunkler Farben, versehen mit kleinen Punkten, und wir machten unser erstes kleines Vermögen mit der ›Sternenhimmel‹-Krawatte. In Ost-Sydney mieteten wir Fabrikgebäude an. Anfangs waren wir ein kleiner Kreis: Zdenek als Schneider, zwei Maschinisten und eine kleine Mannschaft von Heimarbeitern, alles Einwanderer. Neil Glasser lieh uns etwas Geld für unseren ersten *Holden*, mit dem ich Lieferungen ausfuhr und die fertigen Krawatten abholte. Ich begann, im Büro zu arbeiten. Doch zunächst war ich selbst das Büro. Ich schrieb die Werbung für den Rundfunk: »Steck die Krawatte an und sie will dich zum Mann« und bot Verkaufsveranstaltungen an. Ich sprach mit Journalisten. »Weil sie nicht vor den Spiegel durfte, während sich ihr Mann die Krawatte band, kam die in Polen geborene Hausfrau Z. Wolanski auf die Idee, die zum Verkaufsschlager werden sollte: Krawatten zum Anstecken«, schrieben sie. Diese Geschichte klang besser als die echte. Zdenek verbesserte ständig die Technik der Ansteckkrawatten, und schon 1956 reisten wir in die großen Textilzentren Italiens, um von dort spezielles handgewebtes Material für unsere Krawatten zu importieren. Das Design überließ Zdenek mir.

Auch wenn ich mir die Haare rot gefärbt und mit kühnen Farben an meiner eigenen Garderobe gespielt habe – für den australischen Markt traf ich eine besondere Auswahl an Stoffen. Es war die Ära von Premierminister Sir Robert Gordon Menzies. Die Politik war konservativ; als australischer Mann kleidete man sich dezent. Nur ab und zu lag ich farblich daneben. Ich weiß noch, wie ich einmal eine hübsche Kollektion von grünen Krawatten zusammenstellte. Grün habe ich immer gemocht. Es ist fröhlich, für mich die Farbe der Hoffnung. Doch niemand kaufte meine grünen Krawatten, die ein bisschen Blau in sich trugen. Ich war enttäuscht und stand vor einem Rätsel, bis mich jemand fragte, ob ich denn nicht das alte Sprichwort ›Grün und Blau schmückt die Sau‹ kennen würde? Ich kannte es nicht, und es ergab auch keinen Sinn für mich. Auf jeden Fall blieb ich bei meiner Auswahl, bis sich plötzlich jeder um meine grünen Krawatten riss. Es war der 17. März, ›St. Patrick's Day‹. Den Iren sei Dank. Doch fortan war ich in Sachen Grün vorsichtiger.

Das Geschäft wuchs immer schneller, wurde immer größer. Als im Dezember 1954 unser Sohn Phillip geboren wurde, besaßen wir bereits ein Haus in ›Dover Heights‹, einem östlichen Vorort von Sydney, hatten ein großes Lagerhaus und einen Verkaufsraum am ›Circular Quay‹ gemietet, dem Herzen des Hafenviertels. Außerdem hatten wir eine Geschäftsführerin eingestellt, die beeindruckende Molly Carter, die stets makellos gekleidet war: Sie trug eine weiße Bluse, einen Tweedrock und geschmackvolle flache Schuhe von bester Qualität. Alles, was ich über die Verwaltung eines Betriebes weiß, habe ich von ihr gelernt.

Zdenek bestand darauf, dass ich weiterhin mit ihm zusammen arbeitete. Daheim bei den Kindern zu bleiben oder Kunst und Sprachen zu studieren (was ich gern getan hätte) stand nicht zur Debatte. Ich wiederum hatte mir ausbedungen, dass immer jemand für die Kinder da war. Wir stellten eine Haushälterin ein, die bei uns wohnte, und eine Putzfrau; nach Phillips Geburt engagierte ich sogar eine Kinderfrau.

Ich liebte die Arbeit. Im Geschäft, dachte ich, würde ich nützlicher sein als bei der täglichen Hausarbeit. Doch ich bekam keinen Lohn. Jedenfalls nicht so richtig. Ich musste Zdenek um Geld bitten. Daraus wurde allmählich eine Quelle tiefen Grolls für mich. Es mangelte mir an nichts. Zdenek mochte es, wenn ich gut gekleidet war; ich kaufte Importmode aus Europa. Ich besaß ein eigenes Auto und Kreditkonten in den großen Kaufhäusern. Mit der Familie fuhren wir Ski und Wasserski. Im Hafen lag unser Motorboot für Ausflüge. Unsere Urlaube verbrachten wir im Surfparadies in ›Queensland‹, damals vom Massentourismus noch ziemlich unberührt, und in den ›Blue Mountains‹ westlich von Sydney. Wir hatten oft Gäste, besaßen eine wunderschöne Cocktailbar und eine Musikvitrine, eigens für uns von Paul Kafka entworfen, einem bekannten Möbeldesigner. Kafka hatte vor dem Krieg an der Wiener *Akademie der Künste* Gestaltung studiert. Seine Arbeiten, heute Sammlerstücke, waren aus teurem europäischen Walnussholz gefertigt und mit feinen Intarsien versehen. Quer über unsere Musikvitrine verliefen eine Liedstrophe und verstreute Noten. Über das polierte Furnier der Cocktailbar tanzten Flaschen, Martini- und Whiskygläser. Für das Schlafzimmer hatte Zdenek einige sehr flache Schubladen in Auftrag gegeben, in die er jeweils nur zwei gebügelte Hemden legte. Er war eitel und in bezug auf seine Kleidung überempfindlich.

Unsere Kinder liebten wir beide abgöttisch, aber im Alltag trug ich die Verantwortung für sie. Wenn ich von der Arbeit nach Hause kam, normalerweise gegen 17 Uhr – manchmal auch später, dann bat ich sie, mir eine halbe Stunde für mich allein zu gewähren. Anschließend ging ich in mein Zimmer, zog mich um, duschte, schob die Gedanken und Gefühle des Alltags beiseite und gehörte ihnen, bis sie ins Bett gehen mussten. Ich bemühte mich, sie ebenso aufzuziehen, wie meine Mutter es mit mir und Josek getan hatte. Ich habe es genossen, sie aufwachsen, lernen und sich entwickeln zu sehen. Sie waren sehr anhänglich, und wir sprachen viel miteinander. Ihre Muttersprache war Englisch. Ich habe nie versucht, ihnen Polnisch beizubringen. Wir hatten wechselnde Haushälterinnen aus verschiedenen Nationen, sodass es ohnehin praktischer für sie war, zu Hause englisch zu sprechen. Sie besuchten öffentliche Schulen. Ich habe es weder erwogen, sie auf jüdische Schulen zu schicken, noch habe ich ihnen in ihrer frühen Kindheit von ihrer jüdischen Herkunft erzählt. Damals erschien mir das nicht wichtig. Zdenek war stärker mit der jüdischen Gemeinde verbunden, außerdem war er religiöser als ich. Ich dagegen machte sie mit guter Musik vertraut. Josie lernte Klavierspielen, aber Phillip wollte immer nur Fußball spielen. Zdenek war sportinteressiert und nahm Phillip ins Stadion mit, seit er ein kleiner Junge war. So lernte er seinen besten Freund kennen, David Lowy, dessen Vater Frank Lowy den Immobiliengiganten *Westfield* gründete. Phillip und die Lowys teilen die Leidenschaft für Fußball noch immer, wenn auch heutzutage auf einer viel höheren Ebene – als einer der Vorstände des Dachverbandes der australischen Fußballvereine, der ›Football Federation Australia‹.

Heute ist es nicht unüblich, wenn auch Frauen Karriere machen. Ich habe – wie meine Mutter – gearbeitet, weil ich meinem Mann helfen wollte und weil wir Einwanderer waren. Ich wurde mehr von der Notwendigkeit finanzieller Sicherheit als vom Bedürfnis nach Selbstverwirklichung angetrieben. Wir hatten niemanden außer uns selbst. Daher habe ich von den Menschen, mit denen ich zusammengearbeitet habe, immer viel gelernt und mich über ihre Gesellschaft gefreut. Wir beschäftigten eine bunte Mischung an Leuten. Lediglich dass ich keine Zeit mehr für mich hatte, missfiel mir. Die Wochenenden gehörten der Familie und waren wunderschön – doch Zdenek achtete sorgsam darauf, mit wem ich verkehrte. Ich hatte nicht viele australische Freundinnen. Er hatte Angst davor, sie könnten einen negativen Einfluss auf mich haben.

Ich stand solchem Einfluss offen gegenüber, so wie Zdenek es befürchtet hatte. Germaine Greer ging noch in Melbourne zur Schule, als das Jahrzehnt wechselte, und Betty Friedans Buch *Der Weiblichkeitswahn*, das wie eine Bombe einschlagen sollte, erschien erst 1963. Aber jeder, der mit offenen Augen und Ohren durch die Welt ging, vernahm bereits das nahende Grollen der Frauenbewegung. Ich persönlich habe mich nie den Frauen angeschlossen, die ihre Büstenhalter verbrannten; an so etwas hatte ich kein Interesse. Aber ich hatte begonnen, darüber nachzudenken, was ich mir für mich in meinem Leben wünschte.

Zdenek ahnte nicht im Geringsten, wie wichtig Teresa Schrotter zu dieser Zeit für mich war. Seine Schwester Hela und ihre Freundin Edita hatten uns in Paris Kontakt zu den Schrotters vermittelt, zu Robert und Teresa – oder ›Terci‹, wie wir sie nannten. Sie waren ein tschechisches Paar, erheblich älter als wir, und gut situiert, weil sie Europa bereits vor dem Krieg verlassen hatten. Robert wurde unser Buchhalter und Terci meine Freundin. Sie wohnten in ›Bellevue Hill‹, einem der begehrtesten östlichen Vororte Sydneys, in einem geschmackvoll eingerichteten Haus, das ganz anders als die meisten der Häuser war, die ich sonst zu sehen bekam. Terci liebte Kunst und Theater und kannte sich in beidem gut aus. Sie war höflich und liebenswert und vergötterte meine Kinder. Sie besaß eine eigene Meinung, ein unabhängiges Auftreten und sie ermutigte mich, darüber nachzudenken, was ich mit meinem Leben anfangen wollte. Wenn ich tatsächlich studieren wollte, sagte sie, dann müsste ich mir zu helfen wissen.

Weil wir größere Flächen für unser Gewerbe benötigten, kauften wir ein Gebäude in der ›Kent Street‹, in Sydneys Geschäftszentrum, und richteten einen wunderschönen Verkaufsraum darin ein. *Lido*

*House* war ein großes und erfolgreiches Projekt. Bald erwarben wir mehr Grund in der Nähe von ›Chinatown‹. Aufgrund der erreichten finanziellen Sicherheit wollte ich mich aus dem Geschäft zurückziehen. Meine Interessen hatten sich verändert. Ich fragte mich, wieviel Geld wir eigentlich brauchten, wieviel Geld überhaupt jemand brauchte. Zdenek verstand nicht, wovon ich sprach. Stattdessen wollte er wissen, warum ich mich nicht ebenso um das Geschäft kümmern könne wie um meine Bücher. Ich dagegen machte mir Sorgen über das Ende der Welt. Nevil Shutes Buch *Das letzte Ufer* und Mordecai Roshwalds Buch *Level 7*, beides apokalyptische Science-Fiction-Romane, hatten in meiner Psyche ein mittelschweres Beben ausgelöst.

An Róża und Marek im kommunistischen Polen schrieb ich nicht mehr so regelmäßig, doch niemals vergaß ich, Róża an ihrem Geburtstag anzurufen. Sie arbeiteten hart und zogen ihre Töchter auf, die bereits Jugendliche waren, doch das konnte nicht schlüssig erklären, warum wir einander nicht mehr so viel zu sagen hatten. In einem ihrer Briefe schrieb Róża, dass ich für sie eine Fremde geworden sei, womit sie sich, glaube ich, mehr auf mein Eintauchen in den kapitalistischen Westen bezog als auf meine körperliche Abwesenheit in ihrem Leben. Ich mutmaßte, dass sie mich und mein Leben in Australien für oberflächlich hielt.

Es ist richtig, dass wir in jenen Jahren im Konsum aufgingen und darin, einen guten Lebensstandard für unsere Kinder aufzubauen oder einfach nur Spaß zu haben. Niemand sprach es aus, aber Spaß war etwas, von dem wir dachten, dass wir es nach allem, was wir überlebt hatten, einfach verdienten. Und wie alle Neuaustralier waren wir damit beschäftigt, uns anzupassen. Australiens wachsender Wohlstand in den 1950-er und 1960-er Jahren gab Menschen wie uns in der Tat keinen Grund zur Klage. Schließlich kamen all unsere Freunde in jenen Jahren zu Geld; doch Zdenek und ich waren einfach noch ein bisschen erfolgreicher und schneller als die meisten anderen. In unseren Kreisen galten wir als das ›goldene Paar‹. Ich sage das, ohne in Verlegenheit zu geraten. Er war der erfolgreiche Geschäftsmann und ich seine bezaubernde Gattin. Wir hatten allen Grund, nach vorn- und nicht zurückzublicken.

Ich weiß noch, wie wir auf unserer ersten Fernreise im Jahr 1956 in einem sehr guten Hotel in Honolulu auf Hawaii eincheckten. Sobald es möglich war, hatten wir die australische Staatsbürgerschaft angenommen, und so reisten wir mit australischen Pässen. Die junge Frau an der Rezeption sah auf meinen Pass, dann auf mich und fragte: »Sind Sie Australierin?« Ich erwiderte, dass es so sei. »Sie sehen gar nicht so aus«, sagte sie. Ich erkundigte mich in fließendem Englisch: »Wie sehen Australier denn aus?« Sie antwortete: »Ich weiß es nicht, aber jedenfalls nicht so wie Sie.«

Meine australische Staatsbürgerschaft war eines der wenigen Dinge, die unversehrt blieben, als meine Ehe zu bröckeln begann. Die Staatsbürgerschaft und das Muttersein. Sie waren die Anker in meinem neuen Leben, das ich am anderen Ende der Welt vor mir hatte.

## XX. SCHEIDUNG

Als wir 1950 in Australien ankamen, hatte ich die Ängste um meine Ehe zunächst hintangestellt. Doch sie waren, während wir uns in diesem neuen Land einlebten, keinesfalls eines natürlichen Todes gestorben. Es gibt einen jüdischen Brauch, dass man Probleme im eigenen Haus mit einem Rabbi oder mit sehr guten Freunden bespricht. Wir hatten keinen Rabbi. Als Ende 1963 unsere Eheprobleme nicht länger zu übergehen waren, beschloss Zdenek, dass wir mit Rita reden sollten. Er beklagte sich, dass ich ihm das Leben so schwer machte. Ich benehme und kleide mich nicht so, wie es eine Frau tun sollte (es gab da so ein Paar hoher pinkfarbener Stiefel …). Ich hatte es übertrieben. Ich war zu provokant.

Ich schlug vor, dass wir, wenn er mit meinem Verhalten in Gesellschaft nicht einverstanden war, einfach nicht mehr auszugehen brauchten. Ich persönlich war glücklich damit, abends nach der Arbeit zu Hause zu sitzen, Bücher zu lesen und einfach mal weniger Freunde zu sehen. Doch die Streitigkeiten gingen weiter. Ich weiß noch, wie ich zu ihm sagte: »Sieh' mal, wir gehen überhaupt nicht mehr aus. Ich bin immer bei Dir. Was ist denn jetzt noch?« Er antwortete: »Ich weiß nicht, was Du denkst.« Das gab mir beinahe den Rest. Wollte er jetzt auch noch meine Gedanken kontrollieren?

Jeder Zusammenbruch einer Ehe hat seine eigene tragische Geschichte, und nur wenige davon sind erbaulich zu lesen. Unsere Geschichte nahm in den nächsten zwei Jahren einen unerträglich quälenden und schmerzhaften Verlauf. Im Jahr 1965 gab es nichts mehr, das uns verband. Wir sprachen nicht mehr miteinander, und Zdenek ließ mich stets deutlich spüren, dass er mir nicht mehr vertraute. Auch er bemerkte, dass wir uns voneinander wegentwickelten, und er ging davon aus, dass – wenn er mich vollkommen abhängig von sich machte – ich mich nicht trauen würde, ihn zu verlassen. Er ließ es nicht zu, dass ich mein eigenes Wesen entfaltete. Er wollte nicht, dass ich studierte oder irgendetwas unabhängig von ihm und der Familie unternahm. Ich begriff, dass er Angst hatte, mich zu verlieren, und dass sein Kontrollwahn seine eigene Unsicherheit widerspiegelte. Doch er begriff nicht, wer ich eigentlich war. Ich wollte lernen, alles erkunden, auch mal Risiken eingehen, die Welt kennenlernen. Róża hat mich verstanden. Es machte sie zwar wütend, aber sie erfasste, wie ich gestrickt war. Zdenek dagegen besaß ein Bild davon, was er von einer Frau erwartete; und solange ich damit übereinstimmte, gab es keine Probleme. Doch in dem Moment, als ich von seiner Vorstellung abwich, musste ich dafür irgendwie bestraft werden.

Mitte der 1960-er Jahre verließen Frauen mit Kindern ihre Ehemänner nicht, zumindest wusste niemand davon. Ich war unglücklich, aber wer hatte damals von Frauen gehört, die glaubten, sie hätten ein Anrecht darauf, glücklich zu sein? Wer überlebt hatte, was ich überlebt hatte, spielte nicht freiwillig mit dem Feuer und gab leichtfertig etwas von der emotionalen und materiellen Sicherheit auf, die er sich aufgebaut hatte. Doch ich sah die Dinge anders. Ich hatte den Holocaust überlebt. Trug ich nicht eine größere Verantwortung herauszufinden, was im Leben wirklich wichtig war – nicht um meinetwillen, aber um meiner Kinder willen?

Ich ging weiterhin meiner Arbeit nach, doch auch dort fand ich keine Zuflucht vor meinem Kummer. Es gab niemanden, mit dem ich hätte reden können. Ich hatte Angst davor, verrückt zu werden. Also schrieb ich mir selbst Mitteilungen auf kleine Papierschnipsel, so wie ich es immer getan hatte.

»... Wie fühlt es sich an, wenn man wirklich geliebt wird? Einfach so, wie man ist, für das, was man ist. Vielleicht voller Fehler, starrköpfig und manchmal auch kindisch, möglicherweise, und trotzdem geliebt, trotz allem, vielleicht sogar deswegen. Nicht wegen der Tugenden, die man besitzt, sondern wegen der Fehler. Nicht aufgrund der eigenen Reife und Bedachtsamkeit und des klaren Denkvermögens, sondern aufgrund all der Gefühle, die man hat, und auch aufgrund des schnell aufbrausenden Zorns. Ich weiß es nicht, aber ich möchte so schrecklich gern nur um meiner selbst willen geliebt werden. Ich bin einsam. Jetzt ist es ruhig. Sie schlafen alle. Ich kann nicht schlafen. Tränen laufen mir übers Gesicht, und ich wünschte, ich hätte jemanden, mit dem ich ohne Vorbehalte reden könnte. Warum ist es so, wie es gerade ist? Warum verstehen wir uns nicht? Warum diese widerlichen Streitereien, Worte des Zorns und andauernden Verletzungen, die wir einander zufügen? Ich kann so nicht weitermachen. Ich halte es nicht mehr aus. Ohne Liebe, ohne Freundlichkeit kann ich nicht leben. Warum wird denn ständig so viel von mir erwartet? Ich weiß, dass ich meine Fehler habe, aber ich bin doch keineswegs schlecht. In meinem Herzen ist so viel Liebe. Ich will nicht bitter werden. Ich darf es nicht – nicht zuletzt um meiner Kinder willen.«

Als meine Ehe in die Brüche ging, befand ich mich im freien Fall. Nichts fing mich auf. Ich nahm so sehr ab, dass andere dachten, ich litte an einer tödlichen Krankheit (es stellte sich heraus, dass ich ein Magengeschwür hatte). Ich bekam Depressionen und erhielt ein Antidepressivum, das ich einige Jahre lang einnahm. Im Mai 1965, als es zwischen uns fast bedrohlich wurde, ging ich für drei Monate fort. Meine Freundin Niuta, die ich in Paris kennengelernt hatte, wollte ihren Vater in Polen besuchen und bat mich, sie zu begleiten. Zdenek war einverstanden. Ich war seit Oktober 1948 nicht mehr in Polen gewesen.

Eigentlich bin ich nur mitgefahren, um Róża und Marek zu sehen. Ansonsten gab es niemanden, den ich hätte besuchen können. Aber ich kann mich an kaum mehr etwas auf dieser Reise erinnern. Als ich Sydney verließ, war ich sehr niedergeschlagen. Nur die Erleichterung, fort von Zdenek und seinen Angriffen zu sein, ist mir noch im Gedächtnis haftengeblieben. Erstaunlicherweise erinnere ich mich deutlich daran, nach Krakau gefahren zu sein, um Niutas Vater zu besuchen, einen pensionierten Anwalt und engagierten Kunstsammler, der mich in die frühe italienische Malerei einführte. Doch der größte Teil dieser Reise ist eine Leerstelle für mich. Es war ein Aufschub, keine Rettung.

Als ich zurück nach Hause kam, war dort alles beim Alten, doch dann wurde es schlimmer. Zdenek verbot mir, ins Büro zu gehen. Er sagte, er würde mir nicht mehr vertrauen. Das tat mir mehr weh als alles zuvor. Wir hatten einander immer vertraut. Zu dieser Zeit dachte ich zum ersten und einzigen Mal ernsthaft daran, mich umzubringen. Ich bin im Auto zum Arzt gefahren und befand mich in einem so elenden Zustand, ja Todesqual, dass ich dachte, wenn ich jetzt etwas Bestimmtes tue, dann bin ich tot. Erschrocken über meine Gedanken, fuhr ich an den Straßenrand. Ich wollte einfach nur verschwinden, mit nichts mehr irgendetwas zu tun haben. Ich hielt mich als Ehefrau für gescheitert. Ich gab mir die Schuld an unserer Tragödie. Allein der Wunsch, meinen Kindern eine gute Mutter zu sein, hielt mich am Leben.

Am Ende des Jahres 1965 waren wir endlich getrennt. Eine Scheidung war undenkbar, aber ein Weiterleben mit Zdenek hätte mich umgebracht. Also tat ich, was ich tun musste. Das war damals nicht leicht, weil das Familiengesetz, nach dem Männer und Frauen für das Zerbrechen einer Ehe gleichermaßen verantwortlich sind, erst 1974 verabschiedet wurde. Trotz harter finanzieller Einbußen fürchtete ich mich besonders vor sozialer Abstrafung, die mit meiner Entscheidung verbunden war. Ich ging davon aus, meinen Lebensunterhalt irgendwie bestreiten zu können. Aber ich hatte große Angst davor, allein zu sein. Nachdem Zdenek ausgezogen war, ging unser großer Kreis an Freunden und Bekannten auf Abstand zu mir. Das Telefon läutete nur noch selten. Die wenigen Anrufe, die ich erhielt, kamen von verheirateten Männern und interessierten mich nicht.

Ich blieb mit den Kindern in dem Haus in ›Dover Heights‹. Ich war nicht mittellos, musste aber eine Möglichkeit finden, wie ich selbst etwas verdienen konnte. Ich hatte keinen Beruf. Die geschäftlichen Angelegenheiten hatte stets Zdenek für uns erledigt. Doch ich hatte viel von dem aufgesogen, was ich in der Zusammenarbeit mit ihm mitbekommen hatte. 1966 hatte ich bereits meine eigene Importgesellschaft aufgebaut. Ich war in ein Flugzeug gestiegen und nach Italien gereist, wo ich während des Krawattenhandels Kontakte geschlossen hatte. Dort entdeckte ich teure Damenwäsche, die mir für den australischen Markt geeignet schien, weil es so etwas damals in den Kaufhäusern noch nicht gab. Geschäfte zu machen, fiel mir leicht. Ich mag Menschen, und was bedeutet ein Geschäft anderes, als mit Menschen zusammenzusein? Einige Zeit später entdeckte ich in Hongkong wunderschöne Gummihandschuhe mit Blumen darauf, die ich ebenfalls mitbrachte, um sie zu verkaufen. Ich arbeitete von zu Hause aus, stand allerdings immer noch im Kontakt mit Frau Carter, die mir bei Schreibarbeiten, mit den Rechnungen und anderem half. Ich verdiente keine Reichtümer, kam aber zurecht, bis unsere Scheidung besiegelt war.

Wir wurden in gegenseitigem Einvernehmen geschieden. Das war zu jener Zeit noch äußerst ungewöhnlich; wir hatten jedoch darum gebeten, da niemand sonst beteiligt war. Das Gericht akzeptierte unseren Antrag. Ich verlangte keinerlei Unterhalt. Ich wollte keine ausgehaltene Frau sein. Doch was mir gehörte, wollte ich bekommen. Meiner Meinung nach war ich in all den Jahren, in denen ich mit Zdenek zusammengearbeitet habe, nicht bezahlt worden. Also erhielt ich meinen Lohn, keinen Unterhalt.

Nachdem der anfängliche Kummer und der Schreck sich gelegt hatten, begann ich, meine Freiheit zu genießen. All meine alten Freunde hatte ich verloren, mit Ausnahme von Zdeneks Bruder Henio und meiner Schwägerin Lusia, deren Unterstützung ich niemals vergessen werde. Doch ich blieb nicht lange allein. Es fällt mir leicht, Freunde zu gewinnen. Immer schon bin ich gern mit Männern zusammen gewesen, doch ich wollte damals vor allem Freundschaft von ihnen und keinen neuen Ehemann finden. Im Frühjahr 1966 lernte ich Henry kennen, der ein vollkommener Freund war.

Henry war einige Jahre jünger als ich. Er stammte aus einer Familie von Buchantiquaren und arbeitete im familieneigenen Geschäft. Nach all den Einschüchterungen, die ich über die Jahre hinweg von Zdenek wegen meiner Leidenschaft für Bücher erduldet hatte, war ich mit diesem Büchermann in meinem Element. Es war eine heilsame Beziehung für mich, in jeder Hinsicht. Henry war mir ebenbürtig; er war mein Freund. Er ermutigte mich, zu tun, was auch immer ich tun wollte, und er besaß einen großen Sinn für Humor. Wann immer ich am Boden zerstört war, sagten meine Kinder: »Lasst uns Henry anrufen, Henry soll kommen.« Sie liebten Henry, weil er in der Lage war, ihnen die Mutter zurückzugeben, an die sie sich erinnerten. Mit Henry fing ich wieder an zu lachen.

Als der Kalender auf das Jahr 1967 wechselte und ich anfing, meine Zukunft wieder in hellerem Licht zu sehen, kehrte plötzlich der dunkelste Teil meiner Vergangenheit zurück. Ich erhielt eine Aufforderung des Landgerichts Bremen, datiert auf den 2. Januar 1967, in der ich gebeten wurde, im folgenden Monat nach Deutschland zu kommen, um gegen den früheren SS-Offizier Friedrich Hildebrand auszusagen. Hildebrand, während des Krieges Lagerkommandant von Borysław, wurde beschuldigt, die Hinrichtung meines Bruders, meines Vaters und Mendzio Doerflers im Jahr 1944 befohlen zu haben. Ein paar Monate zuvor hatte ich von der bevorstehenden Gerichtsverhandlung gegen ihn erfahren. Ich glaube, es war Klara Dauerman, eine KZ-Überlebende, die ich über meine Schwägerin Lusia kannte, die mich auf den Fall aufmerksam gemacht hatte. Sie war in all diesen Dingen auf dem Laufenden. Ich nicht.

Ich hatte dem Gericht bereits eine schriftliche Erklärung übergeben, vermutlich mit Klaras Hilfe. Doch in der Aufforderung wurde erklärt, dass das Gericht für die Urteilsfindung nur persönlich vor Gericht vorgebrachte Zeugenaussagen berücksichtigen könnte und dass mein Erscheinen in Bremen »angesichts der Bedeutung des Falls dringend erforderlich« sei.

Der Tonfall und die Gewichtigkeit der Aufforderung erschreckten mich. Ich hatte sowohl Angst vor dem Gerichtsprozess als auch davor, nach Deutschland zu reisen. Mit Zdenek zusammen bin ich dort gewesen, um in der Textilstadt Krefeld Krawattenstoff zu kaufen. Doch wenn ich dort jemanden in meinem Alter oder älter sah, überlegte ich, was er oder sie wohl während des Krieges getan hatte. Der Gedanke, Hildebrand auf der Anklagebank gegenüberzustehen, bereitete mir Angst. Aber ich war mir bewusst, dass ich nach Bremen fahren und dass ich meinen Kindern vor meiner Abreise alles erzählen musste. Bis dahin hatten sie praktisch keinerlei Kenntnis von meiner Vergangenheit.

In den späten 1960-ern war Zehntausenden einstiger Nazis und Kollaborateure wegen ihrer Verbrechen der Prozess gemacht worden. Die bedeutendsten Tribunale hatten unmittelbar nach dem Krieg in Nürnberg stattgefunden, wo 1945 und 1946 das Internationale Militärgericht 24 führenden Nazis den Prozess gemacht und zwölf von ihnen zum Tode durch den Strang verurteilt hatte, darunter Reichsmarschall

Hermann Göring und Hans Frank, ›Generalgouverneur für das besetzte Polen‹. Andere bekamen lebenslängliche oder sehr lange Haftstrafen, drei wurden freigesprochen. Die alliierten Besatzungsmächte fuhren fort, Nazis den Prozess zu machen, und hatten bis 1949 mehr als 5.000 Kriegsverbrecher verurteilt. In den folgenden Jahren spürte der ›Nazijäger‹ Simon Wiesenthal mehr als tausend Täter auf; der Bekannteste war Adolf Eichmann, Leiter der ›Abteilung für Judenangelegenheiten‹ im Reichssicherheithauptamt und damit Organisator des Massenmords. Er wurde 1961 in Jerusalem vor Gericht gestellt und 1962 gehenkt. Doch noch immer waren viele Verbrecher nicht vor Gericht gebracht oder bestraft worden. Sie waren in ihr normales Leben in der deutschen Gesellschaft zurückgekehrt. So auch Friedrich Hildebrand, der – 1953 zwar zu acht Jahren Zuchthaus verurteilt – sich aber bald wieder auf freiem Fuß befunden hatte. Ich wollte seine Bestrafung.

Jahrelang habe ich viel über das Thema Rache nachgedacht. Ich wollte nicht, dass alle Deutschen bestraft würden, doch ich wollte, dass die Schuldigen ihre Strafe erhielten. Seit mehr als zwei Jahrzehnten waren mein Vater und mein Bruder tot, und ihr Mörder hatte nicht bloß überlebt, sondern es war ihm gestattet worden, sein Leben wieder aufzubauen. Ich war es meinen Verwandten schuldig, dass ich nach Bremen fuhr.

## XXI. DER PROZESS GEGEN HILDEBRAND

Bremen ist eine lebendige Hafenstadt, etwa sechzig Kilometer landeinwärts der Nordsee gelegen, im Nordwesten Deutschlands. Die Stadt ist voller Galerien, Museen, Opern und Konzerthallen. Beethovens *Erste Symphonie* erlebte ihre Uraufführung 1802 in Bremen. Zu anderen Zeiten hätte ich gewiss länger auf dem historischen Marktplatz verweilt, der mit seinen reich geschmückten Renaissance- und Barockfassaden als einer der schönsten in ganz Europa gilt. Doch ich war aus einem einzigen Grund in Bremen und nahm deshalb meine Umgebung überhaupt nicht wahr. Ich hatte kein Interesse daran, was die Deutschen mir von ihrer hanseatischen Vergangenheit zu zeigen hatten.

Man hatte mich in einem bescheidenen Hotel an der Weser untergebracht (das Gericht kam für die Kosten meiner Reise sowie für alle damit verbundenen Ausgaben auf, einschließlich eines möglichen Verdienstausfalls). Beim Frühstück begann ich ein Gespräch mit einer jungen, Polnisch sprechenden Frau, die mir mitteilte, sie sei eine Zeugin im Fall Hildebrand. »Kennen Sie die Habermans?«, fragte ich sie. »Ja, die kenne ich«, gab sie zur Antwort, »ich kenne auch Binka sehr gut.« Ich konnte mich jedoch überhaupt nicht an sie erinnern. »Tatsächlich?«, fragte ich. »Aber ja«, gab sie zurück. Ich fragte sie nach ihrem Namen, der mir heute entfallen ist und der mir auch damals nichts sagte. »Wer sind Sie denn?«, fragte sie. »Ich bin Binka«, gab ich zurück.

An ihre Reaktion kann ich mich nicht mehr erinnern, doch ich war ziemlich niedergeschlagen. Diese junge Frau behauptete, mich zu kennen, ohne dass ich sie kannte. Ich fragte mich, wie viele weitere Menschen auf Kosten der Deutschen nach Bremen kamen, um ihre Zeugenaussagen zu machen und wie zuverlässig sie wären (mehr als 200 Personen aus Nord- und Südamerika, aus Israel, Neuseeland und Australien, aus Polen und Frankreich waren eingetroffen). Meiner Meinung nach war es von großer Bedeutung, dass ihre Aussagen wahrhaftig waren, um sicherzustellen, dass der Prozess gegen Hildebrand nicht scheiterte.

Das Bremer ›Gerichtshaus‹ ist ein schmutziges Backsteingebäude im Stil der Neorenaissance aus dem 19. Jahrhundert, seine Fassade mit Anspielungen auf christliche Sinnbilder und mit Symbolen der Justiz reich verziert. Das bemerkte ich bei späteren Besuchen, die mich zu meiner lieben Freundin Renate Reinke führten, die ich während des Prozesses kennenlernte. Wäre ich niemals mehr zurückgekehrt, so hätte ich das Gerichtsgebäude niemals beschreiben können. Es war eine Marter, die meine Sinne erneut vollkommen lähmte.

In meiner Erinnerung währte meine Befragung einen halben Tag, doch Renate versicherte mir, dass sie höchstens dreißig Minuten dauerte. Wahrscheinlich habe ich einen halben Tag lang im Gerichtsgebäude gewartet. Ihre Erinnerung war gewiss genauer als meine. Sie saß über die gesamten elf Monate der Prozessdauer im Gerichtssaal und versuchte, all das zusammenzufügen, was sich in unserer seltsamen kleinen Ecke Europas ereignet hatte. In ihrem anschließenden Buch *Antworte, Mensch!* beschreibt sie mein Erscheinen folgendermaßen:

»Und wieder begann ein neuer Verhandlungstag. Von den sechs geladenen Zeugen war nur eine erschienen: die Tochter bzw. Schwester der beiden Ermordeten Haberman Vater und Sohn.

Während das Gericht auf die Dolmetscherin wartete, wurden die Zeugenakten der nicht erschienenen Zeugen behandelt, und während dieser Zeit saß die einzige Zeugin dieses Tages schräg vor mir auf der Zeugenbank. Hinter mir der Zuschauerraum war gefüllt mit drei Schulklassen, die den Raum noch mit Unruhe erfüllten.

Sehr sicher, sehr selbstbewusst, sehr geschmackvoll gekleidet, das war mein erster Eindruck von der Zeugin. Doch als ich sie aus der Nähe sah und sie während dieser Wartezeit beobachtete, da übertrug sich ihre innere Spannung auf mich. Ich sah, wie sie die schmalen Hände verkrampft im Schoß hielt, so daß die Knöchel weiß und spitz hervortraten ... Doch das Gesicht blieb beherrscht und unbewegt. Was mochte in ihr vorgehen, als sie die Namen aus den Akten hörte, Namen von Leidensgefährten aus der schwersten Zeit ihres Lebens? ›Aus Krankheitsgründen nicht erschienen‹, so hieß es in den meisten Fällen. Welch ein Gegensatz zwischen den Schülern, die unruhig auf den Beginn der Zeugenaussage warteten, die nicht ahnten, daß hier die Schwester und Tochter der ermordeten Habermans saß, und dieser Zeugin. Ihre großen dunklen Augen waren voll gesammelter Aufmerksamkeit abwechselnd auf den Richter und dann wieder auf ihre Hände gerichtet. Sonst schien nichts für sie zu existieren.

Endlich wurde sie in den Zeugenstand gerufen: Es war die jüngste Zeugin des Prozesses, erst 36 Jahre alt, Direktrice einer Importgesellschaft für Damenbekleidung in Sydney. Ruhig, sachlich und klar ihre Aussage: ›Ich will versuchen auszusagen, soweit ich mich erinnere. Ich wollte doch vergessen ...‹«

Der 65-jährige Mann, der vor mir auf der Anklagebank saß, sah so gewöhnlich aus und in seiner Zivilkleidung so klein. Noch heute erinnere ich mich an die übermächtige Angst und Beklemmung, die mich damals im Lager stets ergriff, sobald der ›Obersturmführer der Allgemeinen SS‹ Friedrich Hildebrand in seiner makellos gebügelten Uniform und seinen hohen, glänzenden Stiefeln erschien, in der einen Hand eine Reitpeitsche schwingend und in der anderen eine Pistole haltend. Auf seinen Befehl wurden jüdische Mädchen ihren Müttern entrissen und jüdische Jungen auf der Stelle erschossen. Hier, im Gerichtssaal, war der frühere SS-Mann seiner furchteinflößenden Autorität entledigt. Doch ich erkannte ihn. Keinen Moment zweifelte ich.

Während ich meine Zeugenaussage machte und auch während des Kreuzverhörs, hielt Hildebrand den Blick zum Boden gesenkt – außer in einem einzigen Augenblick. Sein Verteidiger besaß eine Kopie des Fotos, auf dem ich mit Josek, Imek, Ducek und Rolek in dem Zimmer im Ghetto zu sehen bin, als wir im Januar 1943 Joseks Geburtstag feierten. »Nun«, sagte der Anwalt zu mir, »Sie sehen hier alle sehr gut aus, sehr sauber.« Ich wusste, worauf er hinauswollte. Hier war eine Gruppe gepflegter Jugendlicher mit frischen Gesichtern zu sehen. Das Leben im Ghetto konnte daher so schlimm gar nicht gewesen sein. »Nicht alle Juden sind dreckig, wissen Sie!«, antwortete ich ihm geradeheraus. In meinem Kopf hallte die typische deutsche Redewendung vom ›dreckigen Juden‹ wider. Hildebrand hob den Blick und sah mich direkt an. Ich erwiderte den Blick. Ich konnte ihn nicht einmal mehr hassen. Ich hatte keinerlei Gefühle ihm gegenüber. Dennoch bemühte ich mich die meiste Zeit, nicht daran zu denken, dass er da war, direkt vor mir.

Ich glaube, dass ich eine gute Zeugin war, eine um die Wahrheit bemühte Zeugin. Ich berichtete, dass ich bei der Erschießung nicht anwesend war. Erst als ich versucht hatte, ins Lager zu kommen, erfuhr ich von anderen Menschen, dass mein Vater und mein Bruder erschossen worden waren. Die Leichen habe ich nicht gesehen. Nur ihre Überreste habe ich zu Gesicht bekommen, als ich sie im August 1945 aus dem Lager auf den jüdischen Friedhof umbettete.

Ich mag wohl unabhängig und selbstbewusst gewirkt haben, doch tatsächlich ging es mir scheußlich. Vor meiner Abreise nach Deutschland hatte ich all mein Valium, das ich wegen der Probleme mit Zdenek jahrelang einnahm, vernichtet. Ich wollte einen klaren Verstand haben. Doch mein Schwachpunkt ist der Magen. Ich hatte geglaubt, dass die Geschwüre kleiner geworden seien, doch in Bremen befand sich mein Magen in Aufruhr. Nachdem ich meine Aussage gemacht hatte, kam eine Frau auf mich zu. Sie sah so aus, wie zu jener Zeit deutsche Frauen aus der Provinz aussahen, konservativ, unauffällig. Ich schenkte ihr wenig Beachtung. Ich war tief in meinem Schmerz versunken. Vermutlich, so dachte ich, ist sie Journalistin, darum erklärte ich ihr, ich wolle mit ihr nicht sprechen. Sie erklärte, dass sie mir helfen wolle, dass sie auch im Gerichtssaal gewesen sei, dass sie mich beobachtet und den Eindruck hätte, dass ich stark litt. Sie bot an, mich zu einer Apotheke zu bringen. So lernte ich die resolute und bemerkenswerte Renate Reinke kennen.

Ich fuhr mit ihr zu einer Apotheke. Anschließend fragte sie mich, was ich jetzt vorhätte. Ich sagte, ich würde zurück ins Hotel gehen, und sie fragte mich, ob ich nicht mit zu ihr nach Hause kommen wolle. »Ich will Ihnen keine Fragen stellen«, erklärte sie, »Sie müssen auch gar nicht reden. Sie dürfen sich hinsetzen, eine Tasse Tee trinken und sich ausruhen. Sie müssen auch nicht zum Abendessen bleiben.«

Das war der Beginn meiner Heilung. Bis dahin hatten mich meine Angst und mein Misstrauen gegenüber allen Deutschen gelähmt. Renate, die Tochter eines SS-Mannes, war dafür verantwortlich, dass ich mich wieder öffnen konnte.

An jedem einzelnen Tag des Hildebrand-Prozesses war Renate anwesend, um den »Berichten voll Todesqualen und Leid, Elend und Hass, elf Monate voll beschämender, bedrückender Beschwörung der Vergangenheit«, wie sie schrieb, zuzuhören. Dieses Erlebnis hat sie beinahe aufgerieben, doch genau wie ich hatte sie das dringende Bedürfnis, anwesend zu sein. Sie hatte noch eine Rechnung mit ihrem Vater offen und grub nach der Geschichte in jenem Teil der Welt, in dem ich aufgewachsen war.

Ihr Vater, SS-Oberst Werner Hilliges, war während des Krieges Gestapochef im österreichischen Innsbruck gewesen. 1948 wurde er wegen ›Verbrechen gegen die Menschlichkeit‹ und Mordes zu ›lebenslänglichem Gefängnis mit Zwangsarbeit‹ verurteilt, 1955 allerdings bereits im Rahmen einer Gefangenenaustauschvereinbarung entlassen. Sechs Monate später beging er Selbstmord. Niemals jedoch gestand er sich ein, dass das Naziregime, dem er gedient hatte, Unrecht begangen hatte. Ganz im Gegenteil. Bis zu seinem Tod blieb er seinem ›Märtyrertum‹ und der Ideologie aufrichtig treu.

Renate hatte ihren Vater geliebt und bis zu seinem Tod von sich selbst angenommen, dass sie ihm nahestand. Doch als sie und der Rest der Welt im Laufe der Jahre immer mehr über das Ausmaß der Verbrechen erfuhren, wurde ihr toter Vater für sie von Tag zu Tag mehr zu einem Fremden. Besonders interessierte sie, dass sein Wehrpass für das Jahr 1943 eine Lücke von mehr als sieben Monaten aufwies. Sie erinnerte sich sehr schwach daran, dass er in jenem Jahr von Mai bis November in der Ukraine gewesen und nach seiner Rückkehr in Innsbruck krank geworden war, vor allem aber dass er sich äußerst seltsam benommen hatte. Später erfuhr sie, dass er zu dieser Zeit einen Brief an die Gestapo geschrieben und darin um seine Entlassung gebeten hatte. Doch seine Frau, Renates Mutter, fing den Brief auf dem Weg zum Briefkasten ab. Sie glaubte, dass, wenn das Fieber ihres Mannes nachgelassen hätte, er diesen Brief bereuen würde. So blieb Hilliges bis zum Ende des Krieges bei der Gestapo und der Aufenthalt in der Ukraine 1943 in seinem Wehrpass unerwähnt. Es wurde behauptet, er sei während dieser sieben Monate auf Genesungsurlaub gewesen.

Erst lange nach dem Tod ihres Vaters begann Renate darüber nachzudenken, was er in der Ukraine gesehen oder an was er teilgenommen haben könnte, das ihn zu seinem Schritt bewogen hatte. Ihr Alltag war von einer tiefgehenden Traurigkeit durchdrungen, die sie nur schwer verbergen konnte, selbst auf der Arbeit. Als sie hörte, dass in ihrer Heimatstadt Bremen einem SS-Offizier wegen Kriegsverbrechen im früheren Ostpolen – seit 1945 Teil der Sowjetukraine – der Prozess gemacht werden sollte, kündigte sie ihre Stelle als Sekretärin und schloss sich einer deutsch-jüdischen Gesellschaft an, die damit beauftragt wurde, sich um die Zeugen im Prozess gegen Hildebrand zu kümmern. Sie nahm ihre Aufgabe sehr ernst, ging beherzt auf jüdische Zeugen – mich eingeschlossen – zu und bot ihnen höflich ihre Unterstützung an. Warum? Sie sah unseren Schmerz und verstand ihn. Denn auch sie verspürte Schmerz.

Ich ging mit zu ihr nach Hause und wir tranken Tee. Ich war ihr sehr dankbar für die Sicherheit, die sie mir anbot, für den Frieden und die Ruhe. Dabei lernte ich auch ihren Ehemann Rudi kennen, den ich sehr mochte. Schon allein diese Tatsache war von großer Bedeutung. Er war Deutscher und ein Mann, doch irgendwie fühlte ich mich trotzdem wohl bei ihm. Weder an jenem Tag noch später habe ich ihn über seine Kriegserlebnisse ausgefragt. Selbst heute weiß ich nicht, was Rudi oder seine Eltern während des Krieges alles getan hatten. Es gab etwas in seinem Verhalten und Benehmen, das mich mit Vertrauen erfüllte, sodass ich kein Bedürfnis zu fragen hatte.

Ich nehme an, dass Renate und ich uns am nächsten Tag abermals gesehen haben, bevor ich abreiste. Ich kann mich daran erinnern, wie wir am Flussufer entlangspazierten, im Regen. Schon als Kind habe ich Regen geliebt und wollte immer, wenn es regnete, nach draußen gehen. Ich weiß noch, dass meine Mutter mir dann immer die Gummistiefel, den Regenmantel und einen Hut brachte und zum Dienstmädchen sagte: »Lass sie nur laufen!« Dann bin ich rausgerannt, vielleicht für eine halbe Stunde. Wenn ich wieder heimkam und das Dienstmädchen mich trockenrieb, war ich sehr glücklich. Als ich älter war, bemerkte ich, dass ich im Regen einfach viel besser nachdenken konnte. Er gibt mir eine Art seelischer Befreiung. Ich liebe nun mal Wasser.

Wahrscheinlich während unseres zweiten Gesprächs sprachen wir über meine Kinder. Renate erinnerte sich später daran, wie ich ihr erklärte, dass meine Kinder meine Welt seien. Sie sagte, dass sie diese Verbundenheit sehr stark spüren könne und dass die Kinder wohl mein Rettungsanker im Leben seien. Genau das sind sie. Doch auch Renate, die mein Jahrgang war, wurde unter völlig anderen Umständen zu einem Rettungsanker, indem sie mich davon überzeugte, dass jeder von uns selbst dafür verantwortlich ist, wie er mit dem Bösen in der Welt umgeht.

Renate hat sich mit großer Anstrengung bemüht, die Schuld ihres Vaters zu ›sühnen‹. Andere haben das vermutlich nicht getan. Doch ich habe mich immer wieder gefragt, ob sie für das Tun ihres Vaters überhaupt verantwortlich sein kann? Sie erklärte mir, dass sie sich immer noch schuldig fühle, als junges Mädchen blind und taub gewesen zu sein. Sie zuckte bei der Erinnerung zusammen, wie sie sich nach einem Propagandafilm der ›Hitlerjugend‹, den ihr Vater mitgebracht hatte, geschworen hatte, niemals mehr ein Wort mit Juden zu sprechen. Sie hatte eine jüdische Schulfreundin in Berlin, mit der sie immer auf der Straße zusammen gespielt hatte. Von einem Tag auf den anderen hörte sie auf, mit dem Mädchen zu sprechen. »Ich weiß nicht mehr, wovon der Film eigentlich handelte, doch an meine Reaktion kann ich mich erinnern«, erzählte sie mir, »und dafür fühle ich mich schuldig.« Aber Renate war für die Taten anderer nicht verantwortlich – auch nicht für den Tod meiner Eltern und meines Bruders.

Nach dem Prozessende hielt Renate Kontakt zu jedem Zeugen, der bereit war, ihre Freundschaft zu akzeptieren. Sie schrieb ihr Buch und ließ auf eigene Kosten tausend Exemplare davon drucken. Die deutsch-jüdische Gesellschaft, der sie angehörte, kaufte 200 Stück und schickte jedem Zeugen eines. Ich habe mich erfolglos bemüht, das Buch ins Englische übersetzen zu lassen. Vielleicht war es seiner Zeit einfach voraus.

Beinahe vier Jahrzehnte standen wir in Briefkontakt und führten unsere Korrespondenz bis zu ihrem Tode im Herbst 2009 fort. Sie war immer sehr glücklich, mich zu sehen. Sie klebte sogar die Fotos meiner Kinder und Enkel in ihre Fotoalben. Ich war eine ebenso enge Freundin wie alle anderen um sie, besonders seit ihr geliebter Rudi gestorben war. Sie sagte, wir seien aus demselben Holz geschnitzt. Bis zuletzt war ihr Lächeln rasch und warm, und wenn auch die langen Finger ihrer schönen Hände, die Rudi so gern mit Ringen schmückte, inzwischen vor Arthritis knotig geworden waren und ihr einst athletischer Körper sich schmerzhaft krümmte, wodurch ihr die einfachsten körperlichen Aufgaben nahezu unmöglich wurden, so beklagte sie sich trotzdem nie. Mit achtzig Jahren war Renate noch immer eine außergewöhnlich mitfühlende und leidenschaftliche Frau.

Hildebrand wurde wegen Mordes verurteilt. 16 Augenzeugen bestätigten, dass er derjenige gewesen war, der den Befehl zur Erschießung meines Bruders, meines Vaters und Mendzios erteilt hatte, die daraufhin vor den Augen der Lagerhäftlinge während des Zählappells von drei Wachen hingerichtet wurden. Er erhielt eine lebenslange Gefängnisstrafe. Erst kürzlich habe ich auf Nachfrage von Renate erfahren, dass er in ein Hochsicherheitsgefängnis in Hamburg verbracht wurde. Ein weggesperrter Nazimörder mehr, doch so viele Millionen mussten durch sie sterben. Dieser Gedanke nagt fortwährend an mir. Wir können nicht eine ganze Nation verurteilen, doch Kriegsverbrecher müssen verfolgt und bestraft werden – selbst heute noch, da sie alt sind.

Es war mir ein Bedürfnis zu sehen, dass Hildebrand für seine Verbrechen zur Verantwortung gezogen wurde. Aber nach meiner Zeugenaussage und der Rückkehr nach Australien versuchte ich, ihn aus meinem Gedächtnis zu tilgen. Das war notwendig. Denn ich musste und ich wollte weiter leben.

## XXII. ADRIAN

Ich trage das Sternzeichen ›Zwilling‹ an einer Goldkette um meinen Hals. Ich bin, wenn man an diese Dinge glaubt, ein typischer Zwillingscharakter. Immer muss ich mehrere Dinge gleichzeitig tun, und was ich tue, muss mich herausfordern. Ich bin zuversichtlich, dass ich lernen kann, und ich arbeite hart. Warum also sollte ich keinen Erfolg haben?

Nach meiner Trennung von Zdenek musste ich mich neu erfinden. Ich hatte die letzten 17 Jahre damit verbracht, mich wegen seiner größeren wirtschaftlichen Erfahrung zurückzunehmen. Nun musste ich lernen, meinem eigenen Urteil zu trauen, wenn ich allein nicht nur überleben, sondern auch Erfolg haben wollte. Mit dem Geld, das mir nach der Scheidung zustand, begann ich, in Immobilien zu investieren. Um mir ein Einkommen zu sichern, kaufte ich einen Wohnblock in einem westlichen Vorort von Sydney. Etwa zur selben Zeit absolvierte ich einen kurzen Kursus für Innenausstattung. Gestaltung habe ich immer gemocht und glaubte, auf diesem Gebiet ganz gut zu sein. Ich erhielt zwar keine formale Qualifikation wie meine Freundin, die Innenarchitektin Babette Hayes. Da es aber keine offizielle Regelung in Australien gibt, kann man in diesem Bereich auch ohne Papiere arbeiten.

Kurz nachdem ich die Wohnungen gekauft hatte, schlug mir mein Makler vor, dass wir gemeinsam in ähnliche Projekte investieren sollten. Paul war Russe, ein gutes Stück älter als ich, verheiratet und hatte Kinder. Ich beschloss, ihm zu vertrauen. »Großartiger Gedanke«, antwortete ich ihm. Meine Idee war, Altbauten zu kaufen und zu renovieren. Allerdings waren meine finanziellen Mittel aufgebraucht, und ich teilte ihm mit, dass ich mich um einen Kredit kümmern wollte.

Sidney, der Anwalt, der mich während des Scheidungsprozesses betreut hatte, half mir dabei und vereinbarte einen Termin mit dem Bankdirektor. Unser Gespräch begann mit der Frage nach dem Namen meines Ehemanns. »Ich habe keinen Ehemann«, gab ich zur Antwort. »Wozu benötigen Sie den Namen meines Ehemanns? Dieser Kredit ist für mich.« Er sah mich verwundert an und entgegnete: »Diese Bank pflegt keine Kredite an alleinstehende Frauen zu vergeben.« »Was heißt hier alleinstehende Frau?«, erwiderte ich. »Ich lebe in Scheidung. Mir scheint, es ist allerhöchste Zeit, dass Sie Ihre Grundsätze ändern.« Im Australien der 1960-er Jahre wurden Frauen routinemäßig gebeten,

Kreditanträge von ihren Ehemännern oder einem männlichen Bürgen unterzeichnen zu lassen, selbst wenn sie die einzigen Verdiener waren. Ich bin mir nicht sicher, ob ich das damals wusste. Ich handele, wie ich es für sinnvoll erachte, und will andere Menschen dafür gewinnen, mitzuziehen.

Der Bankdirektor und ich setzten also unser Gespräch fort. »Haben Sie Kinder?«, fragte er. »Ja«, antwortete ich, »zwei«. Er wollte wissen, wer sich um sie kümmerte, und ich erklärte ihm, dass ich das täte. »Und was ist mit Ihnen?«, fuhr ich fort. »Haben Sie Kinder?« Er antwortete: »Sieben.« Belustigt fragte ich: »Was ist los mit Ihnen? Sind Sie katholisch oder wissen Sie nicht, was Empfängnisverhütung ist?« Er wirkte höchst erstaunt und gab zurück: »Reden Sie immer so daher?« »Was meinen Sie mit ›so‹?« Ich konnte an unserer Unterhaltung nichts Außergewöhnliches bemerken.

Ich erhielt den Kredit, auf meinen eigenen Namen. Paul und ich vereinbarten eine gleichberechtigte Teilhaberschaft. Als einzige Regel galt, dass für jeden Kauf beide Unterschriften auf dem Scheck notwendig waren.

Unser Geschäft blühte. Wir kauften Immobilien auf und renovierten sie, um sie dann weiterzuverkaufen; manchmal bauten wir auch selbst. Wir waren kein besonders großes Unternehmen, aber unser Geschäft war sehr einträglich. Mir gefiel das. Ich liebte meine Unabhängigkeit. Und ich mochte die Art, wie wir arbeiteten. Zu einer Zeit, als die meisten Bauunternehmer lediglich Baumeister waren und die Bedeutung von Gestaltung überhaupt nicht erkannten, war ich mir dessen bereits bewusst. Wir beschäftigten keine Architekten, aber wir berieten sie. Was wir bauten, war besser als der Durchschnitt und hatte einen sehr guten Preis.

Zu Beginn des Jahres 1968 erfüllte ich mir einen lang gehegten Traum: Ich schrieb mich an der Universität von Sydney für ein Studium der Bildenden Künste ein. Ich führte das Immobiliengeschäft gemeinsam mit Paul und arbeitete außerdem ein bisschen als Innenausstatterin. (Sidney, der Anwalt, hatte mich einigen seiner griechischen Klienten vorgestellt, die meinen Vorschlag, in den Wohnungen, die sie bauten, nach einem anderen Farbschema vorzugehen, nach anfänglicher Skepsis annahmen. Zu ihrer Überraschung verkauften sich diese dann so gut, dass ich von anderen griechischen Bauunternehmern weitere Aufträge erhielt.) Ich ging mit Henry aus; er war Balsam für mein Herz und baute meine Seele auf. Henry blieb niemals über Nacht. Er besaß eine Wohnung im Stadtzentrum – in der Nähe des Buchgeschäfts in der ›King Street‹. Manchmal blieb ich dort, wobei ich stets darauf achtete, wegen der Kinder am Morgen wieder zu Hause zu sein. Das gehörte sich einfach. Doch 1968, im Jahr grundsätzlicher sozialer Veränderungen – wenn es sie denn je gab –, war es wohl unvermeidlich, dass ich Adrian van der Linden kennenlernte oder jemanden wie ihn. Wenngleich ich damals glaubte, dass es einen Menschen wie Adrian nur einmal geben konnte.

Wir haben uns auf einer Party kennengelernt. Ich war allein dort, und ein gutaussehender Mann kam auf mich zu. Ich bin nicht sonderlich gut beim Smalltalk, doch von der Unterhaltung mit diesem Mann war ich so gefesselt, dass ich erst spät bemerkte, wie lange wir miteinander gesprochen hatten, und dass ich vielleicht weitergehen sollte. Später brachte ich in Erfahrung, dass er verheiratet war. Aber es gab Gerüchte, dass diese Ehe sehr stürmisch sei.

Beim nächsten Mal trafen wir uns auf einem Empfang, den ein Maler im Anschluss an die Vernissage seiner Ausstellung gab. Adrian kannte viele Maler und Schriftsteller. Er arrangierte, dass wir im Restaurant nebeneinandersaßen, und wieder redeten wir ohne Ende. Als er mich ein paar Tage später anrief, um sich mit mir zu verabreden, erklärte ich ihm, dass ich mit verheirateten Männern nicht ausginge.

Adrian verfolgte mich. Ich blieb standhaft, bis er mir irgendwann mitteilte, dass er sich von seiner Frau getrennt hatte. Erst dann ließ ich ihn in mein Haus – ausschließlich, um ihm mitzuteilen, dass ich einen festen Freund hätte. »Du hast mir nie von ihm erzählt«, sagte er. »Warum sollte ich?«, erwiderte ich. »Es geht Dich doch nichts an.« Aber ich fühlte mich dennoch sehr stark zu ihm hingezogen. Ich erzählte Henry, dass ich jemanden kennengelernt hätte, den ich sehr gern mochte, und Henry antwortete: »Nun, die Leute kommen und gehen.« Adrian rief mich weiterhin an. Er erklärte mir, dass er und seine Frau die Scheidung beantragt hätten, also gingen wir miteinander aus, und ich verliebte mich. Wieder einmal.

Adrian war wie ein Orkan. Seine sexuelle Energie überwältigte mich. Für mich, die ich für meine Unabhängigkeit einen so hohen Preis gezahlt hatte, war es gefährlich, auf jemanden wie Adrian zu treffen. Ich wusste nicht, wie ich mit diesen Wirbelstürmen umgehen sollte. Unsere Liebe war gefährdet, gleich von Anfang an. Ich glaubte nicht, dass sie lange andauern würde.

Als ich Henry mitteilte, dass ich mich in Adrian verliebt hatte, erklärte er, er wolle es mir leicht machen. Er würde auf mich warten. Er glaubte ebenfalls nicht, dass es lange halten würde. So begann es.

Adrian war neun Jahre jünger als ich. Nach Zdenek waren alle meine festen Freunde jünger gewesen als ich. Er war 1958 von Rotterdam nach Australien gekommen, um als Klatschreporter wöchentlich für das *Rotterdams Nieuwsblad* über die Erfahrungen von Einwandern zu berichten. Der Vertrag wurde gekündigt – nach seinen Worten »infolge unzureichend berichtenswerter Dinge in den Beiträgen«. Von 1959 bis 1966 lebte und arbeitete er in Brisbane, wo er den Portraitmaler Andrew Sibley kennenlernte, der ein Freund geblieben ist. In dieser Zeit malte auch Adrian. Er wäre ein guter Maler geworden, wenn er dabei geblieben wäre. Er besaß ein großes Talent, aber er war ein ungeduldiger Mann, der den schnellen Erfolg brauchte. Er war gut darin, etwas anzufangen, aber nicht darin, es auch zu beenden. Adrian war schnelllebig. Er war ein Playboy. In Adrians Dunstkreis zu sein, war äußerst anregend. Es war ein Rausch. Er brauchte diesen Rausch, und ich, die es schätzte, die Kontrolle über sich selbst und die Umstände zu haben, erlaubte mir, mich von seinem Lebenshunger mitreißen zu lassen. Mit Adrian war alles möglich, und ich ließ mich von seinem Glauben an sich selbst und an seine Fähigkeit, sich die Welt so zurechtzuphantasieren, wie er sie haben wollte, verführen.

Außerdem war Adrian der erste Mensch, der alles über mich wissen wollte – über den Krieg, über mein Überleben, über meine Eltern. Wir lagen in seinem Haus in ›Paddington‹ im Bett und redeten stundenlang. Es war wie eine Reinigung von all dem Schrecken. Ich wurde, wie viele andere Überlebende, von wiederkehrenden Albträumen heimgesucht. Manchmal, wenn ich bei ihm übernachtete, schrie ich im Schlaf auf. Er weckte mich und bat: »Erzähl es mir, jetzt, sofort. Was war?« Nachdem ich mich ihm geöffnet hatte, verschwanden meine Träume allmählich. Stattdessen hatte er eine Zeitlang Albträume. Ich besitze einen Brief, den er mir in jenen ersten Jahren geschrieben hat:

»Liebe Sabina, ich will all die Verletzungen und Schmerzen wiedergutmachen, die die Menschheit und das Leben selbst Dir angetan haben. Ich werde Dir nur noch Gutes tun – zum Ausgleich für all die Schmerzen, die Du erlitten hast. Jetzt bist Du in Sicherheit, mein Liebling. Niemals mehr sollst Du Dich fürchten müssen. Die Dunkelheit ist vorüber. Nun stehst Du im Licht.«

Ich war 41, als ich Adrian kennenlernte, und fing gerade an, mein Schicksal in die eigene Hand zu nehmen. Durch ihn entdeckte ich, wie sehr ich Sex mochte. Und ich entwickelte ein starkes soziales Bewusstsein. Die späten 1960-er waren die Jahre der Antikriegsbewegung, die Zeit von ›Contergan‹, die Zeit des Eintretens für die Rechte von Tieren, der Frauen-, der Bürger- und der Menschenrechtsbewegung. Adrian hatte zu allem eine Meinung. Ich nehme an, er war Anarchist. Ich war politisch nicht aktiv. Immer schon hatte ich eine gewisse Abneigung, mich irgendeiner Organisation anzuschließen. Dennoch begann ich, zuweilen einen Beitrag zur Unterstützung von Kindern zu leisten.

Gegen Ende des Jahres 1968 wurden unsere jeweiligen Scheidungen rechtskräftig. Adrian fing an, davon zu erzählen, dass unsere Beziehung mehr als eine Liebesaffaire für ihn sei und dass er mich heiraten wolle. Ich wollte nicht heiraten, basta. Damals wurde es immer üblicher, dass unverheiratete Paare zusammenlebten. Ich sah nicht ein, wozu eine Heirat nötig sein sollte. Ich wollte keine weiteren Kinder. Immer noch fühlte ich mich sehr, sehr schuldig daran, dass meine Kinder während der Trennungsphase so gelitten hatten. Außerdem war ich mir darüber im Klaren, dass Adrian nicht aus ›bestem Ehemannstoff‹ war, wie ich es so naiv von meinem ersten Ehemann, Henek, behauptet hatte. Adrian hielt absolut nichts von der traditionellen Rolle des männlichen Brotverdieners. Er wollte Geld besitzen; er war verrückt nach all den luxuriösen Dingen, die man für Geld kaufen konnte, doch er hatte keine Vorstellung davon, wie er es sich verdienen könnte.

Die Geldnöte begannen in dem Moment, als Adrian und ich beschlossen, für unbestimmte Zeit in Europa zu leben. Wovon sollten wir leben? Wer würde dafür aufkommen? Adrian war ein Künstler ohne regelmäßiges Einkommen. Ich verdiente weit mehr als er, und es machte mir nichts aus, ihn zu unterstützen. Ich fand, dass er ganz gut schreiben konnte: Kurzgeschichten, Erzählungen, Theaterstücke. Doch schreiben können und veröffentlicht werden sind zwei Paar Stiefel; insbesondere, wenn man so schrieb wie er und Ratschläge selten annahm. Also besprachen wir die Lage, und ich schlug ihm vor: »Pass auf! Ich gebe Dir einen Kredit, und wenn sich Deine Lage verbessert, dann zahlst Du ihn mir zurück.« Es war ein beträchtlicher Kredit. Doch unsere Konten hielten wir getrennt.

Ich verkaufte das Haus in ›Dover Heights‹ – mit allem, was darin war. Ich befand mich in einem Wirbelsturm, gefangen in meiner fieberhaften Liebe zu Adrian. Josie hatte gerade ihr Abitur gemacht, und sie erinnert sich noch heute daran, dass ihr Bett zusammen mit ihrem Zeugnis in der Schublade darunter versteigert wurde. Wir mussten den Unterlagen hinterherjagen. Ich kündigte meine Beteiligung an dem Geschäft mit Paul auf. »Ich habe mich verliebt«, erklärte ich ihm, »und ich gehe nach Übersee.« Er und Sidney bemühten sich, mich von einem Kassensturz abzuhalten, doch ich war fest entschlossen. Ich wollte dieses neue Leben mit Adrian unbedingt. Schließlich verkaufte ich meinen Anteil an Zdenek. Bevor wir nach Europa abreisten, änderte ich – als Geste meines guten Willens und als Vorschlag zur Güte – meinen Namen amtlich in den seinen: van der Linden. Und natürlich gab ich die Universität auf. Ich musste es tun. Ich hatte mich zu entscheiden.

Was hatten wir nicht alles für Träume, was wir miteinander nun anfangen würden. Unsere Tage würden ausgefüllt mit Schreiben sein; wir würden dabei einander gegenübersitzen, jeder an seinem Ende eines langen Tisches; wir würden natürlich in einem ›Château‹ leben. Josie, damals 18 Jahre alt, würde in Paris studieren, und Phillip, der erst 14 war, würde die Schule in Australien beenden und die Ferien bei uns in Europa verbringen. Am 2. Dezember 1968 verließ unser Schiff Sydney; erst in den Niederlanden gingen wir wieder von Bord. Hier lernte ich Adrians Familie kennen. Er entschied, dass er dort nicht leben könne. Also gingen wir nach Belgien, wo wir nach einem erschwinglichen ›Château‹ Ausschau hielten. Nun erklärte ich ihm, in Belgien nicht leben zu können. Ich wollte nach Frankreich, wo ich die Sprache konnte, doch nicht unbedingt nach Paris. Also zogen wir in den Süden, in die Landschaft der Impressionisten. In Tourettes sur Loup, einem dieser unglaublich hübschen provençalischen Dörfchen, zwischen Cannes und Vence, mieteten wir ein Pförtnerhaus, das wie ein kleines ›Château‹ aussah. Es dauerte nicht lange, bis Josie, die sich an der *Sorbonne* eingeschrieben hatte, feststellte, dass sie ihren Freund und all die anderen Bekannten vermisste und uns mitteilte, dass sie heimkehren werde. Phillip war bereits wieder in der Schule. Da erinnerte ich Adrian an die erste der beiden Bedingungen in unserer Beziehung: dass er mich niemals in eine Lage bringen durfte, in der ich mich zwischen ihm und meinen Kindern entscheiden musste. Die Kinder, so hatte ich es ihm von Anfang an erklärt, hätten immer Vorrang. Es war für Adrian keine schwierige Entscheidung, mir zurück nach Sydney zu folgen. Er sprach kein Französisch, und es behagte ihm nicht, so abgetrennt zu sein – selbst im Paradies der Maler. Adrian brauchte stets ein Publikum. Unsere Beziehung war noch frisch, noch waren wir sehr verliebt. In diesem Zustand landeten wir Anfang Juli 1969 wieder in Australien an.

## XXIII. ›QUEEN STREET‹

Zu meiner Überraschung wurde meine zweite Ankunft in Australien zu einer Heimkehr. Ich hatte wohl erst zurück nach Europa gehen müssen – in der Absicht zu bleiben, – um entdecken zu dürfen, dass ich dort nicht mehr hingehörte. Australien war nicht mehr mein Fluchtpunkt. Es war mein Land.

Mittlerweile waren die Australier weitaus weniger abgeschnitten von den Ereignissen in der Welt, als sie es unmittelbar nach dem Krieg gewesen waren. 1969 war ein bedeutsames Jahr. Es war das Jahr, in dem die ersten amerikanischen Astronauten den Mond betraten und das *Woodstock*-Festival stattfand, als der Jumbo-Jet *Boeing 747* seinen Jungfernflug startete und die *Stonewall*-Unruhen in New York zur Schwulenbewegung führten, als Yassir Arafat zum Anführer der Palästinensischen Befreiungsorganisation (PLO) wurde und der australische Medienzar Rupert Murdoch die britische Boulevardzeitung *News of the world* kaufte. Meine Freunde in Australien dürsteten nach Veränderung. Die sozialen Unruhen dieses zu Ende gehenden Jahrzehnts hatten die herrschenden politischen Verhältnisse ins Wanken gebracht, und obwohl die australischen Konservativen in Canberra bis 1972 an der Regierung blieben, zeichnete sich am Horizont eine neue, sozialere Ära ab. Im Jahr 1967 hatten die Australier in einem Referendum abgestimmt, dass die Ureinwohner, die ›Aborigines‹, endlich die Staatsbürgerschaft erhalten sollten; eine längst überfällige Korrektur ihrer kolonialistischen Wahrnehmung als ›primitive Rasse, die zum Aussterben verdammt war‹. Die zwei Millionen Einwanderer – meist aus osteuropäischen oder mediterranen Ländern, die seit Kriegsende nach Australien geströmt waren, hatten längst begonnen, die australische Identität – bisher gediegen britisch – in etwas Vielfältigeres zu verändern. Ich war ein Teil dieses Wandels und genoss es.

Adrian und ich versuchten einen Neuanfang in einem gemieteten Haus in ›Double Bay‹. Wie ich wusste, war Adrian nicht der Typ, für uns zu sorgen, also ging ich erneut zur Bank und begann, auf dem Immobilienmarkt zu investieren. Ein Jahr nach unserer Rückkehr kaufte ich ein hinreißendes Penthouse in ›Double Bay‹, mit einem 360-Grad-Rundumblick und eigenem Fahrstuhl. Josie war zu diesem Zeitpunkt mit einem Freund in eine eigene Wohnung gezogen, sodass Adrian und ich dort mit Phillip und einem Paar Siamkatzen namens Romeo und Julia lebten. Die anderen Hausbewohner erklärten mir, ich dürfte keine Katzen halten, doch ich entgegnete ihnen: »Also gut, dann fangen Sie sie ein und bringen sie um.« Ich behielt die Katzen.

In diesem Penthouse ereigneten sich spannende Dinge. Adrian, der genau wie Phillip fußballbesessen war, entwarf ein Tischfußballspiel, das zum Brennpunkt ihrer Freundschaft wurde. Richtige Marathonspiele fanden statt, in denen Phillip und seine Freunde gegen Adrian und dessen Freunde 72 Stunden ohne Unterbrechung zockten. Adrian trieb alles bis zum Exzess, einschließlich Marihuanarauchen. Das störte mich sehr – nicht nur, weil es illegal war, sondern vor allem weil Phillip seinem Beispiel nicht folgen sollte. Ich bat ihn, es daheim zu unterlassen. Gleichzeitig wies ich Phillip, der kurz vor seinem Schulabschluss stand, an, dass er irgendwelche Experimente – wenn überhaupt – zu Hause durchführen sollte. Meine Kinder wussten beide, dass sie sich auf meinen Schutz verlassen konnten, unter welchen Umständen auch immer.

Darum vermutlich bat Josie mich, Sally Anne Krivoshaw zu helfen, die mit Phillip zur Schule gegangen war und zu den gelegentlichen Gästen in der *Darling-Point*-Wohnung zählte, die in der Nachbarschaft von Zdenek lag und in der Phillip und Josie lebten, als ich in Europa war.

Eines Tages rief Josie mich auf der Arbeit an und bat mich, zum Kinder- und Jugendgericht zu kommen. »Josie, was hast du angestellt?«, fragte ich. »Nein, Mama, es geht nicht um mich«, entgegnete sie, »Du musst Sally Anne helfen. Ich habe hier erklärt, dass du das machen wirst.«

Damals war Sally Anne 16 Jahre alt und sah mit ihrem traumhaft blonden Haar wie ein Engel aus. Ihre Eltern, Russen, hatten sich getrennt. Sie hatte noch eine Großmutter, die sie zwar vergötterte, mit ihr aber nicht fertig wurde. Ich bezweifle, dass sie erstmalig vor Gericht stand, doch ich kann mich an die Einzelheiten nicht mehr genau erinnern. Der Richter hatte vor, sie ins *Paramatta*-Mädchenheim zu stecken, falls niemand für sie bürgte und ihr eine Unterkunft bot. Josie hatte die Hand erhoben und gesagt: »Meine Mutter macht das.« Als ich eintraf und der Richter mich fragte, warum ich das tun würde, erklärte ich ihm, dass ich in Sally Annes Alter erfahren durfte, dass mich jemand aufnahm und mir half. Ich war der Meinung, dass sie eine Chance verdient hätte. Daraufhin erlaubte er mir, sie bei uns zu Hause aufzunehmen – unter der Maßgabe, dass ein Bewährungshelfer regelmäßig vorbeikommen und sie und mich kontrollieren würde.

Ich erläuterte Sally Anne, warum ich ihr half. Meine Bedingungen bestanden darin, dass sie wieder zur Schule ging und sich eine Halbtagsstelle suchte. In meinem Haus, sagte ich ihr, gäbe es nicht viele Regeln. Ich vertraute meinen Kindern und wollte auch ihr vertrauen. Wenn wir vereinbarten, dass sie zu einer bestimmten Zeit zu Hause zu sein hätte, erwartete ich, dass sie genau dann da wäre oder mich anriefe. Ein paar Wochen lang hielt sie sich an das Vereinbarte, doch dann lief alles schief. Es gab Entschuldigungen und Tränen, und wir legten neue Regelungen und Bedingungen fest. Sie erklärte mir, sie sei so viel Schutz und Überwachung nicht gewohnt. Also gestattete ich ihr, dass sie in ein kleines Haus in Redfern, das mir gehörte, umzog – wieder zu bestimmten Bedingungen. Abermals ging es einige Wochen lang gut, doch dann erschien sie an einem Wochenende nicht im Penthouse. Phillip und ich fuhren nach Redfern und brachen die Haustür auf. Überall auf dem Boden lagen komatöse Körper. Wir gaben ihr 24 Stunden, um aufzuräumen und auszuziehen; andernfalls würden wir die Polizei rufen.

Sie hat immer Drogen genommen, doch ich hatte keine Ahnung, welche und wieviel. Ich teilte dem Bewährungshelfer mit, dass ich nicht weiter wüsste. In den folgenden Jahren traf ich sie gelegentlich auf der Straße. Manchmal kam sie auf einen Sprung vorbei, um mich zu besuchen und mir kleine Geschenke mitzubringen. Sie besaß so viele Veranlagungen, doch am Ende besiegten die Drogen sie. 1987 wurde sie erdrosselt aufgefunden, ihre Leiche trieb in einem Teich im ›Centennial Park‹. Sie ist als die drogensüchtige Prostituierte Sally Anne Huckstep in die Geschichte eingegangen. Als ich von ihrer Ermordung erfuhr, war ich tief unglücklich.

Meine Beziehung zu Adrian begann, kompliziert zu werden. Das hatte mit Marihuana und mit Geld zu tun. Adrian stand fast immer unter Drogen. Wenngleich ich einmal eingewilligt hatte, Marihuana zu probieren, das er in einen Käsekuchen mit eingebacken hatte, mochte ich es nicht. Außerdem trank er sehr gern, ich hingegen kaum. Adrian nahm das als Zeichen meiner Missbilligung seiner Person wahr, was gar nicht stimmte. Ich habe noch nie Geschmack an Alkohol gefunden. Daneben stellte sich die weitaus schwierigere Frage seiner finanziellen Abhängigkeit von mir, die allmählich einen unangenehmen Beigeschmack annahm. Adrian fing an, mich weniger als seine Geliebte denn als Unterstützerin zu betrachten. Es machte mir nichts aus, Geld in seine Projekte zu investieren, doch mir gefiel nicht, dass er in mir die ›Dame mit dem Geld‹ sah.

Ich betrachtete mich nicht als Geschäftsfrau. Zdenek hat sich stets über mein mangelndes Interesse an der Firma und über meine Leidenschaft für Bücher und Gemälde beklagt. In jener Ehe war ich die ›Künstlerin‹. In der Beziehung zu Adrian war es genau umgekehrt. Adrian fühlte sich in seiner Rolle äußerst wohl – er genoss es, im Penthouse zu wohnen und mit dem *Ford Mustang Cabrio*, den wir uns aus Europa mitgebracht hatten, umherzufahren; doch ich war mit dieser Aufteilung nicht glücklich. Er brachte eine Menge zu Papier, doch er scheiterte daran, es zu veröffentlichen. Sein wohl erfolgreichstes Unternehmen war das Hippieliebesrockmusical *Grass*, komponiert von Sven Libaek, für das er das Libretto schrieb. Doch nur wenig von dem, was er schuf, gelangte ans Licht der Öffentlichkeit, und er war sehr schnell entmutigt.

Ich wusste, dass ich allein auf mich angewiesen war. Es gab sonst niemanden. Ich ließ mich auf verschiedene Beteiligungen ein. Doch die, die mir am deutlichsten im Gedächtnis geblieben ist, war eine Immobilienentwicklungsfirma gemeinsam mit Vera King. Vera war ausgebildete Architektin, hatte allerdings eine feste Anstellung bei der Wasserbehörde. Sie und ich besaßen einander ergänzende Fähigkeiten. Ich musste ein Haus nur ansehen, um sofort Visionen zu entwickeln, was wir daraus machen könnten, und sie, mit ihrer praktischen Erfahrung, goss dann einen Eimer kalten Wassers über meine Begeisterung. Wir arbeiteten ausgezeichnet zusammen.

Ich habe bereits erwähnt, dass ich es immer schon mochte, mehrere Dinge gleichzeitig zu tun, also lag es nahe, dass ich bald große Lust bekam, mein eigenes Innenausstattungsgeschäft zu eröffnen. In Double Bay war die Konkurrenz zu groß, darum sah ich mich in Paddington, einem Arbeitervorort, der gerade immer mehr Wohlhabende anzog, und in Woollahra, wo es gemächlicher zuging, um. Woollahras ›Queen Street‹ erlebte zu dieser Zeit ihre Verwandlung in die elegante Einkaufsmeile, die sie heute ist. Auf der Südseite der Straße – gleich oberhalb der Post – fielen mir zwei benachbarte Läden auf, einer von ihnen eine frühere Wäscherei. Das Gebäude sah vernachlässigt aus, doch ich wollte es haben. Es war gerade erst zur Auktion ausgeschrieben worden. Ich suchte den Makler auf und machte ihm ein Angebot, das er akzeptierte; kurz darauf wurde der Notarstermin vereinbart. Dann, zwei Tage vor diesem Termin, rief mich der Makler an. »Sabina, es tut mir wahnsinnig leid«, erklärte er, »aber das Gebäude ist verkauft.« Ein Bieter hatte auf einer Auktion dem Makler ein höheres Angebot gemacht. »Das ist mein Haus!«, protestierte ich lautstark. »Es steht ganz groß und dick auf den Wänden geschrieben: ›Das ist Sabinas Haus.‹« Er lachte, erklärte aber, dass er nichts mehr daran ändern könne. Also bat ich ihn, mir den Gefallen zu tun und den Namen des Käufers zu nennen. Das ist normalerweise nicht möglich, doch ich hatte mit seiner Agentur bereits viele Geschäfte gemacht. Er nannte mir den Namen. Der Mann war ein Investor. Ich rief ihn an und teilte ihm mit, dass ich mich gern mit ihm treffen würde. Als er nach dem Grund fragte, erklärte ich, es ihm am Telefon nicht sagen zu können. Stattdessen lud ich ihn zu mir ins Penthouse ein.

Bei der Begegnung war niemand außer uns anwesend. Ich teilte ihm mit, dass ich sein Verhalten unethisch fände. Er lachte mich aus. »Ethisch, Fetisch«, witzelte er. »Das hier ist eine Geschäftsangelegenheit.« »Ja, schon«, stimmte ich zu, »doch selbst in Geschäftsangelegenheiten sollten sich Menschen ethisch verhalten.« Jetzt war er aufgebracht. Ich erklärte ihm, dass ich ihn nicht eingeladen hätte, um ihn zu kritisieren, sondern dass ich ihm ein Angebot machen wollte. Er zog die Augenbrauen in die Höhe. »Nicht diese Art von Angebot«, sagte ich. Ich bot ihm eine gewisse Summe an, so viel Geld, wie ich auftreiben konnte, um den Vertrag für null und nichtig erklären zu lassen. »Für eine einzige Woche ist das kein schlechter Verdienst«, merkte ich an.

Ich erhielt mein Haus. Ich besitze es noch immer. Es blieb mir damals nicht mehr viel zum Leben übrig, doch das war mir egal. Ich eröffnete ein Geschäft für Innenausstattungen, das ich *Sabini Design Profiles* nannte, und schon nach kurzer Zeit begann ich, zweimal im Jahr nach Europa zu reisen und von dort ganze Containerladungen voller Gegenstände und Möbel mitzubringen. Was immer auch die Schweden und Finnen entwarfen, entsprach meinem Geschmack. Antiquitäten waren nicht meine Sache. Ich wusste zu wenig und hatte keine Zeit, mehr darüber zu erlernen. Ich liebte die Klarheit des skandinavischen Designs, und die Qualität dieser Artikel war ausgezeichnet. Ich brachte Stahlrohrmöbel von dort mit, die es zu jener Zeit in Australien noch nicht gab. Außerdem kaufte ich bei bestimmten Manufakturen in Italien und Großbritannien. Meine geschäftlichen Verbindungen besaßen stets eine persönliche Komponente. Ich konnte Produkte nicht allein deshalb einkaufen, weil ich annahm, dass sie sich gut vertreiben ließen. Ich musste die Dinge mögen, sie hatten gewissermaßen eine Verlängerung meines eigenen Geschmacks zu sein. Gleichzeitig konnte ich einen Hersteller, mit dem mich nichts verband, nicht vertreten. Die Chemie zwischen uns musste stimmen.

Ich entdeckte meine Fähigkeiten, ein Geschäft zu führen. Das ermöglichte mir, meine Freude an Menschen mit meiner Neigung zu Design zu verbinden. Und es verhalf mir zu einem Lebensstandard, den ich schätzte. Ich war mir stets bewusst, was man mit Geld alles machen konnte, aber nie materialistisch in dem Sinne, dass ich immer mehr haben muss. Wenn mir etwas Hübsches gefiel, ein Bild in einem Auktionsraum oder ein schönes Auto, dann kaufte ich es mir. Ich war ein zufriedener Mensch geworden und genoss mein Leben, das so frei war wie nie zuvor.

Aber damit es dazu kam, musste ich mich von Adrian trennen.

Der Anfang vom Ende begann, als Adrian einen charmanten Amerikaner kennenlernte, der sich als Trickbetrüger entpuppte. Adrian war fasziniert von ihm. Sie hatten die Absicht, große Dinge miteinander auf die Beine zu stellen. Aus Adrians verschiedenen übrigen Unternehmungen war bislang nichts Greifbares geworden. Als ich dann eines Tages von einer meiner Einkaufsreisen aus Europa zurückkehrte, fand ich heraus, dass er eine Affaire gehabt hatte. Es war eher ein kurzes Abenteuer, doch ich kam damit nicht zurecht. Ich teilte ihm mit, dass ich unsere Beziehung beenden wollte. Wir blieben eine Woche getrennt, dann kam er zurück. Doch in meinem Innersten war mir klar, dass ich den Menschen, der mir am nächsten stand, achten können musste. Aber das war vorbei, nachdem ich aufgehört hatte, Adrian zu vertrauen. Ich hatte nicht vor, ihn zu bemuttern. Jeder muss für sich selbst verantwortlich sein.

Es endete schließlich 1972 auf einer weiteren Einkaufsreise, auf der Adrian mich in Europa treffen wollte. Ich schlug London als Ort vor, doch dort tauchte er niemals auf. Nach meiner Rückkehr war er auch in Sydney nicht. Er kam nie mehr nach Australien zurück. Er ging einfach aus unserem gemeinsamen Leben und ließ Kredite zurück, für die ich gebürgt hatte, unbezahlte Steuern, Rechnungen und noch mehr Rechnungen. Adrian hatte mich als Frau erfüllt, aber alle Grenzen nicht hinnehmbar weit überschritten. Ich war stark, doch nicht stark genug, Adrian daran zu hindern, jenen moralischen Kompass zu zerstören, den meine Mutter in mir geeicht hatte und der mich – im Guten wie im Bösen – durch mein bisheriges Leben geleitet hatte. Also trennte ich mich von ihm. Er hatte mich vier Jahre in Beschlag genommen, und, ja, es endete in Tränen. Doch ohne Bedauern. Als meine Ehe mit Zdenek zerbrach, war ich enttäuscht, doch bei Adrian hatte ich von Anfang an gewusst, dass er unzuverlässig war, dass sein Charme aus seiner Sucht herrührte, sein brillanter Kopf fast ständig zugedröhnt und seine kreative Seele bewölkt war. Ich war mit offenen Augen in diese Romanze gestolpert. Ich bewunderte Adrian und brauchte ihn. Jede Frau braucht zu einem bestimmten Zeitpunkt ihres Lebens einen Adrian.

Ich sah ihn viele Jahre nicht wieder, obwohl wir einander schrieben. Irgendwann lebte er im Iran, wo er – Ironie der Geschichte – als Geschäftsmann tätig war. Wir sahen uns nur noch ein einziges Mal wieder, bevor er im Jahr 1993, im Alter von 57 Jahren, an einem Herzinfarkt starb. Adrian hinterließ eine Frau und zwei Töchter. Und mich.


## XXIV. KJELD

1972, als Adrian und ich uns trennten, sollte zum Wendepunkt in Australiens politischer Geschichte werden. Nach 23 Jahren konservativer Herrschaft beherzigten die Australier das Wahlmotto der *Labour*-Partei ›Es ist an der Zeit‹ und gaben bei der Wahl des Bundesparlaments am 2. Dezember 1972 Gough Whitlam grünes Licht zur Bildung einer neuen Regierung. In ihrem ersten Jahr brachten der charismatische Premierminister und seine Mannschaft ein verwegenes Programm an Reformen in den Bereichen Gesundheit, Erziehung und Sozialwesen auf den Weg. Im Jahr darauf expandierte die australische Wirtschaft um sechs Prozent, wobei der Privatsektor noch schneller anwuchs.

Der Wohnungsbau erlebte einen ungeheuren Aufschwung. Ich stürzte mich in den Aufbau meines Einrichtungsgeschäfts und darauf, Baugrundstücke zu erschließen; ich arbeitete wie eine Besessene. Dabei jagte ich nicht nur den Dollars hinterher. Wie erwähnt, in ständiger Bewegung zu bleiben, war meine bewährte Strategie, wenn Tragödien mich heimsuchten. Jetzt, am Ende meines Lebens, nennen andere mich gern eine starke Frau. Ich bin einfach keine Stoikerin. Ich mache nicht blind mit grimmiger Entschlossenheit weiter. Auch ich vergieße Tränen und sacke zusammen. Doch dann stehe ich wieder auf. Ich bin das, was Psychologen ›resiliant‹, also unverwüstlich, nennen. Gern vergleiche ich mich mit einer Weide. Egal, wie Wind und Regen auch peitschen – wenn die Sonne herauskommt, richtet sie sich immer wieder auf.

Adrian war zwar ein Teil meines Lebens, aber eben nicht alles. Ich hatte auch andere Verpflichtungen. Phillip lebte noch immer bei mir. Trotz meiner vielen Arbeit war ich eine aufmerksame Mutter. So legte ich, zum Beispiel, großen Wert darauf, einen Rundbrief zu beantworten, der in dieser Zeit von Phillips Schulleiter verschickt wurde und in dem er uns darüber informierte, dass die Schule die Möglichkeit besäße, körperliche Züchtigung einzusetzen wie ›Schläge mit dem Rohrstock, wie es das Bildungsministerium festgelegt hat‹. Ton und Inhalt des Schreibens verstörten mich zutiefst, und ich antwortete sowohl dem Direktor als auch dem Bildungsministerium voller Empörung: »Ich betrachte Gewalt als eine der zerstörerischsten Kräfte überhaupt, die nichts als Gewalt bewirkt, so wie Hass nur Hass hervorruft, Vorurteile nur Vorurteile und so weiter. Ich bin der festen Überzeugung, dass blinder Gehorsam gegenüber Regeln, verhängt von welcher Art Macht auch immer (Nationalsozialismus, Stalinismus, Faschismus etc.), eine Nation voller geistiger und seelischer Krüppel hervorbringt; unfähig, ihr Bestes zu geben, egal auf welchem Gebiet […]. Denn nicht gewaltsam auferlegte Regeln und die Angst vor Bestrafung, sondern Liebe und Fürsorge, Respekt und Verständnis gegenüber den Bedürfnissen unserer Kinder sollten die Leitgedanken für ihre Erziehung sein. Schließlich glaube ich fest daran, dass die beste Möglichkeit zur Erziehung in dem Beispiel besteht, das wir ihnen geben.« Ich war noch nie schüchtern gewesen, doch das Vertrauen, das ich durch meine Geschäfte in der Finanzwelt gewann, hatte mein Wesen verändert. Ich war längst stark genug geworden, um meine Stimme zu erheben.

In einem weiteren Sinne verwandelten sich auch die Australier. Die Whitlam-Regierung änderte Gesetze und Institutionen und schuf in beeindruckendem Tempo neue. Es war eine Zeit, die keiner glich, die Australier bisher erlebt hatten, und noch heute denken viele mit großer Nostalgie daran zurück. Der gesamte Kontinent schien aufzuwachen. Er schien lebendiger, energischer … interessanter. So wie ich meine Affaire mit Adrian gebraucht hatte, so schien nun Australien diesen Adrenalinstoß zu benötigen. Doch auch das endete tränenreich.

Jeder hatte sich an die Stabilität und den Wohlstand der Nachkriegsjahre gewöhnt. Als jedoch der Wirbelsturm *Tracy* zu Heiligabend 1974 den Ort Darwin verwüstete, waren die guten Zeiten für Australien vorbei. Der Ärger begann, als das Kartell der ölproduzierenden Länder, die OPEC, den Preis des Rohöls verdoppelte und damit die westlichen Volkswirtschaften in eine Rezession stürzte, bei der die Inflation weltweit in zweistelliger Höhe anstieg. Es dauerte sechs Monate, bis dieser wirtschaftliche Einbruch Australien erreichte, doch im Juli 1974 begannen Unternehmen, ihre Arbeiter zu Tausenden vorübergehend zu entlassen; bis November hatten sich die Arbeitslosenzahlen auf vier

Prozent verdoppelt. Löhne und Preise gerieten außer Kontrolle, der Arbeitskampf eskalierte, die Gewinne brachen ein, und der Aufschwung im Baugewerbe sackte in die bis dahin schlimmste Pleite der australischen Geschichte. Die Whitlam-Regierung taumelte weiter und gab Geld aus, als wüchse es auf Bäumen, bis sie schließlich am 11. November unvermittelt entlassen wurde – zu einer Zeit, als Vera und ich wie jeder andere im Baugewerbe auf dem Zahnfleisch krochen.

Wir waren im Besitz mehrerer Grundstücke, als die Banken damit begannen, ihre Kredite zurückzufordern. Ich wollte jedoch nicht verkaufen, weil sie noch nicht erschlossen waren und ich all das verloren hätte, wofür ich so hart gearbeitet hatte. Also rief ich nacheinander sämtliche Lieferanten an, denen ich noch Geld schuldete, und bat sie, meine Zahlungsfrist von drei auf sechs Monate auszudehnen. Alle bis auf einen kamen mir entgegen. Damit hatte ich ein gutes Ergebnis erzielt. Ich zahlte sonst immer pünktlich. Also stellten wir alle Bauten fertig, verkauften sie mit Verlust und zahlten an alle Kreditgeber zurück – mit Ausnahme jener Bank, die mich zwang, mein Penthouse zu verkaufen. Es blieben mir das Haus in der ›Queen Street‹ und zwei Hypotheken, aber ich war noch immer im Geschäft. Ein Bankrott stand erst einmal nicht bevor. Es war mir wichtig, meinen Namen nicht in Verruf zu bringen und niemanden zu enttäuschen.

Leslie Walford, ebenfalls Innenausstatterin, erwarb mein Penthouse, und ich zog in ein Hotel in Elizabeth Bay – bis es mir gelingen würde, ein Haus zur Miete zu finden. Ich war tief gefallen, doch ich war nicht hoffnungslos unglücklich. Ich befasste mich nicht länger mit dem, was hätte sein können. So bin ich nicht gestrickt. Wenn ich merke, dass etwas für mich unmöglich ist, dann lasse ich es. Ich treffe diese Entscheidung nicht voreilig, doch wenn, dann mache ich einen sauberen Schnitt wie ein Chirurg, schneide alles Schmerzende heraus und blicke niemals zurück.

Ich fürchte mich vor Schmerzen, doch noch mehr davor, nicht zu wissen, was als Nächstes passiert. Während des Krieges war jeder Tag von Todesangst geprägt, fortwährender Todesangst. Ich wusste nie, in welchem Augenblick ich womöglich entdeckt, denunziert oder erschossen werden würde. Ich bekämpfte die Angst, indem ich dachte: ›Nun, das kann morgen passieren, aber heute bin ich noch da und werde die-

sen Tag als anständiger Mensch verbringen.‹ Es war vielleicht ein Instinkt, dass ich mich damals – als ich, unter der Polizeiwache eingesperrt, auf meine Erschießung am nächsten Morgen wartete – allein
darum kümmerte, den Dreck zu beseitigen, um mich an dieser Stelle
hinlegen und schlafen zu können. Ich vermag es, vollständig in der Gegenwart zu leben. Dabei klammere ich meine Erfahrungen keineswegs
aus, sondern versuche, sie zu durchleuchten, um aus ihnen zu lernen
und so denselben Fehler nicht noch einmal zu machen.

Deshalb zog ich die Tür zum Penthouse, in dem ich die einschnei-
dendsten Jahre meines selbstbestimmten Lebens und der australischen
Nachkriegsgeschichte verbracht hatte, hinter mir zu und kehrte auf
den Boden der Tatsachen zurück. Ich setzte meine Arbeit bei *Sabini*,
meinem Inneneinrichtungsladen, ebenso wie meine Reisen und meine
Einkäufe fort. Um die europäischen Hersteller, von denen ich die Exklusivrechte für Australien erhalten hatte, zufriedenzustellen, musste
ich weit mehr verkaufen, als ich mit einem einzelnen Laden absetzen
konnte. Es gab da einen Dänen, der mich belieferte und dessen Geschmack dem meinen annähernd glich, also taten wir uns zusammen
und begannen im Jahr 1975 mit einer Großhandelsimportgesellschaft,
die wir *Dansab* nannten. *Dan* stand für Dänisch, *Sab* für Sabina. Dieses
Mal gestattete es mein Anwalt nicht, dass ich mich auf eine Fünfzig-zu-
fünfzig-Teilhaberschaft einließ. Er bestand darauf, dass ich die Mehrheit hielt, also einigten wir uns auf 51 zu 49.

Ein paar Monate, nachdem wir unsere Warenbestände zusammenge-
legt hatten, erhielt ich die ersten Briefe aus Dänemark mit Zahlungsauf-
forderungen. Ich war mit sauberen Bilanzen und bezahlten Rechnungen
in dieses Partnerunternehmen gestartet, doch unglücklicherweise hatte
es mein Partner nicht so gehalten. Wir begannen mit einem Missstand,
und es ging genauso weiter. Ich setzte meine Einkaufsreisen fort, er
vertrieb den Warenbestand, doch wir machten Verluste. Die Aussicht
auf einen Bankrott schien ihn nicht sonderlich zu beunruhigen, mich
dagegen schon. Ich hatte mit dem Haus in der ›Queen Street‹ für unsere Kredite gebürgt. Er hatte nichts zu verlieren. Schließlich rief ich
einen Freund, Frans Krijnen, an, den ich über Adrian kennengelernt
hatte. Ich hatte ihm einst ein Grundstück bebaut und bat ihn nun, mir
zu helfen. Er lieh *Dansab* Geld unter der Bedingung, dass mein Partner

ihm die Hälfte seines Anteils an der Gesellschaft verkaufte. Als sich herausstellte, dass ich von vorn bis hinten beraubt worden war, beriefen wir eine Sitzung ein und erklärten meiner dänischen Verbindung geradeheraus: »Gehen Sie, oder wir erstatten Strafanzeige.« Er ging, im Dezember 1977. Zu diesem Zeitpunkt gab es in meinem Leben bereits einen anderen Dänen, einen jungen Mann namens Kjeld Hansen.

Ich lernte Kjeld gegen Ende des Jahres 1976 auf dem Wasser kennen. Es war einer dieser großartigen sonnigen Tage, an die ich mich nach mehr als 25 Jahren Aufenthalts in Sydney gewöhnt hatte. Das Plakat in der Pariser ›Metro‹ hatte nicht zu viel versprochen. Freunde luden mich zum Segeln ein, und ich freute mich auf einen friedlichen Tag mit ihnen im Hafen. Zu meiner Überraschung war noch ein weiterer Gast an Bord, ein junger Mann mit ungekämmten langen blonden Haaren, der nicht mehr als eine zerschlissene Jeans trug. Doch das Äußere kann täuschen, und der ›Wikinger‹ erwies sich als redegewandt, witzig und unterhaltsam. Ich genoss seine Gesellschaft, bis er, gegen Abend, als ich von Bord gehen wollte, vorschlug, ich sollte mit ihm auf dem Boot bleiben. Meine Begeisterung hielt sich in Grenzen.

Zwei oder drei Wochen später rief er mich an und teilte mir mit, er sei gerade in der Nähe. Ich wohnte zu diesem Zeitpunkt in einem Mietshaus in Paddington. Ob er auf einen kurzen Besuch vorbeikommen dürfe? Ich öffnete die Tür, und vor mir stand ein ordentlich gekleideter, langhaariger, ziemlich attraktiver junger Mann – derselbe ›Wikinger‹, nur anders verpackt. Er blieb eine Weile und kam dann immer wieder, blieb länger – bis er schließlich bei mir und Phillip einzog.

Ein paar Monate später feierte Kjeld seinen Geburtstag. Ich fragte ihn, wie alt er denn würde. »28«, antwortete er. Mir stockte der Atem. »Was hast Du gesagt? 28?« Er sah mich verwundert an. »Ja, 28. Stimmt was nicht?« Stille. Mit schwacher Stimme sagte ich irgendwann: »Gar nichts. Weißt Du eigentlich, wie alt ich bin?« Nein, entgegnete er. Als ich ihn fragte, ob er es denn wissen wolle, erwiderte er, er würde nicht viel darauf geben. Ich weiß nicht, wann er herausgefunden hat, dass ich so viel älter bin als er, aber es brachte unsere Beziehung ganz offensichtlich nicht aus der Bahn. Wir sind noch immer zusammen. Im Februar 2007 gaben wir ein großes Fest, um dreißig Jahre ›unverheirateten Glücks‹ zu feiern. Wir passten, wie ich an dem Abend sagte, »auf ideale Weise zusammen«. Meine Kinder Phillip und Josie drückten es mit wunderbaren Worten aus, indem sie erklärten, ich sei die Farbe in Kjelds Leben und er mein Fels in der Brandung. Das stimmt, genauso läuft es zwischen uns. Ich entwickele die Ideen, und Kjeld setzt sie um. Ich bin impulsiv, er dagegen analytisch. Ich bin ungeduldig, während er warten kann. Unser Alter ist noch der geringste Unterschied zwischen uns; die Gemeinsamkeiten bereiten uns die allergrößte Freude. Ich hatte nicht damit gerechnet, dass es lange halten würde. Nach meiner Beziehung zu Adrian hatte ich nicht mehr erwartet, mich noch einmal zu verlieben, aber ich hatte das große Glück, zu diesem Zeitpunkt meines Lebens solch einer Stütze und solch anständigem Menschen zu begegnen.

Kjeld hatte seinen Beruf als Architekt in Dänemark erlernt und in unserem ersten gemeinsamen Jahr eine Stelle in einem Architekturbüro in Bondi Junction inne. Als dann in der Woche vor Weihnachten im Jahr 1977 bei *Dansab* alles in die Binsen ging und ich – nachdem unsere ohnehin kleine Mannschaft unter fadenscheinigen Begründungen gekündigt hatte – ganz allein dastand, verabschiedete Kjeld sich von seinem Arbeitgeber. Eines Tages kam er nach Hause und erklärte, er würde bei *Dansab* einsteigen, um mir zu helfen. Ich war entsetzt. Warum er das tun wolle, fragte ich. Meine schlimmen Erfahrungen mit Zdenek hatten mir die Schwierigkeiten einer Beziehung am Arbeitsplatz vor Augen geführt. Doch Kjeld wiederholte ruhig sein Angebot. »Sabina, ich bin mir nicht sicher, ob Du mich richtig verstanden hast«, sagte er, »ich möchte einsteigen, um Dir zu helfen. Ich möchte Dir Dein Leben auf keinen Fall schwerer machen. Es ist Dein Geschäft. Wenn es nicht geht, kann ich jederzeit zu meiner alten Arbeit zurückkehren.«

Kjeld wurde mein Geschäftsführer, mein Mann im Hintergrund. Ich führte die vielen Verhandlungen mit den Banken, unternahm die Reisen und erledigte den Einkauf. Er erweckte die Zahlen zum Leben. Als er bei mir anfing, hatte *Dansab* bereits seinen Schwerpunkt von Möbeln auf kleinere Designobjekte wie Beleuchtung, Glas und Tafelgeschirr verlagert. Der Markt für unsere Möbel war immer begrenzt gewesen, weil ich einen sehr besonderen Geschmack besaß und die importierten Produkte ihrer Zeit voraus waren. Nachdem unsere Hauptkunden, die Architekturbüros und die innovativen Bauträger, vom Zusammenbruch der Bauindustrie voll erwischt worden waren, erlitt *Dansab* schmerzvolle Einbußen, und mir wurde klar, dass wir uns zu einer Importgesellschaft würden umwandeln müssen.

Irgendwann im Jahr 1975 reiste ich nach San Francisco, um meine Cousine Helen, die Tochter des Lieblingsbruders meiner Mutter, zu besuchen. Ich wollte ihr als Geschenk etwas für ihr Haus kaufen, darum suchten wir gemeinsam ›I. Magnin‹ auf – jenes Luxuskaufhaus, das einst zu den elegantesten Geschäften in den Vereinigten Staaten zählte. Dort entdeckte ich eine wunderschöne quadratische Glasplatte. Heutzutage sind solche Kuchenplatten üblich, aber damals gab es nur runde. So etwas hatte ich bislang weder in Australien noch in Europa gesehen. Helen gefiel die Platte, also kauften wir sie. Auf der Schachtel war ein winziges Herstellerzeichen zu sehen: *Sasaki*. Meiner Meinung nach klang das japanisch. Es gab damals bereits einige Handelsverbindungen mit dem Kaiserreich, aber es handelte sich zumeist um die Einfuhr billiger Massenprodukte.

Zurück in Sydney, rief ich den japanischen Generalkonsul an und erfuhr, dass *Sasaki* eine der größten Glasmanufakturen des Landes sei. Ich wusste nichts über Japan, doch ich schrieb an *Sasaki*, um mehr über deren Erzeugnisse zu erfahren. Nachdem ich auf drei Briefe keine Antwort erhalten hatte, ging ich davon aus, dass sie kein Interesse hatten. Anfang 1976 war ich gerade auf Einkaufsreise in Europa, als ich ein Telex mit der Nachricht erhielt, der Exportleiter von *Sasaki* würde mich gern in Sydney treffen. Ich bemühte mich, rechtzeitig zurück zu sein. Schließlich kam Herr Nagamine in jenem Jahr gar nicht. Im April 1977, als ich Tom-san – wie ich ihn bald nennen sollte – endlich kennenlernte, hatte ich bereits meine erste Bestellung bei *Sasaki* getätigt. Ich bat ihn um einen Exklusivvertrag für den Vertrieb. Er erklärte mir, dass *Sasaki* die Exklusivrechte schon jemand anderem zugesichert hätte, mit dem sie eine jahrelange Geschäftsbeziehung verband. Zu diesem Zeitpunkt hatte ich noch keine Vorstellung, wie man mit Japanern zusammenarbeitete. Ich wusste nichts von ihren Grundsätzen und Prinzipien. Tom-san würde die Kooperation mit seinem Vertriebsagenten niemals aufkündigen, aber er stimmte zu, mir allein vollkommen andere Produkte zu verkaufen.

Die ersten Reaktionen des Marktes auf japanisches Kristall und Glas waren nicht sonderlich gut. Ich musste nicht nur die Marke an sich erst einführen, sondern zudem die Menschen davon überzeugen, dass es sich dabei um höchste Qualität handelte. Es gab zwei Aspekte, die mir zuarbeiteten: der Preis (der Devisenkurs des australischen Dollar war noch festgelegt und der Yen schwach) und die Gestaltung (so etwas wie *Sasaki* gab es damals in Australien einfach nicht). Doch der Markt ist langsam.

Im Februar 1978 reiste ich zum ersten Mal nach Japan. Ich weiß noch, wie ich auf dem Flughafen in Tokio eintraf und von einer *Sasaki*-Delegation begrüßt wurde. Und dann warteten wir. Ich hatte keine Ahnung, worauf. Erst nach einer ganzen Weile begriff ich, dass sie annahmen, der Vorsitzende von *Dansab* würde noch eintreffen und dass ich vermutlich seine Sekretärin wäre. Der Name Sabina van der Linden war für sie ebenso fremd, wie es ihre Namen für mich waren. Sie hatten einfach keine Frau erwartet.

Meine Freundin Elizabeth Kata hatte mir ein paar Hinweise gegeben, wie man sich in Japan benahm. Ich hatte Elizabeth in den späten 1960-ern über Adrian kennengelernt. Damals war sie bereits eine bekannte Schriftstellerin. Ihre Erzählung *Be Ready with Bells and Drums* sorgte bei ihrem Erscheinen im Jahr 1961 für viel Aufregung. Die Leserschaft des Buches wuchs, als es unter dem Titel *A Patch of Blue* [Träumende Lippen] 1965 mit Sidney Poitier und Shelley Winters in den Hauptrollen verfilmt wurde. Doch Elizabeth war kein ›Hollywoodgeschöpf‹. Sie stammte aus Sydney und verliebte sich in den 1930-er Jahren in den japanischen Pianisten Shinshuro Katayama, der auf Gastspielreise war. Sie erhielt die Genehmigung, mit ihm nach Japan zu ziehen, wo die beiden 1937 mit den gebührenden Zeremonien heirateten. Die wenigen Jahre ihres frischen Eheglücks wurden für immer zerstört, als die Japaner Pearl Harbor angriffen. Elizabeth, die von der Familie ihres Mannes geliebt und beschützt wurde, verbrachte die Jahre des Pazifikkrieges in den Bergen, streng überwacht von den japanischen Behörden. Drei Wochen, bevor die erste Atombombe der Welt Hiroshima traf, kam ihr Sohn David zur Welt.

Wenige Jahre nach Kriegsende trennten sich die Katayamas, obwohl sie nie geschieden wurden. Elizabeth brauchte eine Sondergenehmigung der Regierung, um zusammen mit ihrem Sohn wieder nach Australien einreisen zu dürfen. Ihre Auffassung vom Wesen des Menschlichen, von Liebe ohne Vorurteil, harmonierte sehr mit der meinen und wurde zur Basis unserer Freundschaft. Doch im konkreten Falle stattete Elizabeth mich mit etwas aus, das damals nur sehr wenige Menschen besaßen – mit einer weitreichenden Kenntnis japanischer Etikette.

Ich hielt mich an ihre Anweisungen: Sei höflich, sei geduldig, sag' ein paar nette Worte, trink' eine Tasse Tee, frag', wie die Geschäfte laufen ... und dann erkundige Dich, ob es gestattet sei, sich ein wenig umzusehen. Für mich, die ich so leicht erregbar und gesellig bin, war es eine Qual, in Japan Geschäfte zu machen; doch nach und nach erlernte ich, darin einen Sinn zu erkennen. Eigentlich lag mir die japanische Art, mit den Dingen umzugehen, in mancherlei Hinsicht sogar sehr. Ich mochte ihre Pünktlichkeit. Ich mochte die Gewissheit, dass Vereinbarungen verbindlich waren. Es war nicht leicht, sie zu einer Vereinbarung zu bewegen; Japaner halten es für unhöflich, nein zu sagen, selbst wenn es ihre Absicht ist. War jedoch eine Entscheidung einmal getroffen, dann galt sie. Es schien eine Ewigkeit zu dauern, bis *Sasaki* mir schließlich ihre Handelsvertretung in Australien anbot. Als ich allerdings meinen Anwalt anwies, einen entsprechenden Vertrag vorzubereiten, waren die Japaner verwirrt. Was für ein Vertrag? Sie erklärten, sie bräuchten keinen Vertrag, doch wenn ich darauf bestünde, so möge ich einen aufsetzen. Vorsichtig und sehr höflich unterrichtete Tom-san mich in seiner blumigen Sprache darüber, dass in Japan das Getriebe des Geschäftslebens mit Vertrauen geölt würde und eine geschlossene Freundschaft dessen lebendiger und beständiger Teil sei.

Ich steckte eine Menge Kraft in *Sasaki*. Ich investierte viel Geld in Werbung und arbeitete eng mit Hochglanzmagazinen und Architekturjournalen zusammen. Das Geschäft florierte – noch mehr, als *Sasaki* eine Zweigniederlassung in New York eröffnete und ich – bildlich gesprochen – huckepack auf ihren umfangreichen Bestellungen mitreisen konnte.

1983 erhielt ich einen weiteren Vertrauensvorschuss. Ich beschloss, ein Geschäftshaus zu kaufen. Wir hatten in Pyrmont Räumlichkeiten gemietet, die auf drei Stockwerke verteilt lagen. Doch zu diesem Zeitpunkt importierten wir bereits ganze Containerladungen voller Ware, verfügten über ein großes Verteilernetz und lieferten an die großen Kaufhäuser, die uns schließlich anboten, eigene *Sasaki*-Läden nach dem

›Shop-im-Shop-System‹ in ihren Häusern zu eröffnen. Ich hielt es für wesentlich effektiver, alle Lagerräume auf einer Ebene zu haben; außerdem wollte ich die Geschäfte per Computer steuern.

Das Gebäude, das ich schließlich fand, war ein viergeschossiges altes Lagerhaus mit Holzfußböden und einer schönen Dachverkleidung; es lag in Chippendale, nicht weit von Sydneys Hauptbahnhof. Natürlich besaß ich nicht genug Geld, um es zu kaufen, also dehnte ich meinen Kreditrahmen aus und finanzierte es voll durch ein Darlehen über eine Million australischer Dollar.

Wir restaurierten das Gebäude, richteten es wieder her und gaben ihm den Namen *Dansab-Haus*. Wir zogen mit dem Geschäft in den ersten Stock und richteten einen großen neuen Verkaufsraum für *Sasaki* ein, die zu dem Zeitpunkt mehr als 70 Prozent unseres Importgeschäfts ausmachten. Der Rest des Gebäudes wurde an gleichgesinnte Mieter verpachtet, wodurch eine Art ›Designzentrum‹ entstand. Im September 1985 eröffnete der Oberbürgermeister von Sydney, Doug Sutherland, in Gegenwart von Shinji Sasaki und seiner Frau das Gebäude; alles lief bestens. Auf dem Eröffnungsfest servierten wir Kaviar mit Sauerrahm auf Miniaturtörtchen, Austern, Garnelen, dänischen Räucherlachs auf Roggenbrötchen, frittierte gefüllte Champignons – ich liebte es, mich um meine Gäste zu kümmern. So waren die Achtziger. Wir schwebten irgendwo weit oben, und ich hatte viel Spaß.

Und dann, peng, traf uns die Devisenkrise.

Ich muss ein bisschen weiter ausholen. Im Dezember 1983 gaben der damalige Premierminister Bob Hawke und sein Schatzkanzler Paul Keating den australischen Dollar frei – ein Akt, der eine Flut wirtschaftlicher Liberalisierungsmaßnahmen auslöste: wie die Lizenzerteilung an ausländische Banken, die Freigabe von Krediten, die Lösung von Handelsbarrieren und die Abschaffung von Importquoten und zentral geregelter Festlöhne und vieles mehr.

Als der Dollar nicht mehr gebunden war, fiel sein Wert beträchtlich – und er blieb im Sinkflug. Tatsächlich stieg er nicht mehr bis zu den späten Achtzigern. Ich hatte, um die hohen australischen Zinssätze zu vermeiden, meine Kredite im Ausland aufgenommen. Als der Dollar 1986 weiterhin keine Anstalten machte, wieder zu steigen, zwang mich die Bank, meine Kredite ins Inland zu transferieren. Ich musste zu meinem Schreck feststellen, dass meine Schuld nunmehr doppelt so hoch wie die geliehene Summe war.

Zu diesem Zeitpunkt lebte ich in einem Haus im japanischen Stil, das ich hinter meinem Grundstück an der ›Queen Street‹ errichtet hatte. Ich wollte es nicht verkaufen. Und natürlich wollte ich auch das *Dansab-Haus* nicht mit Verlust verkaufen. Die Bank hielt mir den Rücken frei, solange ich meine Zinsen bediente. Es war jedoch nur noch eine Frage des Wann, dass es auch mich erwischen würde. Seit einiger Zeit trafen Zdenek und ich gelegentlich wieder aufeinander, bei Familienfesten. Wir waren erneut Freunde geworden, und Zdenek lieh mir etwas Geld. Es waren sehr schwierige Jahre. Ich reiste viel – bis zu viermal im Jahr flog ich nach Japan und nach Europa, um einzukaufen und meine Bestände aufzufüllen. Kjeld begleitete mich niemals, da einer von uns im Geschäft bleiben musste. Ich machte mir Sorgen um Josie, die damals ihr Kind allein aufzog und die zwischen 1987 und 1990 von zwei unterschiedlichen schweren Gesundheitsproblemen getroffen wurde.

Als ich dann nach einer schwierigen Geschäftsverhandlung in Tokio zusammenbrach und bei mir gefährlicher Bluthochdruck diagnostiziert wurde, wusste ich, dass ich einigen unangenehmen Wahrheiten ins Gesicht zu sehen hatte.

In jenen Jahren machte ich nur sehr sporadisch ein paar wenige Notizen in mein Tagebuch. Doch am 25. Oktober 1988, als ich mich erschöpft, mit Ohnmachtsanfällen und Herzrasen, im Krankenhaus befand, schrieb ich:

»Nun bin ich also zur Ruhe gezwungen worden. Das wird mir zweifellos guttun [...] ich habe viele, viele Untersuchungen über mich ergehen lassen, alle ziemlich unerfreulich, habe über mein Leben nachgedacht, über Prioritäten, Richtungen [...] Wie schnell doch die Zeit vergangen ist.

Ich muss mir jeden einzelnen Tag meines Lebens bewusster machen. Ich sollte mehr spenden, anderen mehr von mir geben. Um uns herum herrschen so viel Schmerz und Leid. Ich muss mir für die Zukunft mehr vornehmen und versuchen, mich daran zu halten [...]

Soll ich das Geschäft verkaufen? Was soll ich dann machen, wenn ich es verkaufe? Bin ich tatsächlich gern immer so aktiv, oder ist mir das zur zweiten Natur geworden?

Apropos: Was ist jetzt mit den Ergebnissen der Untersuchungen?«

In Bankangelegenheiten bemühte ich mich, den Kopf über Wasser zu halten, aber ich hatte kein Geld übrig, um das Geschäft am Laufen zu halten. Ich musste mir neue Kredite einräumen lassen, um Waren einzukaufen. In Japan lag der Zinssatz bei vier, in Australien im Vergleich dazu bei bis zu 18 Prozent. *Sasaki* half mir, in Japan Geld zu niedrigeren Zinsen zu leihen, um für die Lagerware zahlen zu können. Ich überlebte, doch zu welchem Preis.

Die Ärzte teilten mir mit, dass ich direkt darauf zusteuerte, Probleme mit dem Herzen zu bekommen. Ihr Rat lautete, viel weniger zu arbeiten. Ich war mir darüber im Klaren, dass ich nicht das Geschäft führen und gleichzeitig weniger arbeiten konnte. Entweder führte ich es, oder ich ließ es sein. Beim gegenwärtigen Stand des Dollar gab es wenig Interessenten für den Kauf eines Importunternehmens, also organisierte ich einen Lagerverkauf und inserierte am 14. September 1990 die Geschäftsaufgabe. Einen Monat später gab ich eine weitere Party im *Dansab-Haus* – Sabinas und Kjelds ›Zeit, die Dinge leichter zu nehmen‹-Party. Wir gaben stilvoll auf – und mit einer großen Portion guten Willens.

Es fiel mir schwer zurückzusteuern. Ich wusste, dass ich es um meiner Gesundheit willen tun musste, aber es liegt mir nicht, die Dinge leichtzunehmen. Zwar bin ich kein schwarzseherischer Typ, doch das Leben findet immer einen Weg, seine Lehren zu erteilen.

Am 25. Februar 1991 kam das dritte Kind meines Sohnes Phillip und seiner Frau Suzy auf die Welt – ein Sohn, den sie Zachariah Joseph (›Zac‹) nannten. Ich war von der Geburt dieses ersten männlichen Enkels ebenso berührt wie bei meinen Enkelinnen. Damals hatte Josie eine Tochter, Poppy, und Phillip und Suzy hatten zwei Töchter, Pia und Sophie; jedes dieser kleinen Mädchen erschien mir wie ein Wunder. Ich hatte nicht einmal damit gerechnet, meine eigene Kindheit zu überleben, geschweige jemals Großmutter zu werden. Wie wünschte ich doch, meine Mutter hätte diese Kinder sehen können.

Fünf Monate später, am 6. August, starb Zac im Schlaf. Phillip und Suzy waren untröstlich, und für mich war sein Tod ebenso unverständlich wie der Tod meines Bruders Josek 45 Jahre zuvor. Als die kleine Sophie einmal bei Kjeld und mir übernachtete und fragte: »Meme, warum musste Zac sterben?«, da wusste ich ihr nichts weiter zu entgegnen, als dass solche Dinge manchmal geschehen und dass er, wo auch immer er jetzt sei, glücklich und zufrieden wäre. Es gibt Dinge, die kann man einem Kind nicht erklären. Ich fühlte mich so unzulänglich. »Aber ich vermisse ihn so, und ich kann ihn gar nicht sehen«, sagte Sophie. Ich wusste, was sie meinte.

Ich nahm mir die Bücher der in der Schweiz geborenen Psychiaterin Elisabeth Kübler-Ross über Tod und Sterben zu Hilfe. Sie standen mir in meinem Kummer zur Seite.

Und dann, im Februar 1992, erfuhr Zdenek, dass seine Lunge und seine Leber von Krebs befallen waren. Diese Diagnose erschreckte mich zutiefst. Die Bitterkeit unserer Scheidung war lange vorüber. Zdenek hat Adrian nie gemocht, doch es war auch schon wieder zwanzig Jahre her, dass Adrian und ich uns getrennt hatten. Von Kjeld dagegen war Zdenek begeistert, und ich hatte niemals aufgehört, Zdenek auf meine Art zu lieben.

In den letzten zwei Monaten seines Lebens verbrachte ich nahezu jeden Tag mit ihm. Er starb sieben Monate nach der Diagnose. Ich schrieb in mein Tagebuch:

»Zdenek starb am Dienstag, dem 15. September. Ich war nicht bei ihm, ich habe ihn um sechs Uhr abends allein gelassen und ihm gesagt: ›Ich bin morgen wieder bei Dir, Liebling.‹ Er umarmte mich, küsste mich zweimal auf die Lippen, drückte meine Hand und nickte. Ich bin völlig niedergeschmettert und auch irgendwie überrascht von meiner Reaktion. Diese letzten paar Wochen waren so tragisch und traurig, besonders die letzten paar Tage. Da hat er nichts mehr gegessen. Er war nur noch Haut und Knochen, die meiste Zeit über döste er ein, ansonsten ging es ihm so schlecht […] Er litt stumm. Ich betete, dass es rasch zu Ende gehen möge. Ich dachte, ich wäre darauf vorbereitet, doch ich war es nicht. Es ist ein so schmerzvoller Verlust für mich. Ein langes Kapitel meines Lebens ist zu Ende.«

Am 1. Dezember 1992 brachte Suzy einen kleinen Jungen zur Welt, den sie und Phillip Remy Dennis nannten (viele Jahrzehnte zuvor hatte Zdenek seinen Namen in Dennis anglisiert). Kurz nach Neujahr, während Kjeld in Dänemark weilte, um seine Eltern zu besuchen, schrieb ich in mein Tagebuch: »Ein friedlicher, klarer Tag. Es ist früher Nachmittag. Musik erfüllt das Haus mit dem Genie Mozarts. Ich bin so dankbar dafür, zu leben.«

## XXV. ERINNERUNGSARBEIT

Meine Kinder, Josie und Phillip, waren schon lange erwachsen und hatten selbst Kinder, ehe ich ihnen Näheres über meine Kriegserfahrungen in Polen erzählte. Ich wollte, als sie noch klein waren, ihnen ihr Leben damit nicht unnötig erschweren. Ich hatte wahrgenommen, welche Schäden es anrichtete, wenn Holocaustüberlebende es zuließen, dass Schmerz und Bitterkeit ihr Familienleben vereinnahmten. Meine Kinder sollten in einer lichteren Welt aufwachsen. Ich war mir sicher, dass der richtige Zeitpunkt käme und sie mehr über meine finsteren Jahre erfahren wollten.

Doch als es schließlich soweit war, erzählte ich zunächst anderen Kindern meine Geschichte. Im späten September 1992, eine Woche nach Zdeneks Tod, nahm ich einen Termin mit einer Gruppe 15-Jähriger in einem jüdischen Internat in einem östlichen Vorort Sydneys wahr. Ich fühlte mich sehr schwach. Eine fürchterliche Erkältung plagte mich. Doch ich hatte einer Freundin, Ruth Wilson, mein Wort gegeben, ihr bei einem Projekt zu helfen, das junge Menschen über den Umgang mit Rassismus und Vorurteilen informieren sollte. Zuerst wehrte ich mich, doch dann stimmte ich spontan zu, mich zu meinen Erfahrungen befragen zu lassen. Einige Jahre später veröffentlichte Ruth eine Kurzgeschichte über jenen Morgen, als ich in der Emanuel-Schule über meine Erinnerungen sprach; die Geschichte trägt den Titel *Sabina, meine Freundin.*

»Sie wäre beinahe nicht gekommen an diesem Morgen … [Doch] Sabina ist höflich und ihr Herz regiert ihren Kopf. Vielleicht ist dies das Geheimnis ihres Überlebens. An jenem Tag triumphierte ihr Herz über ihren kranken Körper.« Sie hatte recht. Natürlich wurde ich älter, und meine Sicht auf meine Kriegserfahrungen und deren Platz in der Geschichte veränderte sich. Doch vor allem hatte ich das Gefühl, dass es an der Zeit war. Ich fühlte mich denen gegenüber, die nicht überlebt hatten, insofern verantwortlich, dass ich die schwere Arbeit der Erinnerung zu leisten hatte.

Mit dieser ersten Schülergruppe hatte ich Glück. Sie hörten aufmerksam zu, »mal entsetzt, mal entzückt«, wie Ruth schrieb. Als die Unterrichtsstunde vorüber war, kam eine kleine Gruppe Schüler mit zu mir nach Hause, um die Stunde dort fortzusetzen. Ich erlebte eine Art von Katharsis, so wie ich sie erlebt hatte, nachdem Adrian als erster in meiner Vergangenheit nachgeforscht hatte. Doch was viel wichtiger war: Ich erkannte, wie unmittelbar sich meine Erfahrungen mit dem starken Antrieb dieser jungen Menschen, dem Leben einen Sinn abzugewinnen, verbanden. Meine Albträume kehrten zurück, aber ich war darauf vorbereitet, dass ich diesen Preis zu zahlen hatte, wenn ich junge Menschen davon überzeugen wollte, dass, wenn man ihnen ins Gesicht spucken würde, sie die Augen schließen und sich einreden sollten, dass es regnet, um diese Beleidigung zu verzeihen. Ich versuchte, sie dazu zu ermutigen, besser den Mund aufzumachen als zu schweigen, wenn sie auf Rassismus, Vorurteile oder Diskriminierungen träfen.

Nachdem ich einmal begonnen hatte zu reden, sah ich mich in der Pflicht, es immer wieder zu tun. Ich fing an, auch in anderen Schulen zu sprechen, wenn ich eingeladen wurde. Innerlich war es jedes Mal eine neue Herausforderung, aber ich hatte das Gefühl, meinen eigenen, wenn auch kleinen Beitrag zu leisten, indem ich Zeugnis über den erlittenen Schrecken ablegte. Von Anfang an schwor ich mir, dass ich die Wahrheit sagen würde und nicht verheimlichte, wenn ich etwas nicht wusste. Ein paar Jahre später stand ich auf der Rednerliste der Jüdischen Repräsentantenvertretung von New South Wales und erweiterte damit meine Zuhörerschaft um Ausbildungszentren, Universitäten und Berufsforen. Doch von meinem Grundsatz, nur über das zu sprechen, was ich wusste, rückte ich nie ab.

Gegen Ende Januar 1993 fuhr ich nach Melbourne, um an einer Konferenz von Überlebenden teilzunehmen, die während des Holocaust noch Kinder gewesen waren. ›Hidden Children‹ wurden Menschen mit meinen Kriegserfahrungen seit Kurzem genannt. Ihr erstes internationales Treffen fand 1991 in New York statt. Ich bin damals nicht hingefahren, als sich aber im selben Jahr auch in Sydney eine Gruppe solcher Überlebenden gründete, da besuchte ich eines der ersten Treffen und lernte bei dieser Gelegenheit Ruth kennen. In dieser Gesellschaft von Fremden, die wie ich über fünfzig Jahre ihre Kindheitserinnerungen in sich begraben hatten, begann ich behutsam, mich meiner Vergangenheit gegenüber zu öffnen.

Nur sehr wenige jüdische Kinder haben den Krieg überlebt. Die Nazis nahmen sich absichtlich diese junge Generation von Juden zum Ziel ihrer frühen Deportationen und des Tötens. Von den sechs Millionen ermordeten Juden waren rund 1,5 Millionen Jungen und Mädchen. Jahrelang nahm man von uns ›Glücklichen‹, die wir unsere Kindheit sowohl in Verstecken als auch in Lagern überlebt hatten, an, dass wir ›zu jung‹ gewesen seien, um von den Grausamkeiten der Naziherrschaft betroffen gewesen zu sein. Auch wenn wir es anders sahen, so sprachen wir doch nie darüber. Während wir erwachsen wurden, was die Nazis unbedingt verhindern wollten, schlossen wir unsere Albträume weg. Viele von uns verließen Europa und schufen sich neue Heimstätten, neue Familien und neue Ziele an Orten, wo es nichts gab, das an unseren Erinnerungen rüttelte. Doch als unsere ›glücklichen‹ Leben sich ihrem natürlichen Ende zu nähern begannen, fühlten viele von uns, mich eingeschlossen, den Drang, über das im Krieg Erlebte zu sprechen. Wir überlebenden Kinder des Holocaust begriffen, dass unsere Zeugenschaft nicht allein der letzte lebendige Hinweis auf Hitlers Versuch war, 2.000 Jahre europäischen Antisemitismus' zu vollenden, sondern dass es auch keine Hierarchie der Opfer gab. Angesichts von Tod und Qual hatte uns unsere Jugend nicht vor Leid schützen können.

Nach der Konferenz in Melbourne beschloss ich, an der zweiten Internationalen Zusammenkunft der ›Hidden Children‹ im Juli 1993 in Jerusalem teilzunehmen. Bevor ich abreiste, erhielt ich einen Brief von den Heiligs – jenem Paar, das mir bei Kaffee und Kuchen in ihrem Haus in Waldenburg vor vielen Jahren Zdenek vorgestellt hatte. Sie lebten bereits seit Langem in Israel und fragten mich, ob ich Interesse daran hätte, mit ihnen im Anschluss an die Konferenz nach Polen zu reisen und auch das nun ukrainische Borysław zu besuchen. Einige Amerikaner, die aus unserer Stadt stammten, würden die Reise organisieren, erklärten sie. Es würde eine Art ›Zusammenführung‹ der Überlebenden von Borysław werden.

Von manchen Menschen wusste ich, dass sie niemals mehr dorthin zurückkehren wollten. Weder Rita noch Róża hätten es getan. Doch ich willigte ein, die Heiligs zu begleiten. Ich musste diesen Ort einfach noch einmal sehen. Ich verspürte ein sehr starkes Verlangen, die frühen Jahre meiner Kindheit zurückzuverfolgen, die Plätze zu sehen, an denen ich mit meinen Eltern und meinem Bruder gelebt hatte, zu sehen, wo meine Kindheit und meine gesamte Familie auf so brutale Weise vernichtet worden waren, der harten Wirklichkeit von Borysław von Angesicht zu Angesicht gegenüberzustehen – in dem Versuch zu begreifen, was dort geschehen war.

Weder Phillip noch Josie waren jemals in Polen gewesen, bis dahin hatten wir kaum über meine Erlebnisse während des Krieges gesprochen. Ich habe sie nicht darum gebeten, mich zu begleiten. Sie boten es von sich aus an. Sie sagten, sie würden mich nicht allein dorthin zurückreisen lassen. Sie würden als meine Beschützer mitkommen, als meine Wachen.

Ich habe ein Foto von Josie und mir, wie wir in der ›Barackensiedlung‹ stehen, an jener Stelle, von der mir gesagt wurde, dass mein Bruder, mein Vater und Mendzio dort hingerichtet worden seien. Josie, meine wunderbare, freigeistige Tochter, hält mich fest. Es hatte an diesem Tag geregnet; auf dem Foto sind schlammige Pfützen auf dem aufgesprungenen Betonboden zu erkennen. Der Himmel hängt tief und ist trübe. Ich kann mich noch daran erinnern, wie ich da stand, umarmt von meiner Tochter, und darüber nachdachte, wie sie sich wohl gefühlt hatten, wie ihre letzten Augenblicke gewesen waren. Noch einmal brach es mir das Herz. Ich war nicht dort, bei meinem Bruder. Ich konnte mir nur vorstellen, wie sehr er sich nach dem Leben gesehnt hatte, kurz bevor die Kugel ihn traf.

Das Lager war verfallen, doch der Aufbau, so wie ich ihn in Erinnerung hatte: das Männer- und das Frauenquartier, das ›Weiße Haus‹, in dem unter anderen die Chemiker wohnten, und das Torhaus, in dem ich mit den Eisensteins wohnte, waren noch unzerstört. Eine kleine Gedenktafel an der Mauer nahe den Eingangstoren, die so aussahen wie zu jener Zeit, als Hildebrands Mordbefehl Gesetz war, erinnerte an die Toten. Auf der Gedenktafel stand: ›Zur Erinnerung an die von den Deutschen im Ghetto von Borysław zwischen 1941 und 1944 ermordeten Juden‹. Das war alles.

Ich suchte den Ort in Łoziny auf, wo ich zuletzt mit meiner Mutter gewohnt hatte. Das Haus war nie sonderlich bemerkenswert gewesen, doch wie fast alles in Borysław war auch diese Gegend vernachlässigt und verfallen. Der jüdische Friedhof, auf dem ich für eine Beerdigung der Überreste meines Bruders, meines Vaters und Mendzios gesorgt hatte, nachdem diese versehentlich 1945 exhumiert worden waren, existierte nicht mehr. Die Russen hatten ihn plattgemacht und einen Parkplatz darauf errichtet. Unsere Gruppe bemühte sich, eine Gedenktafel an dieser Stelle aufzustellen. Doch es gab keine Juden mehr in der Stadt, die sich darum hätten kümmern können, den Ort ordentlich und sauber zu halten. Unser Besuch rief eine derart große Angst und ein solches Misstrauen hervor, dass uns die örtliche Polizei Begleitschutz gab, während wir durch die Stadt gingen, um – an den Plätzen der persönlichen und auch der gemeinsamen Tragödie – der Zerstörung des jüdischen Borysław zu gedenken. Überall spürten wir, wie Blicke uns folgten.

Ich entdeckte das Haus der Staniszewskis, wo ich jene schreckliche Nacht des 21. Juli 1944 verbracht, und auch die Parkbank, auf der ich gesessen und zugesehen hatte, wie der letzte ›Judentransport‹ von der SS und ihren Hunden zum Zug nach Auschwitz getrieben wurde. Zusammen mit Josie und Phillip saß ich auf dieser Bank, und die Anwesenheit der beiden half mir, meinem Überleben einen Sinn zu geben. Und ich erzählte ihnen, wie ich darauf gewartet hatte, erkannt und aufgerufen zu werden, mich in die Deportation einzugliedern. Und wie die Kolonne der zum Tode verdammten Juden ohne mich weiterzog. Außerdem erzählte ich ihnen, wie dankbar ich für das Geschenk des eigenen Lebens war – für sie und für ihre Kinder, meine Enkel: Poppy, Pia, Sophie und Remy. Josie und Phillip waren in Australien zur Welt gekommen, in einem freien Land. Ehe sie mich nach Borysław begleiteten, war es für sie nicht möglich gewesen, nachzuvollziehen, was ich als Mädchen erlitten hatte. Ich glaube, nach dieser Reise sahen sie mich mit anderen Augen. Wir sind seitdem enger zusammengerückt.

In Polen besuchten wir die ehemaligen Konzentrationslager Auschwitz und Majdanek. Ich hatte sie noch nie zuvor gesehen. Und wir fuhren nach Belzec. Es war von Unkraut überwuchert und jeglicher jüdischer Symbole beraubt. Für die zehn Prozent aller Holocaustopfer, die an diesem ersten Ort in der menschlichen Geschichte mit festinstallierten Gaskammern zu Tode gekommen waren, gab es keine Gedenkstätte. Wir zündeten ein paar Kerzen an – für meine Mutter, für ihre

Eltern, ihren Bruder und ihre Schwestern und deren Familien – und wir weinten ob der Missachtung unserer Toten.

Im Juli 1995 trat die *Shoah Foundation* mit der Bitte um ein Video-interview an mich heran. Diese Stiftung wurde 1994 von Steven Spielberg ins Leben gerufen – ein Jahr, nachdem er den Film *Schindlers Liste* gedreht hatte, – ursprünglich mit der Absicht, Zeitzeugenaussagen aller noch lebenden Holocaustüberlebenden aufzuzeichnen. Als Spielbergs Interviewer nach Sydney kamen, erbaten sie die Erlaubnis, meine Fotografien, Briefe und Tagebücher kopieren und katalogisieren zu dürfen, um sie dann in den Archiven des United States Holocaust Memorial Museum (USHMM), das im April 1993 in Washington eröffnet worden war, zu integrieren. Kjeld und ich haben 1995 das Museum besucht. Es war ein Eindruck, der uns sehr mitgenommen hat.

Während derselben Reise im Jahr 1995 nahm ich an einer weiteren Konferenz der ›Hidden Children‹ teil, in der trügerischen Hoffnung, möglicherweise doch noch jemanden Nahes zu finden – einen Cousin, dessen Namen ich vergessen hatte, oder einen Verwandten aus der Familie meines Vaters, jemanden, dessen Namen ich nie gekannt hatte. Der Kontakt zu einer Cousine in Buenos Aires, Ana Natalia, der Tochter von Mutters Bruder Jacob, war der Anlass gewesen. Kjeld und ich besuchten sie auf dem Weg nach Los Angeles. Sie war Bühnen- und Kostümbildnerin, drei Jahre jünger als ich und mit ähnlichen Interessen und Vorlieben. Wir waren so dankbar, einander kennenzulernen – wir beiden Kulawicz-Mädchen, die ein Leben lang getrennt gewesen waren. In Los Angeles konnte ich keine weiteren Verwandten finden, doch ich lernte Menschen kennen, mit denen ich über den entsetzlichen Zustand des Geländes des ehemaligen Todeslagers in Belzec sprechen konnte. Im März 1996 schrieb ich an Alan Elsner, der zu dieser Zeit Amerika-Chefkorrespondent für *Reuters* war und im Jahr zuvor mit seinem Vater Belzec besucht und über die Vernachlässigung des Ortes geschrieben hatte. Er informierte mich darüber, dass er das USHMM dazu gebracht hätte, sich für das Projekt zu engagieren und dass sowohl Museum als auch die polnische Regierung zugestimmt hätten, dort eine Gedenkstätte und ein Museum zu errichten. Er verwies mich an Jacek Nowakowski, den Leiter der Abteilung ›Sammlung und Erwerb‹ des USHMM, und in den folgenden Jahren hielt mich Herr Nowakowski über den unregelmäßigen Fortschritt des Projekts auf dem Laufenden. Ich wollte gern mithelfen, aber es gab nichts für mich zu tun, und als die Gedenkstätte Belzec endlich ihrer Bestimmung übergeben wurde, applaudierte ich aus der Ferne.

Ich hatte in dieser Zeit ein paar ganz andere Probleme, die viel näher lagen. Im April 1997 wurde ich ins Krankenhaus eingeliefert und unterzog mich einer vierfachen Bypassoperation. Wenn ich besorgt war, so habe ich es nicht gezeigt, doch ich erinnere mich daran, während ich in diesen Operationssaal hineinrollte, gedacht zu haben, dass ich zu meinem Abgang noch nicht bereit war. Es gab noch viel zu erledigen, einschließlich eines Neubaus, der zu vollenden war. Seit 1982 lebten Kjeld und ich in unserem eleganten schwarz-weißen Stadthaus in einem östlichen Vorort, doch ich entschied, dass es zu klein sei. Ich wollte mehr Platz für Gäste haben, mehr Platz für Unterhaltung und einen Swimmingpool, um darin meine Übungen durchführen zu können. Also kaufte ich im November 1996 ein altes Teppichlagerhaus in der Nähe – in der Absicht, es in zwei große Stadthäuser umzuwandeln, eines zum Verkaufen und eines zum Behalten, und ich bat den Architekten Alex Tzannes, das Projekt zu planen.

Die Bypassoperation belebte meinen Drang nach Leben, nach gutem Leben. Ich hatte immer viel gelesen, doch als ich spürte, wie meine Energie zurückkehrte, las ich noch mehr. Ich habe außerdem ein Faible für Gemälde, also vergrößerte ich meine Sammlung. Ich ging öfter ins Theater, schloss neue Freundschaften, belebte eingeschlafene Kontakte. Ich verbrachte mehr Zeit mit *Courage to care* – einer Organisation, die Australier über Toleranz zwischen Menschen verschiedener Herkunft aufklärt und dabei betont, dass jeder etwas verändern kann. Ich genoss die Gegenwart und dachte, allmählich würde ich mit meiner Vergangenheit ins Reine kommen.

Und trotzdem, als ich dann im April 2003 einen Brief aus Berlin erhielt, adressiert an Frau Haberman/van der Linden, ließ mich das auf der Stelle erstarren. Seit 1943 hatte mich niemand mehr Haberman genannt. Und nun schrieb jemand aus Berlin an mich, Sabina Haberman?

## XXVI. BERLIN

Der Schreiber des Briefes stellte sich als junger deutscher Wissenschaftler namens Dr. Ulrich Baumann vor, der eine Ausstellung für das Informationszentrum des geplanten Denkmals für die ermordeten Juden Europas in Berlin vorbereitete. Er hatte im Monat zuvor im Fotoarchiv des USHMM in Washington gearbeitet und dort jene Fotos und Dokumente gesehen, die ich für die Sammlung gestiftet hatte. Er wollte wissen, ob ich mir »vorstellen könnte, dass Fotos und Dokumente, die die Geschichte [der Familie Haberman] erzählten, Teil der Ausstellung werden«. Er war, so schrieb er, von den Fotos, die meinen Bruder und dessen Freunde im Ghetto zeigten, stark beeindruckt und wollte mir mitteilen, wie traurig es ihn gestimmt hätte, »von seinem Tod durch die Hand deutscher Mörder zu lesen«. Er fragte sich, ob ich noch weitere Fotos meiner Familie und unseres Alltags in Borysław aufbewahrt hätte.

Nach Eintreffen des Briefes habe ich zwei Tage lang geweint. In mir platzte etwas auf. Als die Tränen versiegt waren, schrieb ich zurück und willigte ein zu helfen. Bis dahin hatte ich von dem Denkmal in Berlin noch nichts gehört, doch nachdem ich ein wenig recherchiert hatte, wusste ich, dass ich daran teilhaben wollte. Der Weg, den ich in den vergangenen Jahren beschritten hatte – meine Treffen mit anderen Kindern des Holocaust, meine öffentlichen Reden über meine Kriegserfahrungen, meine Reise nach Borysław und nach Belzec – schien mich direkt dorthin geführt zu haben. Ich verstand, dass der Antisemitismus meine persönlich zu tragende Last war, dass aber Vorurteil und Hass in jedweder Form – sei es gegen Schwarze, Asiaten, Muslime oder Frauen – die Menschlichkeit als solche erniedrigten und in sich die Saat des Bösen trugen. Das hatte ich begriffen und wollte, dass auch nachfolgende Generationen verstanden, angesichts von Vorurteil und Hass nicht stumm zu bleiben und so nicht nur deren bloße Existenz, sondern sogar ihre Verbreitung zu begünstigen. Dieses Denkmal war ein Bekenntnis der deutschen Nation, die doch jahrhundertelang als eine der höchstzivilisierten Nationen in Europa gegolten, neben diesen großen Leistungen aber auch den entsetzlichsten Genozid der Menschheitsgeschichte zu verantworten hatte. Es war ein Bekenntnis, dass viele Deutsche mitangesehen hatten, als die Nazis andere Deutsche, die zufällig Juden waren, zunächst ihrer politischen und dann ihrer menschlichen

Rechte beraubten, und ein Bekenntnis zur Verantwortung für die Folgen des Schweigens angesichts des ›Zivilisationsbruches‹ – des Massenmordes an sechs Millionen europäischer Juden. Selbstverständlich wollte ich an einer Initiative, die der Erinnerung an den Holocaust einen zentralen Platz in Berlin schaffen wollte, teilhaben. Warum ich? Ja, auch diese Frage habe ich mir gestellt, aber ich habe mich nicht lange damit aufgehalten.

Nach monatelanger Korrespondenz reiste ich im Juli 2004 nach Berlin, um mir den Fortschritt der Bauarbeiten am Denkmal anzusehen. Zu diesem Zeitpunkt wusste ich bereits, dass es kontrovers diskutiert wurde. Die Idee, ein Mahnmal zu schaffen, das den jüdischen Opfern des Holocaust gewidmet sein sollte, wurde seit 1988 von einer kleinen Gruppe Privatleute mit der Fernsehjournalistin Lea Rosh und dem Historiker Eberhard Jäckel – beide nicht jüdisch – an ihrer Spitze erörtert. Jahrelang wurde in der deutschen Öffentlichkeit heftig debattiert und gestritten, wem ein solches Denkmal gewidmet sein und ob es überhaupt gebaut werden sollte, und falls ja, welches die richtige Vorgehensweise dabei wäre und wie es überhaupt aussehen sollte. Es gab zwei Architekturwettbewerbe mit Hunderten von Beiträgen. Der Durchbruch kam am 25. Juni 1999, als der Deutsche Bundestag auf einer seiner letzten Sitzungen in Bonn – vor dem Umzug nach Berlin – schließlich die Errichtung eines Mahnmals von 19.000 Quadratmetern auf einem früheren Mauergrundstück nahe dem Brandenburger Tor beschloss. Und obwohl es nun sogar ›auf den Knochen von Adolf Hitler‹, wie Lea Rosh es ausdrückte, errichtet werden sollte, ging der Streit weiter. Im Oktober 2003 brach ein Aufruhr aus, als entdeckt wurde, dass die Vorgängergesellschaft des Auftragnehmers für den Graffitischutz der Betonquader Zyklon-B-Dosen für die Vernichtungslager der Nazis geliefert hatte. Es wurde hinterfragt, welche Materialien für den Bau dieses Mahnmals überhaupt eingesetzt werden sollten und wer am Bau beteiligt sein durfte.

Die Deutschen machten weiter, vollendeten die Aufgabe, und ich war – wie viele andere – von der Art und Weise, wie sie mit dem gesamten Prozess umgingen, beeindruckt. So hatte es beispielsweise auch den Vorschlag gegeben, das Brandenburger Tor zu sprengen, es zu pulverisieren und den Staub über seinen früheren Standort zu streuen, ehe das ganze Mahnmalsgelände dann mit Granitplatten abgedeckt würde. Wie könne man besser daran erinnern, dass ein ganzes Volk im Namen der deutschen Nation ermordet worden war, so schlug der Künstler Horst Hoheisel vor, als wenn man Deutschlands Nationalmonument zerstören und damit eine Leerstelle heraushauen würde, auf einem Grundstück in erstklassiger Lage im Herzen der wiedervereinigten deutschen Hauptstadt?

Selbstverständlich wurde Hoheisels Vorschlag zu keinem Zeitpunkt ernsthaft erwogen. Schließlich wurde der Entwurf des jüdisch-amerikanischen Architekten Peter Eisenman ausgewählt. Es handelt sich dabei um ein Meer aus Betonblöcken, die Eisenman ›Stelen‹ nennt, zusammengefügt zu einem rechteckigen Netz auf sanft und unregelmäßig geneigtem Grund. Mir gefiel Eisenmans Entwurf von Anfang an, doch ich war mir der Tatsache bewusst, dass es innerhalb als auch außerhalb Deutschlands Enttäuschungen sowohl über die gewählte Form des Mahnmals geben würde als auch über die ausschließliche Widmung für die Juden und den Umstand, dass es Juden als Opfer darstellte und dabei vermied, die Frage nach dem ›Warum‹ zu stellen und Erklärungen über die Schuld, die Ursachen und Hintergründe von Hitlers Krieg abzugeben.

Wenn ich noch irgendwelche Zweifel gehegt hätte, mich in das Mahnmalsprojekt einbinden zu lassen, so waren sie mit diesem ersten Besuch in Berlin ausgeräumt. Ich hatte ein Treffen mit Dr. Ulrich Baumann, wie er sich vorgestellt hatte, im Hotelcafé vereinbart, das wegen des warmen Wetters seine Tische draußen auf dem Bürgersteig des Kurfürstendamms aufgestellt hatte. Die einst angesagteste Flaniermeile des früheren Westberlin wimmelte vor Touristen und Einkaufsbummlern. Ich entdeckte einen schlanken jungen Mann mit schütterem Haar, der auf einem Fahrrad ankam. Aus irgendeinem Grund wusste ich sofort, dass dies mein ›Dr. Baumann‹ war. Von Anfang an fühlte ich mich mit Uli, wie ich ihn inzwischen nenne, wohl. Er stellte mich seinen Kollegen vor, die alle Ende zwanzig, Anfang dreißig waren – junge Deutsche, die sich darum bemühten, ihren Beitrag zu leisten. Schon seit Langem versetzte es mich nicht mehr in Angst und Schrecken, die deutsche Sprache zu hören. Ich war während meiner Zeit im Importgewerbe viele Male auf den Handelsmessen in Köln und Düsseldorf gewesen. Uli und ich hatten offen über meine Gefühle gegenüber Deutschland gesprochen, über die vergangenen und gegenwärtigen, über Rassismus, Hass und die Vorstellung einer kollektiven Schuld.

Zu diesem Zeitpunkt war ich noch nicht sicher, ob meine Familie eine der 15 aus Europa sein würde, die im Raum der Familien des Orts der Information vertreten sein würde. Uli hatte Tausende von Dokumenten und Fotos durchgesehen, sowohl in Yad Vashem, der Holocaustgedenkstätte in Jerusalem, als auch im USHMM in Washington. Er richtete besondere Wünsche an die Auswahl einer jeden Familie, nicht zuletzt die, dass die Fotografien nicht allein den Alltag der Vorkriegszeit dokumentierten, sondern dass außerdem noch Tagebücher, Briefe und Fotografien der Familienmitglieder aus den Kriegsjahren existierten. Man stelle sich die Ungeheuerlichkeit dieser Aufgabe vor. In Polen, wie in anderen besetzten Ländern auch, missbrauchten die Nazis Zwangsarbeiter dazu, sämtliche Habe aus den jüdischen Häusern auszuräumen, sobald deren Bewohner abtransportiert worden waren. Es waren so viele Zeugnisse jüdischen Lebens zerstört worden. Ich habe bereits erwähnt, dass Marek mir eine sehr seltene Fotografie überließ, auf der unsere Entdeckung in dem Erdloch unter dem Kaninchenstall abgebildet war, und dass Ritas polnischer Onkel die Fotografie vom Geburtstagsfest meines Bruders im Ghetto gerettet hatte. Es gab noch eine, auf der mein Bruder im Jahr 1941 vor einem Ölbohrturm posierte, zusammen mit anderen Mitgliedern einer Jugendgruppe der zionistischen Bewegung *Hashomer Hatzair* [Wächter Zions]. Und eine weitere zeigte mich, meinen Bruder, meine Mutter und ihre Freundin Frau Herzfeld, wie wir, gekleidet in unsere besten Wintermäntel, die ›ulica Pańska‹ [Herrengasse] in Borysław hinunterflanieren. (Als ich im Jahr 2005 zum ersten Mal die neue Gedenkstätte in Belzec besuchte, sah ich dort eine große Kopie dieser Fotografie im Museumseingang aufgestellt. Ich war höchst erstaunt. Das Bild war von den Historikern des Museums ausgewählt worden, ohne dass ich davon etwas wusste.) Außerdem besaß ich Fotografien meiner Großeltern, die mir mein Cousin nach dem Krieg aus Amerika schickte. Ich hatte großes Glück. Ich war im Besitz der Briefe von Josek und meiner Tagebücher, bei denen ich, wie schon oft betont, noch immer nicht begreife, wie es mir gelingen konnte, sie zu retten. Aufgrund dieser vergleichsweise großen Fülle an Dokumentationsmaterial und auch aufgrund der Tatsache, dass die Geschichte unserer kleinen Stadt auf gewisse Weise ungewöhnlich ist, wurde meine Familie, die Familie Haberman aus Borysław, schließlich in die Ausstellung mit aufgenommen.

Im Januar 2005 lud mich dann Bundestagspräsident Wolfgang Thierse ein, am 10. Mai zur Einweihung des Denkmals im Namen aller jüdischen Opfer und Überlebenden des Holocaust zu sprechen. Ich war angesichts dieser Ehre verwirrt, nervös wegen der damit verbundenen Erwartungen und mir außerdem der Tatsache bewusst, welch große Verantwortung damit auf mir lag. Ich war mir im Klaren darüber, dass manche Menschen annahmen, kein Mahnmal würde seiner Aufgabe jemals gerecht werden können, und meinten, dass an die Verbrechen in deutschem Namen niemals erinnert werden konnte, ohne sie auf irgendeine Weise zu relativieren, und man ihre Ursache und Wirkung nicht erfassen konnte, ohne sie zu rechtfertigen. Andere wiederum dachten, das Mahnmal sei unvollständig, da es sich ausschließlich auf die ermordeten Juden bezog und nicht auf die anderen Opfer der Nazis – die Sinti und Roma, die Homosexuellen und die Zeugen Jehovas oder die Unschuldigen aus der deutschen Zivilbevölkerung; sie allesamt waren Opfer von Krieg und Tyrannei. Ferner war ich mir bewusst, dass manche Menschen empfanden, dieses Mahnmal würde zu leichtfertig über die Schuld der Täter hinweggehen, es würde jedes Urteil über die Hintergründe eines Krieges vermeiden, den die Deutschen verursacht hatten, der am Ende fünfzig Millionen Menschen das Leben gekostet und der den Tätern als Ausgangspunkt für einen Völkermord gedient hatte. Außerdem sei man gescheitert, darüber nachzudenken, was aus Deutschland geworden wäre, hätten die Nazis gesiegt.

Ich habe niemals ernsthaft erwogen, das Angebot von Herrn Thierse abzulehnen. Ich dachte, wenn die Deutschen mich baten, dies zu tun, so würden sie schon ihre Gründe dafür haben. Doch als es dann soweit war, darüber nachzudenken, was ich sagen würde, fühlte ich mich vor allem gegenüber anderen Überlebenden verantwortlich.

Ich beschloss, keinesfalls mit vielen Menschen über meine Rede oder das Ereignis selbst zu sprechen. Ich wollte mir meine Energie nicht nehmen und mich von allzu viel anderen Meinungen beeinflussen lassen. Ich beschränkte mich auf die Ansichten derer, die ich besonders respektierte. Ich las viel, so wie ich es immer getan habe. Ich ließ meine Gedanken sich setzen.

Noch hatte ich meine Ansprache nicht aufgeschrieben, als ich am 22. April 2005 unter schweren inneren Blutungen zusammenbrach. Per Notarztwagen wurde ich ins Krankenhaus gebracht, wo ich eine Notbluttransfusion erhielt. Nach zwei weiteren Bluttransfusionen wurde mir eine Woche später gestattet, wieder nach Hause zu gehen. Natürlich erlaubten mir meine Ärzte nicht, zu reisen, sodass ein Notplan entwickelt wurde, der vorsah, dass Phillip als mein Vertreter bei der Eröffnungszeremonie auftreten würde. Doch nichts konnte mich mehr daran hindern, nach Berlin zu reisen, und ganz gewiss kein Magengeschwür. In drei Tagen schrieb ich meine Ansprache fertig, während Kjeld damit beschäftigt war, die letzten Papierarbeiten bezüglich des Verkaufs des *Dansab-Hauses* zu erledigen, der über die Bühne gehen sollte, während wir fort waren. Ich hatte keine Ahnung, wie ich mit einem Computerschreibprogramm umgehen musste, also führte er mich per Telefon vom Büro aus in die Grundbegriffe ein. Und anschließend bestiegen wir das Flugzeug nach Berlin.

Peter Eisenman sagt zu seinem Entwurf: »Das Denkmal für die ermordeten Juden Europas steht im Kontext der Enormität des Banalen. Das Projekt stellt die einem System mit scheinbar rationaler Struktur innewohnende Instabilität und das Potenzial zu deren allmählicher Auflösung dar. Es verdeutlicht, dass ein vorgeblich rationales und geordnetes System den Bezug zur menschlichen Vernunft verliert, wenn es zu groß wird und über seine ursprünglich intendierten Proportionen hinauswächst. Dann beginnen die allen scheinbar geordneten Systemen eigenen Störungen und Chaospotenziale offen zutage zu treten, und es wird klar, dass alle geschlossenen Systeme mit einer geschlossenen Ordnung versagen müssen.«

Als ich vor der mehr als tausendköpfigen Menge stand, die sich versammelt hatte, um das Denkmal einzuweihen, da begriff ich, dass ich, meine Kinder und Enkel, die mit mir aus Australien angereist waren, der Beweis für die Vergeblichkeit aller geschlossenen Systeme waren. Man hatte uns das Recht auf Leben abgesprochen. Das zentrale Ziel der Mordpolitik der Nazis war die Auslöschung des Judentums. Ein Mädchen, das im Jahr 1927 in Polen als Jüdin zur Welt kam, selbst ein

Mädchen mit einer so blühenden Phantasie wie der meinen, hätte sich niemals die surreale Atmosphäre eines Festaktes vorstellen können, bei dem sie der Ehrengast war und Schulter an Schulter mit dem deutschen Bundeskanzler, seinen Ministern und ausländischen Botschaftern stand. Doch es war so, wie ich es in meiner Ansprache sagte, dass unsere Unterdrücker umgekommen waren und wir überlebt hatten. Geschlossene Systeme sind ebenso zum Scheitern verurteilt wie verschlossene Köpfe.

Ich besaß die völlige Freiheit, zu sagen, was ich wollte. Niemand bat darum, meine Rede vorab sehen zu dürfen, mit Ausnahme des Dolmetschers. Ich wollte an diesem bedeutenden Tag niemanden brüskieren. Ich war mir der widersprüchlichen Gefühle bewusst, die Holocaustüberlebende auf der ganzen Welt gegenüber diesem Mahnmal besaßen. Ich wusste, dass ich nicht die Gefühle aller vertreten konnte. Zum Beispiel weiß ich immer noch nicht, wie Róża, deren Anerkennung ich mein ganzes Leben lang gesucht habe, darüber denkt, was ich gesagt habe, oder mein Ex-Schwager und meine Ex-Schwägerin. Sie haben es nie erwähnt. Schließlich entschied ich, dass ich sagen musste, woran ich persönlich glaubte. Es gab keine andere Möglichkeit.

Ich bat die 1.300 Honoratioren, in mir nicht die ältere Frau zu sehen, die vor ihnen stand, sondern das junge Mädchen aus der kleinen polnischen Stadt Borysław. Ich bat sie, sich in ihre Situation zu versetzen, während ich sie durch Wahnsinn und Gewalt, die an jenem 1. Juli 1941 begannen, als die deutsche Armee unsere Stadt einnahm, führte. Und dann erzählte ich ihnen, was ich aus dieser bitteren Erfahrung gelernt hatte. Ich sprach sehr langsam. Ich war fest entschlossen, nicht zusammenzubrechen. Tatsächlich konnte ich mich kaum mehr erinnern, bis ich einige Zeit später eine Videoaufnahme sah. Man sagte mir, ich hätte so gefasst gewirkt. Ich weiß noch, dass ich einzig meine Familie im Blick hatte – nicht nur die, die bei mir in Berlin waren und mich mit ihrer Liebe und ihrer Unterstützung schützten, sondern auch die Toten, meine Eltern, meinen Bruder und meine Großeltern, diese liebenswerten einfachen Landmenschen. Ich wollte so sehr, dass sie stolz auf ihre kleine Binka waren, die kaum glauben konnte, wo sie sich hier befand.

Als ich meine Ansprache beendet hatte, erhoben sich die Menschen, sie weinten und applaudierten, und als ich zu meinem Platz zurückkehrte, öffneten sie ihre Arme, und ich wurde herumgereicht, wurde gedrückt und geküsst. Es war sehr wichtig für mich, dass sie begriffen, was ich dachte, und dem zustimmten. Ich hatte mich seit Jahren an den Problemen der Schuld abgearbeitet.

Ich fand es großartig, dass dieses Mahnmal in Berlin gebaut worden war – und das habe ich auch gesagt. Vielleicht gab es einige, die glauben wollten, ich würde dem deutschen Volk damit eine Absolution erteilen. Doch ich bin kein religiöser Mensch, sondern denke so. Wenn es anderen Menschen gefällt und ihnen weiterhilft, dann ist das wunderbar. Für manche wird es hilfreich sein, für andere vermutlich nicht. Ich strebe nicht an, jedermann oder alles freizusprechen. Ich wäre eingebildet, so zu denken.

Während des Flugs von Australien nach Berlin kam mir der Gedanke, dass ich vielleicht deshalb überlebt hatte. Ich will damit nicht sagen, dass ich für diesen einen Tag in Berlin gerettet worden war, dass ich die Auserwählte wäre – erkoren für diese besondere Aufgabe. Das ist nicht die Terminologie, die ich gebrauche. Ich dachte vielmehr, dass es meinem Überleben eine Bedeutung geben würde, dass ich in der Lage war, zu sagen, was ich sagen wollte. Es würde mein Überleben rechtfertigen. Das ist etwas, was uns Überlebende die ganze Zeit über beschäftigt. Warum wurde ich ausgelassen? Was bedeutet es, zu überleben?

Ich stelle mir diese Frage nach wie vor. Ich denke, ich habe mich zu einem vernünftigen, anständigen Menschen entwickelt. Mit der Hilfe anderer anständiger Menschen habe ich irgendwie wieder Hoffnung auf die Zukunft entwickeln können. Ich habe geheiratet und Kinder großgezogen, die selbst anständige Menschen geworden sind. Ich habe Geld verdient – und verloren – und, je nachdem, gebe ich es aus oder verschenke es. Beides macht mir große Freude, doch ich habe mir nie Gedanken über meine Fähigkeit gemacht, für mich selbst zu sorgen. Ich habe es lange Zeit einfach getan. Was ich mehr als alles andere brauche, ist, geliebt zu werden. Ich bin immer auf der Suche nach Liebe, selbst jetzt noch. Ich glaube, ich bin über den Verlust meiner Mutter nie hinweggekommen.

Über achtzig Prozent der polnischen Juden wurden in die Lager, Vernichtungsstätten und Erschießungsgruben der Nazis verschleppt und kamen dort gewaltsam zu Tode. Zwanzig Prozent versuchten, zu überleben; nur die Hälfte hat es geschafft. Ich war unter den zehn Prozent polnischer Juden, die den Holocaust überlebt haben. Ich habe überlebt, weil ...?

Es gibt auf diese Frage keine Antwort. Es gibt auch keine Antworten auf all die anderen Fragen, die ich fast mein ganzes Leben lang mit mir umhergeschleppt habe. Ich habe aufgehört, diese Fragen zu stellen, die einst, eine lange Zeit meines Lebens, eine so große Last für mich waren. Was bedeutet es, Jude zu sein? Warum geschehen Juden Dinge, die anderen Menschen nicht geschehen? Warum wurden sechs Millionen Juden ermordet? Warum starben meine Mutter, mein Vater, mein Bruder, meine Großeltern, meine Tanten und Onkel und Cousins und Cousinen? Warum habe ich überlebt? Es gibt keine Antworten, und die Fragen helfen weder mir noch sonst jemandem, besser leben zu können. Gut zu leben ist das, was zählt. Was ich tue, tue ich jetzt, weil ich hier bin, und nicht, weil ich dafür in einem Leben nach dem Tod belohnt werden will. Wir wissen nicht, was nach dem Tod kommt.

Vor ein paar Jahren fragte Phillip mich, fürsorglich wie immer: »Mama, wann willst Du eigentlich mal Deinen Frieden mit Gott machen?« Es war wohl nach der Geburt seines ersten Kindes, Pia. Phillip identifiziert sich viel stärker mit dem Judentum, als ich es tue. Sein Vater war genauso. Es gibt in meiner Nähe eine Synagoge, also ging ich hin, um mit dem Rabbi, Jeffrey Kamins, über meine Entfernung von Gott zu sprechen. Ich besuchte sogar einen Kursus, um mehr über das Judentum zu erfahren, doch dann hörte ich damit wieder auf. Ich hatte alles, was ich über Religion wissen wollte, erfahren. Doch ich besuche die Synagoge weiterhin; ich gehe hin, um die hohen Feiertage zu begehen und auch um Gebete zum Gedenken an meine Familie, die im Krieg ermordet wurde, und zum Gedenken an meinen Enkel Zac zu sprechen. Warum bete ich? Die jüdische Tradition hat Tausende von Jahren überdauert, und obwohl ich nicht religiös bin, gehöre ich zu dieser fortbestehenden Tradition. Ich bin stolz darauf, Jüdin zu sein.

Ich habe meine Grundsätze, ich habe einen Wohltätigkeitsfonds nach meinen Eltern, meinem Bruder und meinen Großeltern benannt. Ich bin die Tochter meiner Mutter. Ich glaube daran, dass es wichtig ist, denen etwas abzugeben, die weniger Glück haben als ich, und die Wahrheit zu sagen. Ich glaube an die Liebe und die Schönheit. Ich glaube an eine Art kosmischen Bewusstseins und an die Möglichkeit, die Welt zum Besseren zu verändern. Doch ich bin nach dem Verständnis des Rabbis kein gläubiger Mensch. Wie könnte ich auch.

Es gibt keinen Frieden auf Erden, und es kann kein Verstehen dessen geben, was in meinem Leben geschah: der Versuch einer Nation im Herzen des zivilisierten Europa ein Volk auszulöschen – nicht weil es etwas getan hat, sondern weil es war, was es war. Der Holocaust war und bleibt jenseits der Grenzen des mir Begreiflichen. Doch vielleicht habe ich einen gewissen Grad von Akzeptanz erreicht. Mein Leben ist nicht vergebens gewesen. Ich sah in Berlin über die Menge der Würdenträger hinweg – auf meine Kinder und meine Enkel und einen guten Mann, den ich meinen Gatten nenne. Kurz zusammengefasst: Das ist der Sieg. Und auch, wenn ich nervös war, so glühte ich doch deshalb, weil sie dort waren. Ich habe immer Liebe gebraucht, habe es gebraucht, geliebt zu werden. Mama, ich habe Berlin erobert, aber du hast mir beigebracht, dass der Sitz unserer größten Triumphe das Herz ist.


## XXVII. REDE AM 10. MAI 2005

Exzellenzen,
Herr Vorsitzender von Yad Vashem,
liebe Holocaustüberlebende,
meine Damen und Herren,


diesen außergewöhnlichen Tag hätte ich mir nicht einmal in meinen kühnsten Träumen ausmalen können: Hier, an diesem Ort, ist nach jahrelangen Kontroversen, öffentlichen Auseinandersetzungen, Debatten und dem Bundestagsbeschluss vom 25. Juni 1999 die Vision von Lea Rosh und ihren Mitarbeitern Wirklichkeit geworden. Und heute stehe ich hier vor Ihnen anlässlich der Einweihung dieses großartigen Denkmals für die ermordeten Juden Europas, und ich danke Ihnen dafür. Ich bin zutiefst beeindruckt angesichts dieser Ehre und überwältigt von der Verantwortung. Denn ich bin die Stimme der sechs Millionen misshandelten und ermordeten Juden, darunter eineinhalb Millionen Kinder, und ich bin auch die Stimme der wenigen, die davongekommen sind, – die Stimme der Überlebenden.

Ich bin die Einzige in meiner gesamten Familie, die überlebt hat. Ich bin Zeugin der unerträglichen Verbrechen gegen die Menschlichkeit. Versuchen Sie, nicht die ältere Frau zu sehen, die vor Ihnen steht, sondern ein elfjähriges Mädchen aus Borysław, einem kleinen Ort im damaligen Polen. Es ist der 1. Juli 1941, ein wichtiges Datum – die Wehrmacht besetzt unsere Stadt. Drei Tage später: ein zweitägiges Pogrom, das uns einen Vorgeschmack auf unser Leben unter der Herrschaft von Nazideutschland gibt. Die deutschen Behörden haben den Ukrainern und Polen, die ihre schutzlosen jüdischen Nachbarn angriffen, ›freie Hand‹ gelassen. Ich – ein elfjähriges Kind – werde Zeugin von unbeschreiblichen Grausamkeiten, Morden, Vergewaltigungen und Folterungen. Bestürzung, völliges Unverständnis – warum? Warum geschieht dies? Wie können Menschen, ganz normale Menschen, so herzlos und grausam sein? Warum tut man uns dies an? Wir haben doch nichts Böses getan. Wochen vergehen. Ich muss eine Armbinde mit dem Judenstern tragen. Warum? Ich darf meinen geliebten Hund und meine geliebte Katze nicht behalten. Warum? Meine Freunde dürfen nicht mehr mit mir spielen, ich darf nicht mehr zur Schule gehen – warum?

Die Zeit vergeht, und die Morde und Deportationen gehen weiter. Verzweiflung, Erniedrigung, Hunger, Demütigungen – und man klammert sich verzweifelt an das letzte bisschen Würde. Dies wurde für uns zum Alltag. Am 6. August [1942] beginnt eine ›Aktion‹, die drei Tage andauert. Meine Mutter und ich verstecken uns, aber unser Versteck wird entdeckt, und man bringt uns an einen Ort, wo eine ›Selektion‹ stattfindet. Ich klammere mich verzweifelt an die Hand meiner Mutter, aber ich werde brutal von ihr getrennt und zur Arbeit an einen anderen Ort gebracht und nach ein paar Tagen freigelassen. Ich sehe meine Mutter nie wieder. Erst viele Monate später erreichen uns die Gerüchte über das Todeslager Belzec, den Ort, an dem sie und die 5.000 anderen jüdischen Opfer desselben Transports vergast wurden.

Und wieder geht das Alltagsleben – wenn man es überhaupt Leben nennen kann – ohne jede Hoffnung weiter. Von ›Aktion‹ zu ›Aktion‹ versuchen wir, uns zu verstecken, bauen Bunker im Wald, entgehen der Deportation – der Kampf ums Überleben, ein verzweifelter Kampf. Und die Angst, lähmende Angst …

Mein Vater und mein Bruder Joseph suchten nach einem sicheren Zufluchtsort für mich. Deshalb sprachen sie einige unserer christlichen Freunde an und baten sie, mir Schutz zu gewähren. Und diese guten, tapferen Menschen nahmen mich in ihr Heim auf und setzten ihr eigenes Leben aufs Spiel, denn das Verstecken von Juden wurde mit dem Tod bestraft. So lebte ich also, unterdrückte meine Gefühle, versteckte meine Identität, lebte in ständiger Angst, entdeckt zu werden. Und als es für unsere Freunde zu gefährlich wurde, mich länger zu beschützen, brachte mich mein Bruder in den Bunker im Wald, den er zusammen mit seinen Freunden gebaut hatte. Während ich versteckt im Wald lebte, waren mein Vater, mein Bruder und der beste Freund meines Bruders im Arbeitslager. Sie versuchten zu fliehen, wurden jedoch gefasst und auf Befehl des Lagerinspektors ermordet – als Warnung für die übrigen Juden, die noch im Lager waren. Dies geschah am Morgen des 19. Juli 1944. 17 Tage später, am 6. August, wurde unsere kleine Stadt Borysław von der sowjetischen Armee befreit.

Dies alles ist vor so langer Zeit geschehen, vor sechzig Jahren. Die Erinnerungen verblassen ein wenig, aber sie geraten niemals in Vergessenheit. Und was denke und fühle ich, wenn ich hier vor Ihnen stehe und meine Familie, meinen Sohn und meine Tochter, ihre Partner, meine Enkel und meinen Mann sehe, die die weite Reise von Australien nach Berlin auf sich genommen haben, um bei mir zu sein und mich mit ihrer Liebe und ihrer Unterstützung zu beschützen? Was habe ich aus meinen bitteren Erfahrungen gelernt? Ich habe gelernt, dass Hass immer Hass hervorbringt. Ich habe gelernt, dass wir nicht schweigen dürfen und dass jeder Einzelne von uns gegen das Böse in Gestalt von Rassismus, Diskriminierung, Vorurteilen, Unmenschlichkeit kämpfen muss. Ich habe wiederholt gesagt, dass ich nicht an Kollektivschuld glaube. Und ich erlaube mir, die Worte des großen Schriftstellers und außergewöhnlichen Menschen Elie Wiesel wiederzugeben: »Die Kinder der Mörder sind keine Mörder. Wir dürfen ihnen niemals die Schuld für das geben, was ihre Vorfahren getan haben. Aber wir können sie dafür zur Verantwortung ziehen, wie sie mit der Erinnerung an das Verbrechen ihrer Vorfahren umgehen.«

Es war das Schicksal unseres Volkes, mit den schlimmsten Erscheinungen des Bösen in der Geschichte der Menschheit konfrontiert zu werden, und dennoch: Unsere Unterdrücker sind untergegangen, und wir haben überlebt.

Aus dieser Perspektive blicken wir in die Zukunft, zuversichtlich, dass letztlich der menschliche Geist über die brutale Gewalt siegt. Dies ist nicht nur ein Sieg für das jüdische Volk, sondern auch ein Sieg aller guten Menschen über das Böse.

Ich danke Ihnen, meine Damen und Herren.


### LEBEN UND ÜBERLEBEN IN MITTELEUROPA 1939 BIS 1948. EIN HISTORISCHES NACHWORT

Die Erinnerungen der polnischen Holocaustüberlebenden Sabina van der Linden-Wolanski beginnen mit dem Traum ihrer Kindheit, einem Leben in Paris. Als sie 1948, aus Schlesien kommend, an der Seine eintraf, geschah dies jedoch unter völlig anderen Voraussetzungen als ursprünglich erhofft: Sie war Vollwaise und Flüchtling, und sie blieb nicht lange. Ihr biografischer Rückblick gibt Anlass zur Spekulation. Was wäre aus dem Mädchen Sabina geworden, wenn sie eine friedliche Kindheit gehabt, wenn sie nicht ihre Eltern, den Bruder und nahezu alle jüdischen Freunde und Nachbarn, schließlich den Familienbesitz und ihre Heimat verloren hätte? Wäre sie in ihrem Geburtsort, der Erdölstadt Borysław, verblieben? Hätte sie in Lemberg oder Krakau studiert? Wäre sie den Spuren der Verwandtschaft nach Berlin oder Amerika gefolgt oder nach Palästina eingewandert? Hätte sie am Ende unter gänzlich anderen Umständen den Weg in die französische Hauptstadt angetreten?

Dieses Nachwort versteht sich als historischer Kommentar zu Kindheit und Jugend von Sabina Wolanski und als Versuch, ihre Heimat Ostgalizien, die Täter, ihre Planungen und ihre Verbrechen, aber auch das Handeln der Verfolgten und die Situation der wenigen Holocaustüberlebenden nach ihrer Befreiung zu umreißen. Es ersetzt eine tabellarische Übersicht von Krieg und Holocaust in der englischen Ausgabe des Buches.

Sabina kam 1927 – drei Jahre nach ihrem Bruder Josef (›Josek‹) – als Sabina Haberman zur Welt. Während die Eltern noch als Untertanen des österreichischen Kaisers im Kronland Galizien geboren worden waren, kannten die Geschwister das Zeitalter der polnischen Teilungen nur noch aus Erzählungen. Sabina und Josek waren Kinder der Zweiten Polnischen Republik; die achtjährige Sabina weinte bitterlich, als Staatsgründer Marschall Józef Piłsudski 1935 starb. Die jüngere Generation von Juden, die nach dem Ersten Weltkrieg geboren wurden, schickte sich an, das polnische Judentum grundlegend zu verändern, – zumindest in sprachlicher Hinsicht. Es war absehbar, dass das über Jahrhunderte bewahrte Jiddisch seine Vorrangstellung verlieren würde. Bei der Volkszählung 1931 hatten immerhin 79,9 Prozent (oder 3,2 Millionen) der Befragten Jiddisch und nur zwölf Prozent Polnisch als Muttersprache angegeben. Doch die kulturelle Wiedervereinigung der preußischen, russischen und österreichischen Teilungsgebiete in einem polnischen Staat sowie die Warschauer Kulturpolitik stellten die Weichen für einen rasanten Akkulturationsprozess. Wie Sabina besuchte Mitte der 1930-er Jahre die Mehrzahl der jüdischen Kinder, knapp zwei Drittel, eine ausschließlich polnischsprachige Grundschule. Sabinas Eltern waren Vorreiter dieser Veränderung: Sie sprachen mit ihren Kindern zu Hause ausschließlich polnisch, und wenn sie etwas unter sich bereden wollten, wechselten sie ins Deutsche – die Verkehrssprache der Habsburger Monarchie.

Die polnische Sprache ist ein immer wiederkehrendes Thema, beinahe ein Leitmotiv in *Drang nach Leben*. Dabei hebt Sabina auch deren Bedeutung für den eigenen Überlebenskampf und schließlich die eigene Rettung hervor; sie spricht hier für viele Juden Europas. Eine Existenz im Versteck, mit der sich für die Juden im besetzten Europa ab Sommer 1942 die letzten Hoffnungen verbanden, machte in der Regel die Annahme einer nichtjüdischen Identität notwendig und ließ sich nur durch den Wechsel von Aufenthaltsorten gewährleisten. Manche wagten sogar eine offene Existenz als vermeintliche Katholiken, Protestanten oder Christlich-Orthodoxe sogar offen. Das erforderte große kulturelle und sprachliche Gewandtheit und Kenntnisse der religiösen Gebräuche. Für die zumeist akkulturierten Juden in Deutschland und den Niederlanden, aber auch in Teilen Ungarns war zumindest die Sprache kein sonderliches Problem. Anders verhielt es sich in den Gebieten mit einer ausgeprägten eigenen jüdischen Minderheitenkultur und entsprechenden sprachlichen Traditionen. So entstammten im besetzten Polen selbst jene, die in der Schule perfekt Polnisch gelernt hatten, zumeist einem jiddischsprachigen Umfeld; eine Herkunft, die bei der Alltagskonversation auf keinen Fall erkennbar werden durfte. Häufig reichten schon einzelne Vokabeln oder ein besonderer Stil, um sich ›verdächtig‹ zu machen. Die Angst vor Verrat mobilisierte ein Höchstmaß an Selbstdisziplin, die dem Begriff ›Sprachbeherrschung‹ eine erschreckend neue Bedeutung verlieh. Eine vergleichbare Situation bestand beispielsweise auf dem Balkan. Viele der dortigen Juden hatten als Sepharden über Jahrhunderte die Sprache ihrer Vorfahren in Spanien und Portugal bewahrt. In Saloniki, so ein Überlebendenbericht im Videoarchiv der Stiftung Denkmal, waren selbst jene, die Griechisch und nicht Spaniolisch sprachen, für Nichtjuden aufgrund ihrer Sprachmelodie im Griechischen als Juden erkennbar. Für die allermeisten dieser Gemeinde war eine Flucht in die griechischen Bergdörfer aufgrund mangelnder Sprachfertigkeit ohnehin unmöglich.

Der jungen Sabina gelang es, zwischen Februar 1943 und Frühjahr 1944 bei verschiedenen Familien unterzukommen. Eine von ihnen, die jüdische Familie Blum, die sich unter dem Namen ›Machnicki‹ versteckte, vermittelte auch ihr gegenüber eine nichtjüdische Identität. Sabina bediente sich zu dieser Zeit des polnisch klingenden Namens ihrer orthodox-jüdischen Großeltern, Kulawicz. Diese neue Identität – oder die ihr zugrundeliegenden Ängste – gruben sich so tief in ihr Bewusstsein ein, dass sie auch nach der Befreiung nicht zu ihrem Geburtsnamen Haberman zurückkehrte, sondern sich noch 1946 in einem amtlichen Dokument als katholisch ausgab. Sabina sieht ihre muttersprachlichen Polnischkenntnisse als einen wesentlichen Grund für die Bereitschaft polnischer Familien, sie aufzunehmen, an.

In welcher Situation befand sich Sabina, als sie im Februar 1943 in den Untergrund wechselte? Etwa einen Monat zuvor notierte sie nach einer Geburtstagsfeier ihres Bruders im Ghetto: »[...] der Schmerz unseres derzeitigen Lebens, die Hoffnungslosigkeit, wie Tiere von Tag zu Tag zu leben, von ›Aktion‹ zu ›Aktion‹, um gerade einmal zu überleben, auf dass man es ein weiteres Mal schafft.« Eineinhalb Jahre unter deutscher Herrschaft lagen bereits hinter ihr, die sie auf Polnisch in Tagebüchern festgehalten hat, insbesondere den traumatischen Verlust der Mutter im August 1942. Ostgalizien, wo Borysław lag, wies vor Beginn des Zweiten Weltkrieges mit 530.000 Juden die dichteste jüdische Bevölkerungskonzentration in Europa auf; im Sommer 1944 traf die Rote Armee hier noch auf etwa 5.000 Überlebende des Holocaust, darunter die nun 18-jährige Sabina.

Mit dem deutschen Angriff auf Polen am 1. September und dem Einrücken der Roten Armee ab dem 17. September 1939 verschwand Polen nach nur 21 Jahren seines Wiederbestehens erneut von der europäischen Landkarte. Die Besatzungsmächte errichteten eine Terrorherrschaft unterschiedlicher Ausprägung; beiden gemeinsam war, dass sie zunächst die (katholische und jüdische) Führungsschicht des Landes ins Visier nahmen. Trug die Herrschaft der Nationalsozialisten den Charakter einer rassistischen Verfolgung gegen Polen und Juden, so bekämpften die Sowjets angeblich ›bourgeoise Elemente‹. Sabina schildert ausführlich, welchen Einbruch dieses Regime in das bisherige Leben ihrer bürgerlichen Familie in Borysław bedeutete. Andere Familien traf es noch härter. Zum Besatzungsalltag gehörten Folterungen und Erschießungen des sowjetischen Geheimdienstes NKWD. Die Gefängnisse waren überfüllt, nachdem etwa zehn Prozent der gesamten männlichen Bevölkerung willkürlich verhaftet worden waren. Ab Februar 1940 begannen Massendeportationen nach Osten, vor allem nach Sibirien und Vorderasien. Die deutsche Diplomatie hatte bei Verhandlungen mit der Sowjetunion Ende September 1939 vergeblich versucht, die Ölfelder um Borysław und Drohobycz für das Reich zu erhalten. Stalin stellte die Ölindustrie jedoch faktisch vollständig in den Dienst des deutschen Nachbarn und ermöglichte der Wehrmacht so den raschen Sieg über Frankreich; im Gegenzug erhielt er Steinkohle. Ironischerweise passierten noch am Tage des Angriffs auf die Sowjetunion, dem 22. Juni 1941, Kesselwagen die bisherige Demarkationslinie zwischen den Besatzungsgebieten in Polen.

Die Wehrmacht benötigte im Sommer 1941 nur wenige Tage, um weit ins östliche Galizien vorzustoßen. Die deutsche Führung hatte den Feldzug gegen den zeitweiligen Verbündeten von vornherein als Vernichtungskrieg vor allem gegen die jüdische Bevölkerung geplant; Juden galten den Nationalsozialisten als ›Träger des Bolschewismus‹. Dabei bedienten sich die Besatzer unterschiedlicher Strategien. Zum einen ließen sie einheimischen antisemitischen und nationalistischen

Kräften freien Lauf, zum anderen gingen sie von der Ostsee bis zum Schwarzen Meer flächendeckend zum Massenmord über. In Borysław – wie im übrigen Ostgalizien – verübten Ukrainer Pogrome, wie Sabina eindringlich beschreibt. Zugleich führten SS- und Polizeieinheiten erste Massenerschießungen von Juden durch. Wie überall im besetzten Osten wurden auch die Juden in der Gegend zwischen Lemberg und den Karpaten systematisch ihres Eigentums und ihrer Verdienstmöglichkeiten beraubt und zur Zwangsarbeit verpflichtet. Ihre Verelendung schritt schnell voran, Hunger und Seuchen griffen um sich. Die deutsche Verwaltung reagierte auf diesen selbstgeschaffenen Notstand mit weiterer Gewalt. Den Auftakt für eine Mordwelle neuen Ausmaßes in Ostgalizien setzte das Massaker von SS und Polizei in der Stadt Stanislau, bei dem am 12. Oktober 1941 bis zu 12.000 Juden auf dem jüdischen Friedhof erschossen wurden. Im November 1941 begannen auch in der näheren Umgebung von Sabina sogenannte Aktionen. Im Landkreis Drohobycz sowie in den benachbarten Kreisen Sambor und Stryj spielte das deutsche Arbeitsamt eine zentrale Rolle bei der Vorbereitung des Tötungsprogramms. In Drohobycz, der Nachbarstadt Borysławs, bestellte der zuständige ›Judeneinsatz‹-Referent am 22. November etwa 350 bis 400 arbeitslose Juden ein, von denen etwa 250 und eine unbekannte Anzahl Kinder erschienen. Sie wurden im nahegelegenen Wald von Bronica ermordet: Einige der Opfer waren nach den Schüssen des Kommandos noch am Leben; sie schrien, während Erde über sie geschüttet wurde. Beamte der Sicherheitspolizei schossen erneut auf sie. Ein Tatbeteiligter erlitt einen Nervenzusammenbruch und wurde in Hamburg psychiatrisch behandelt. Dieser ›Arbeitsamtaktion‹ folgte am 29. November die ›Invalidenaktion‹ in Borysław. 700 bis 800 Juden, die als nichtarbeitsfähig oder krank galten, wurden in den umliegenden Wäldern erschossen. Bis zum Jahreswechsel 1941/42 hatten von den etwa 14.000 Juden Borysławs bereits 3.000 ihr Leben gewaltsam verloren.

Zum Jahresende 1941 erreichte der Massenmord im besetzten Polen eine neue Stufe. Am 8. Dezember 1941 begann die SS im westpolnischen Kulmhof, seit 1939 im Warthegau Teil des Deutschen Reiches, mit der systematischen Tötung von Juden durch Motorabgase, die in einen abgedichteten Lastkraftwagen eingeleitet wurden. Bisher hatte die SS vor allem behinderte Menschen auf diese Weise umgebracht.

Schon seit Anfang November 1941 traf die SS Vorbereitungen für den Bau eines Vernichtungslagers im Generalgouvernement, zu dem Ostgalizien nun gehörte. Nahe dem Ort Belzec im Distrikt Lublin errichtete sie mehrere hölzerne Gaskammern, in denen Juden mit den Abgasen erbeuteter sowjetischer Panzermotoren vergiftet werden sollten. Gleichzeitig mit der Vorbereitung zu Massendeportationen in die Vernichtung wurden weitere jüdische Gemeinden gezwungen, in abgetrennte Wohnbezirke ihrer Städte zu ziehen. In Borysław verzögerte sich die Einrichtung eines Ghettos allerdings, weil der deutsche Distriktarzt Dr. Wilhelm Dopheide sie wegen einer Fleckfieberepidemie unterband. Im März 1942 begann die SS mit Massentötungen in Belzec. Von Drohobycz fuhr erstmals am 25. März 1942 ein Zug dorthin, in dem sich möglicherweise auch Juden aus Borysław befanden. Nach kurzer Zeit wurden die Deportationen in das Vernichtungslager für einige Wochen eingestellt, da die SS in Belzec neue Gaskammern errichtete. Die Bauarbeiten waren bis Mitte Juli 1942 beendet. Etwa zeitgleich, am 19. Juli 1942, gab Reichsführer-SS Heinrich Himmler den Befehl, die ›Endlösung‹, also den Mord an der gesamten jüdischen Bevölkerung im Generalgouvernement, bis zum 31. Dezember des Jahres abzuschließen. Hierfür wurden unter dem Tarnnamen *Aktion Reinhardt* zwei weitere Vernichtungslager in Sobibor und Treblinka fertiggestellt.

Am 6. August 1942 sah Sabina ihre Mutter Sala zum letzten Mal. Auch Borysław war nun Ziel einer umfassenden und systematischen Jagd auf Juden, um sie nach Belzec zu verschleppen. Viele hatten allerdings von ähnlichen Vorgängen im Nachbarbezirk Sambor gehört, wo Sicherheitspolizei und Gestapo ab dem 4. August gewütet hatten, und sich deshalb in der Umgebung versteckt. Zum Schein brachen die Verantwortlichen die ›Aktion‹ in Borysław ab, um sie am Abend, als viele wieder heimgekehrt waren, fortzusetzen. Sala Haberman wurde kurz darauf zusammen mit etwa 6.000 Juden nach Belzec verschleppt und unmittelbar nach der Ankunft ermordet.

Schon nach der ersten Massendeportation im Frühjahr 1942 hatten Mitglieder der jüdischen Gemeinden mit allen Mitteln versucht, in feste Beschäftigungen bei deutschen Betrieben zu kommen. Die zentrale Ölindustrie befand sich inzwischen in der Hand zweier deutscher Betriebsgesellschaften, der *Beskiden-Erdöl-Gewinnungs GmbH* und der

*Beskiden-Erdöl-Verarbeitungs GmbH.* Unmittelbar nach dem Einmarsch im Juli 1941 hatte Wehrmachtgeneral Wilhelm Schubert alle jüdischen Mitarbeiter der Erdölindustrie in Ostgalizien entlassen. Er vertrat die unsinnige Ansicht, dass die Ölförderung gänzlich ›judenfrei‹ arbeiten könne, wenngleich insbesondere jüdische Ingenieure einen bedeutenden Anteil am Aufbau des ›polnischen Texas‹ hatten. In Borysław waren daher bereits im Herbst 1941 wieder Juden tätig, und der leitende kaufmännische Angestellte der *Beskiden-Erdöl* (später: *Karpathen-Öl AG*), Berthold Beitz, beschäftigte seit Anfang Februar 1942 auch in seiner Verwaltung Juden. Der 28-jährige Beitz gehörte zur Gruppe jener jungen Wirtschaftsfachleute, die die Tätigkeit in den besetzten Gebieten als eine willkommene Erweiterung ihres Berufshorizontes ansahen. Er war bereits wenige Tage nach dem Einmarsch in Borysław angekommen und Zeuge des Pogroms geworden, das ihn zutiefst entsetzt hatte. Fast genau 13 Monate später nutzte Beitz seine Stellung und Autorität zur Rettung von Menschenleben. Am Bahnhof Borysław konnte er am frühen Morgen des 8. August 1942 etwa 150 Juden, darunter Frauen und Kinder, unmittelbar vor ihrem Abtransport nach Belzec aus den Fängen der Polizei befreien. Die Morde in der Stadt und am Bahnhof, vor allem aber zynische Andeutungen gegenüber den Opfern – ›Im Himmel werden auch Ärzte gebraucht‹ – ließen Beitz ahnen, dass die Juden ermordet werden sollten. Fortan retteten er und seine Frau das Leben von Juden in Borysław.

Mitte August wurden die Verschleppungen aus den Landkreisen in Ostgalizien für 14 Tage eingestellt. Der SS- und Polizeiführer des Distrikts Galizien, Fritz Katzmann, bereitete seit Ende Juli 1942 die Ermordung eines Großteils der noch lebenden etwa 100.000 Lemberger Juden vor. Alle dortigen Arbeitsbescheinigungen wurden für ungültig erklärt, neue nur in geringerer Zahl ausgestellt. Angehörige von Gestapo, ukrainischer Polizei und jüdischer Miliz riegelten die Straßen des Lemberger Ghettos am 10. August ab. Es begann eine zweiwöchige Hetzjagd, an deren Ende 40.000 Lemberger Juden in Belzec ermordet waren.

Allen übrigen Juden im Generalgouvernement drohte kurz darauf weitere Gefahr. Der Chef des Oberkommandos der Wehrmacht, Generalfeldmarschall Wilhelm Keitel, befahl am 5. September 1942, alle dortigen Juden aus Wehrmachts- und Rüstungsbetrieben zu entlassen und spielte damit der Zeitplanung Himmlers in die Hände. Die Mordpolitik in Borysław und Umgebung erfolgte ab Spätsommer 1942 in einem Wechselspiel zwischen der *Karpathen-Öl*, Wehrmacht und SS, also zwischen Ausbeutung und Mord, militärischen Kriegsinteressen und dem Vernichtungswillen der nationalsozialistischen Führung. Dies war 2003/04 einer der Gründe für die Stiftung Denkmal, das Schicksal der Familie Haberman in die Ausstellung am Ort der Information aufzunehmen.

Am 11. September 1942 arbeiteten nur noch 1.760 Juden bei der *Beskiden-Öl* in Borysław. Da die SS auf den Personalbedarf der Firma offenbar keine Rücksicht nahm, bot die *Beskiden-Öl* dem Wehrmachtrüstungskommando am 11. September 1942 an, alle ungelernten Kräfte zu entlassen. Gleichzeitig verpflichtete sich das Unternehmen, seine jüdischen Arbeiter in Borysław ›in einem bestimmten Wohnviertel‹ – bewacht von ukrainischem ›Wachschutz‹ – unterzubringen. Im Gegenzug bat die Firma das Wehrmachtrüstungskommando, SS und Sicherheitsdienst anzuweisen, den Betrieb von bevorstehenden Deportationen auszunehmen. Dennoch kam es zum ›schlagartigen Entzug‹ jüdischer Arbeiter. Die Firma wurde in Berlin vorstellig. Schließlich übermittelte der ›Judenreferent‹ des SS-Reichssicherheitshauptamtes, Adolf Eichmann, am 17. September 1942 der Sicherheitspolizei Himmlers Anordnung, ›Abzüge‹ von Juden bei der *Beskiden-Öl* nur in dem Maße vorzunehmen, wie nichtjüdische Arbeiter gestellt werden könnten. Adolf Hitler entschied dann am 22. September persönlich, jüdische Facharbeiter in der Rüstungswirtschaft des Generalgouvernements zu belassen. Schließlich bestätigte Himmler, dass ›Arbeitsjuden‹ zunächst in den Betrieben bleiben konnten – unter der Regie und als Leiharbeiter der SS und nur vorläufig. Der Historiker Thomas Sandkühler hält es für möglich, dass Himmlers Entscheidung vom 17. September einen makabren Grund hatte: Der Verantwortliche für die drei Mordstätten der *Aktion Reinhardt*, Odilo Globocnik, benötigte mehr Treibstoff für die dortigen Gaskammern.

In Ausführung der Berliner Befehle einigten sich Mitte Oktober zunächst SS und Wehrmacht auf der Ebene des Generalgouvernements sowie SS- und Polizeiführer Fritz Katzmann mit der Rüstungsinspektion in Lemberg darauf, wie der ›Entzug‹ jüdischer Arbeiter aus den Betrieben vonstatten gehen sollte. Schon einen Tag nach der Einigung sandte Katzmann der *Karpathen-Öl* eine Liste mit 700 Mitarbeitern, die nach Belzec und in das Zwangsarbeiterlager Janowska bei Lemberg verschleppt werden sollten. Die Firma bemühte sich sofort um Ersatz durch Nichtjuden. In Borysław lebten am 19. Oktober 1942 noch 4.860 von ehemals etwa 14.000 jüdischen Einwohnern. Ihre Ghettoisierung war sechs Tage zuvor abgeschlossen worden. Mittlerweile hatte die SS in der näheren Umgebung mit weiteren Deportationen begonnen. Am 23. Oktober kamen die Häscher nach Borysław. Es spielten sich dieselben Szenen wie im August ab. Etwa 1.500 Menschen wurden deportiert. Am 6. November schickte Katzmann zusätzliche Ausführungsbestimmungen und jene ›R‹-Abzeichen für Rüstungsarbeiter, die Sabina in ihren Erinnerungen erwähnt. Zeitgleich begann die Phase der grausamsten Verfolgung in Borysław seit Sommer 1941. Immer wieder wurden im Rahmen dieser – ›große Aktion‹ genannten – Treibjagd Menschen aufgegriffen, in den Saal des Kinos *Kolosseum* gebracht und wochenlang eingepfercht. Ende November wurden die etwa 2.000 Eingeschlossenen in Züge nach Belzec gebracht.

Sabina besitzt ein Dokument aus dieser Zeit, das den skizzierten Wandel in der Besatzungspolitik versinnbildlicht. Am 9. November 1942, also nach Anlauf der ›großen Aktion‹, bescheinigte die *Karpathen-Öl*, dass bei ihr eine Sabina Haberman beschäftigt und »zugleich kaserniert« sei. Doch weder arbeitete Sabina in der Ölindustrie, jedenfalls nicht unmittelbar, noch war sie wie ihr Vater und Bruder in die Betriebsunterkünfte gezogen; sie lebte allein im Ghetto. Wer die Bescheinigung unterzeichnet hat, bleibt unklar. Berthold Beitz ließ auf Anfrage der Stiftung Denkmal mitteilen, es handele sich nicht um seine Unterschrift. Am 20. Januar 1943 fand in der Ghettounterkunft Sabinas jene Geburtstagsfeier statt, die Sabina in ihrem Tagebuch festhielt und von der ein Foto – das Titelbild von *Drang nach Leben* – überliefert ist. Außer im Ghetto (und in Verstecken) lebten Borysławer Juden in drei ›Kasernen‹ der *Karpathen-Öl*: dem Zwangsarbeitslager Mraźnica, dem ›Karpathen-Wohnblock‹ und dem ›Weißen Haus‹. Dort hatte Beitz bereits im Herbst 1942 ihm nahestehende jüdische Mitarbeiter unterbringen lassen; es gelang ihm, die deutsche Sicherheitspolizei und die ukrainische Miliz von dem Gebäude fernzuhalten. Bei ›Aktionen‹ bestellte Beitz beim Chef der aus Wien stammenden Schutzpolizei Kräfte zum Schutz des ›Weißen Hauses‹.

Im Februar 1943 befahl SS- und Polizeiführer Katzmann erneut eine ›Aussiedlung‹, bei der betrunkene Schutzpolizisten und ein Sicherheitspolizist etwa 600 Juden sieben Kilometer außerhalb von Borysław, beim Schlachthof, an einer zuvor ausgehobenen Grube erschossen. Beitz konnte dabei in der Nähe der Mordstätte eine Frau aus einem Lastkraftwagen befreien, weil er sie als seine Sekretärin ausgab. Sabina wurde zu diesem Zeitpunkt in das erste Versteck gebracht. Ihr Bruder und Vater befanden sich in den ›Kasernen‹. Vermutlich kam auch Sabina dort zwischen einzelnen auswärtigen Aufenthalten unter. Dabei half ihr womöglich der Chef der jüdischen Polizei, Bernard Eisenstein, da Sabina und seinen Sohn Imek eine jugendliche Liebe verband.

Kommandant des Borysławer Zwangsarbeitslagers war seit August 1943 Katzmanns vormaliger ›Judenreferent‹, SS-Obersturmführer Friedrich Hildebrand. Für Beitz bedeutete der Dienstantritt Hildebrands, den er als wenig intelligent erachtete, eher eine Ausweitung seines Einflusses. Die Zahl der *Karpathen-Öl*-Arbeiter lag im Laufe des Jahres 1943 bei bis zu 1.300 Menschen. Im November 1943 verlangte die Hauptverwaltung der Firma von ihren Betriebsleitern, neue Listen aller Arbeiter zu erstellen. Um die Fachkräfte zu behalten, war die *Karpathen-Öl* abermals bereit, andere den Mordkommandos zu überantworten. Beitz konnte sich der gewünschten Benennung ›entbehrlicher Juden‹ nicht ohne Konsequenzen widersetzen. Die 384 Menschen, die Beitz letztendlich als entbehrlich meldete, blieben allerdings zunächst von einer Ermordung verschont.

Angesichts der fast völligen physischen und psychischen Erschöpfung der Zwangsarbeiter und ihrer Hoffnungslosigkeit – kaum jemand dachte über den nächsten Tag hinaus – ist es umso erstaunlicher, mit welchem Mut und welcher Energie Sabinas Bruder und seine Freunde Verstecke im Wald bauten, um drohenden ›Aktionen‹ zu entgehen. Sabina kam dort im Frühjahr 1944 unter. Die Verhältnisse in Borysław hatten sich zu dieser Zeit völlig verändert. Berthold Beitz befand sich nicht mehr vor Ort, er leistete inzwischen Dienst bei der Wehrmacht. Die Rote Armee näherte sich unaufhaltsam. Die Häftlinge der beiden Zwangsarbeitslager in Drohobycz und Borysław wurden im April 1944 in das Konzentrationslager Plaszow bei Krakau verlegt. Viele hatten allerdings Beitz' Rat: ›Kinder, haut ab!‹ beherzigt und waren geflohen.

Hildebrand griff zu einer List. Er ließ einige Borysławer Juden, darunter Bernard Eisenstein, aus Plaszow zurückbringen. Sie konnten sich zunächst unbeaufsichtigt bewegen und sollten die Versteckten überzeugen, freiwillig zurückzukommen. Da ihre Lebensmittel nicht ausreichten, folgten – anders als Sabina – viele der Aufforderung. Zudem waren sie von der rechtsgerichteten Ukrainischen Aufstandsarmee bedroht, deren Anhänger aufgefundene Juden ermordeten. Schließlich änderte Hildebrand sein Vorgehen. Nun suchten Sicherheitspolizei, Ordnungspolizei und Wehrmacht systematisch die Wälder ab. Das Lager füllte sich wieder, ein zweiter Transport wurde nach Plaszow geschickt. Die Menschenjagd ging weiter. Sabina beschreibt, welche Tragik dies für ihre Nächsten und damit auch für sie besaß: Ihr Bruder und ihr Vater wurden, unter unbekannten Umständen, aufgegriffen. Hildebrand ließ Fischel und Josek Haberman am 19. Juli 1944 hinrichten. Zwei Tage später verließ der dritte Häftlingstransport Borysław – mit dem Ziel Auschwitz.

Als Sabina Anfang August 1944 nach dem Einmarsch der Roten Armee aus ihrem letzten Versteck herauskam, war sie völlig allein. Von ihrer Familie lebte nur noch ein Cousin namens Benio. Welchen Weg würde sie einschlagen? Noch lebten die Borysławer im Ausnahmezustand. Das Ende der deutschen Terrorherrschaft fiel hier, weit entfernt von der Reichsgrenze, keineswegs mit dem Kriegsende zusammen. In Ostpolen hatten wieder die Sowjets, Besatzer der Jahre 1939 bis 1941, das Sagen; »noch immer die alten Lumpen«, wie die Autorin schreibt. Bereits Monate vor der Kapitulation der Wehrmacht, die zu dieser Zeit Westpolen und halb Frankreich besetzt hielt, schuf Stalin im Osten vollendete Tatsachen. Der ›große Führer‹ aus dem Kreml und Vertreter des kommunistischen ›Polnischen Komitees der Nationalen Befreiung‹ in Lublin hatten bereits über den künftigen Grenzverlauf zwischen der Sowjetunion und Polen konferiert und die ›Evakuierung‹ der polnischen Bevölkerung aus dem erneut sowjetischen Ostpolen vereinbart. Nicht nur, dass sich Stalin seine Beute aus dem Pakt mit Hitler vom 23. August 1939 abermals sicherte, er erniedrigte die polnische Seite auch bewusst, indem er Polen zwang, den entsprechenden Vertrag mit den jeweiligen ukrainischen, litauischen und weißrussischen Sowjetrepubliken und nicht mit Moskau zu schließen. Polen verlor seinen Osten mit den kul-

turellen Zentren Wilna und Lemberg, die ›Kresy‹, endgültig, wurde mit
weiten Teilen Ostdeutschlands ›entschädigt‹ und so nach Westen verschoben. Nach der Unterzeichnung des sowjetisch-polnischen Abkom-
mens begann insbesondere zwischen Frühjahr 1945 und Sommer 1946
eine mehr oder weniger organisierte Umsiedlung, die ›Repatriierung‹
genannt wurde; doch es ging nicht um Heimkehr, sondern um Entwur-
zelung. Auch die übrigen polnischen Juden auf sowjetischem Boden,
nach 1939 oder 1941 dorthin geflüchtet oder deportiert, sollten ›repatri-
iert‹ werden. Unter jenen, die auf ihre Ausreise nach Westen warteten,
war auch Sabina.

Ziel dieser Transporte waren die nunmehr polnisch ›verwalteten‹
deutschen Ostgebiete: Schlesien, Ostbrandenburg, Pommern und Süd-
ostpreußen, aus denen wiederum die ansässige Bevölkerung ›ausge-
siedelt‹ wurde. Knapp sieben Millionen Deutsche lebten Ende 1944
östlich von Oder und Neiße. Nach dem Einmarsch der Roten Armee
waren diese Gebiete bis zum Frühjahr 1946 praktisch ein rechtsfreier
Raum, weil sich die polnische Verwaltung erst im Aufbau befand und
es zugleich Kompetenzstreitigkeiten mit den sowjetischen Komman-
danturen gab. Die deutsche Bevölkerung wurde Opfer von Angriffen,
Beraubungen und wilden Vertreibungen. Gemäß dem Potsdamer Abkommen vom Sommer 1945 war der polnische Staat für die »ordnungs-
gemäße Überführung deutscher Bevölkerungsteile« zuständig. Doch
die 1946 unter behördlicher Verantwortung einsetzenden Transporte
nach Westen waren unorganisiert und zuweilen tödlich. Auch die Anweisungen der polnischen Behörden, wie die Deutschen vor ihrer Vertreibung zu behandeln seien, waren von Rachegefühlen nach fast sechs
Jahren deutscher Besatzung geprägt, die Ernährungslage zudem prekär.

Den polnisch-jüdischen Überlebenden allerdings erschien Polens
neuer ›wilder Westen‹ sicherer als ihre Heimatorte im Inneren des
Landes. Denn dort waren sie nicht willkommen, ihre beabsichtigte
Rückkehr verlief zumeist traumatisch: Verwandte waren ermordet, ihr
Besitz in der Hand nichtjüdischer Nachbarn, der Antisemitismus weit
verbreitet. Im früheren deutschen Osten dagegen fingen Juden und Polen bei null an; für beide Gruppen gab es wirtschaftliche Möglichkeiten
für einen Neuanfang durch die Übernahme deutschen Besitzes. Etwa
7.000 Überlebende in schlesischen Städten wie Breslau, Waldenburg,

Reichenbach, Langenbielau oder Schweidnitz bildeten im Juni 1945 den Kern einer nun neu entstehenden jüdischen Welt. Im selben Monat sagte der Minister für Öffentliche Verwaltung seine Unterstützung beim »Aufbau eines neuen Lebens auf diesem Gebiet« zu, Warschau wollte Niederschlesien zu einem ›jüdischen Ansiedlungsrajon‹ machen. Ende Dezember 1945 lebten dort 16.000 Juden, im April 1946 – inzwischen hatten regelmäßige Transporte aus der Sowjetunion begonnen – 40.000. Möglicherweise zählte zu ihnen bereits die Autorin, die Borysław mit ihrem ersten Mann und ihrem Cousin Benio im Frühjahr 1946 verlassen hatte. Im Sommer des Jahres waren es schließlich etwa 90.000 polnische Juden. Außerhalb Niederschlesiens bildete sich auch in der Pommerschen Hafenstadt Stettin eine größere polnisch-jüdische Gemeinde mit – zu dieser Zeit – 20.000 Mitgliedern

Das Schlesien der Jahre 1946 bis 1949 war eine Landschaft der Ungleichzeitigkeit und des Vorläufigen. Zwischen übergesiedelten christlichen Polen und noch ansässigen Deutschen entstand eine jüdische Lebenswelt, in der die Traumatisierten des Holocaust an die zerstörte Kultur der Zwischenkriegszeit anknüpfen wollten. Jiddische Plakate hingen in den Straßen von Breslau, ein ›Niederschlesisches Jüdisches Theater‹ studierte Stücke ein, eigene Zeitungen und Bücher kamen heraus. Das jüdische Woiwodschaftskomitee war bemüht, umgehend ein jüdisches Schulsystem aufzubauen. Das stellte die Verantwortlichen vor große Herausforderungen. Gerade die Kinder der ›Repatrianten‹ aus der Sowjetunion sprachen in erster Linie Russisch, andere Schüler nur Polnisch oder ausschließlich Jiddisch; Letzteres sollte als Unterrichtssprache etabliert werden. Offenbar zählte ein Grundsatz der staatlichen Bildungspolitik vor 1939, die ›Polonisierung‹, nun nicht mehr. Dieser Umgang mit der sprachlichen Identität der jüngsten Generation wirft grundlegende Fragen nach der Stimmung und den Zukunftshoffnungen der Neuangesiedelten auf. Die Historikerin Katharina Friedla, die als eine der Ersten die jüdische Ansiedlung in Schlesien nach 1945 untersucht hat, weist darauf hin, dass nicht das Verhältnis zur Religion oder zum Marxismus die jüdische Bevölkerung spaltete. »Gerade Holocaustüberlebende«, schreibt sie, »waren vom Willen beseelt, sich eine neue und vor allem sichere Zukunft aufzubauen. Ein Teil dieser Juden sah seine Zukunft im sozialistischen Polen mit eigener Autonomie oder

Assimilation in die polnische Gesellschaft. Andere, wenige strebten dagegen von Anfang an nach der Gründung eines eigenen Staates, der ihnen Schutz und Gleichstellung garantieren sollte.« Als Menetekel überschattete diesen Versuch neuen jüdischen Lebens das Pogrom von Kielce in Zentralpolen, bei dem ein aufgestachelter katholischer Mob im Juli 1946 über vierzig polnische Juden ermordete und etwa achtzig verletzte.

Welchen Platz hatte die junge Sabina Kulawicz in diesem schlesischen Universum? Sie zeigte damals ihre jüdische Identität noch nicht wieder offen, bewegte sich aber in Kreisen der Borysławer ›Repatrianten‹. Hier fand sie, nach einer gescheiterten Beziehung zu einem katholischen Polen, ihren zweiten – jüdischen – Mann, Zdenek Wolanski. Innerlich hatte sie sich längst für die Auswanderung entschieden – nicht nach Palästina, sondern in die Vereinigten Staaten, da sie von dort im Juli 1946 der Brief eines Onkels erreicht hatte. Viele andere taten es ihr gleich. Das neue jüdische Leben in Niederschlesien ging ab 1949 unter kommunistischem Druck allmählich zugrunde, und es verschwand bis 1968 durch die antisemitischen Kampagnen der Warschauer Führung fast restlos.

Letztendlich wurde Australien das Land, in dem Sabina ein neues Leben beginnen und sich verwirklichen konnte – weit weg von den Schauplätzen ihrer Verfolgung und ihres Verlustes. Ihrer mutigen Entscheidung, sich auf den mühsamen und schmerzhaften Prozess einer Wiederbegegnung und Auseinandersetzung mit ihrer europäischen, jüdischen und polnischen Vergangenheit einzulassen, sind diese wertvollen Erinnerungen zu verdanken.

Ulrich Baumann · Uwe Neumärker

## DANKSAGUNG FÜR DIE DEUTSCHE AUSGABE

Fünf Jahre sind vergangen, seit das Denkmal für die ermordeten Juden Europas am 10. Mai 2005 eröffnet wurde und ich eine Rede im Namen aller jüdischen Holocaustopfer halten durfte. Es war ein außergewöhnlicher Tag, an den ich mich bis an mein Lebensende erinnern werde. Ein Tag, der für mich zugleich den Beginn einer unglaublichen und an wundervollen Erfahrungen reichhaltigen Reise darstellte, an deren Ende schließlich dieses Buch veröffentlicht wurde.

Im Jahr 2006 baten mich Shona Martyn und Amruta Slee von *HarperCollinsPublishers Australia*, meine Erinnerungen aufzuschreiben, und mit Unterstützung meiner Mitautorin Diana Bagnall kam die englischsprachige Ausgabe 2008 heraus.

Nunmehr bin ich begeistert, dass eine deutsche Übersetzung erscheint und *HarperCollins* für seine Großzügigkeit und Hilfsbereitschaft bei ihrem Zustandekommen sehr dankbar.

Ich möchte an dieser Stelle vielen Menschen danken, wenngleich Worte meine Gefühle kaum auszudrücken vermögen.

Vor allem gilt mein tief empfundener Dank Bundespräsident Prof. Dr. Horst Köhler, der in seinem Geleit so einfühlsame, wohlwollende und ermutigende Worte gefunden hat, und dem australischen Premierminister Kevin Rudd für sein scharfsinniges, gefühlvolles und anteilnehmendes Vorwort. Ich fühle mich sehr geehrt.

Ebenso möchte ich mich aufrichtig und herzlich bei Bundestagsvizepräsident Wolfgang Thierse für seine damalige Einladung zur Eröffnungsfeier und die Möglichkeit zu sprechen bedanken, außerdem beim Beauftragten der Bundesregierung für Kultur und Medien, Staatsminister Bernd Neumann, dessen Haus die Arbeit der Stiftung Denkmal finanziert, sowie beim früheren Australischen Botschafter in Deutschland S. E. Ian Kemish und seinem Nachfolger S. E. Peter Tesch, auch bei Günter Schlothauer von der Öffentlichkeitsarbeit der Vertretung in Berlin.

Darüber hinaus danke ich Dagmar Manzel für ihre Bereitschaft, bei der Buchpremiere am 11. Mai 2010 aus meinen Erinnerungen zu lesen.

Für immer dankbar bin ich Uwe Neumärker für seine Entschlossenheit, sein Engagement und seinen Einsatz, damit dieses Buch auf Deutsch erscheinen konnte, und für seine grundlegende Überarbeitung des deutschen Manuskripts, ebenso Ulrich Baumann für seine Sorgfalt beim begleitenden Lesen, Prüfen und Nachforschen. Uwe und Uli haben sich auf bewunderswerte und professionelle Art und Weise selbst kleinster Details angenommen.

Ein herzlicher Dank geht auch an Professor Dr. Konrad Kwiet, der die deutsche Übersetzung ebenfalls einer kritischen Überprüfung unterzog.

Besonderer Dank gilt meinem Ehemann Kjeld, der Tagebücher, Fotografien und Briefe gesucht und geprüft, sortiert und gescannt hat, aber vor allem meine Ungeduld ertrug.

Meine Wertschätzung gilt auch allen übrigen Mitarbeitern der Stiftung Denkmal für die ermordeten Juden Europas, die sich um die deutsche Ausgabe verdient gemacht haben: insbesondere Barbara Kurowska für die Übersetzung meiner polnischsprachigen Tagebücher in einigen Nachtschichten, gleichfalls Felizitas Borzym, Katharina Friedla, Adam Kerpel-Fronius, Leonie Mechelhoff, Anja Sauter und Lena Ostermay – sowie Jana Mechelhoff-Herezi und Doron Oberhand, die die Darstellung des Schicksals meiner Familie im Ort der Information damals mitbetreut haben.

Sydney, den 25. Februar 2010

# QUELLENNACHWEIS

S. 30: http://www.ghwk.de/2006-neu/raum7.htm (Zugriff am 4. Februar 2010)

S.43: Internationaler Militär-Gerichtshof Nürnberg: Der Prozess gegen die Hauptkriegsverbrecher vor dem Internationalen Militärgerichtshof, Nürnberg
14. November 1945 – 1. Oktober 1946. Bd. XXVI, S. 266 f. (Dokument 710-PS).

S. 44: Gedenk- und Bildungsstätte Haus der Wannsee-Konferenz (Hrsg.): Die Wannsee-Konferenz und der Völkermord an den europäischen Juden. Berlin 2006, S. 84.

S. 47: Sandkühler, Thomas: ›Endlösung‹ in Galizien. Der Judenmord in Ostpolen und die Rettungsinitiativen von Berthold Beitz 1941–1944. Bonn 1996, S. 420.

S. 52: Reder, Rudolf: Belzec. Krakau 1999, S. 49 (polnische Fassung).

S. 91: Internationaler Militär-Gerichtshof Nürnberg: Der Prozess, Bd. XXXVII, S. 391– 431, hier S. 405 (Lösung der Judenfrage im Distrikt Galizien, 30. Juni 1943, Dokument 018-L [Beweisstück US-277]).

S. 98: Fogelman, Eva: Conscience and Courage – Rescuers of Jews during the Holocaust. New York 1994, S. 38.

S. 179: Reinke, Renate: Antworte, Mensch! Bremen 1968, S. 236.

S. 223: Eisenman, Peter: Das Denkmal für die ermordeten Juden Europas. In Stiftung Denkmal für die ermordeten Juden Europas (Hrsg.): Materialien zum Denkmal für die ermordeten Juden Europas. Berlin 2005, S. 10–13, hier S. 10.

S. 237: Sandkühler, Thomas: ›Endlösung‹ in Galizien. Der Judenmord in Ostpolen und die Rettungsinitiativen von Berthold Beitz 1941–1944. Bonn 1996, S. 532.

S. 242f: Friedla, Katharina: Juden in Breslau 1945–1956. Der Neuanfang jüdischen Lebens in Niederschlesien nach dem Zweiten Weltkrieg. Unveröffentlichte Magistraarbeit, Berlin 2007, S. 72.

## AUSWAHLBIBLIOGRAFIE

Aly, Götz: ›Endlösung‹. Völkerverschiebung und der Mord an den europäischen Juden. Frankfurt/Main 1999.

Benz, Wolfgang; Distel, Barbara (Hrsg.): Der Ort des Terrors. Geschichte der nationalsozialistischen Konzentrationslager. Bd. 8: Riga, Warschau, Kaunas, Vaivara, Plaszow, Klooga, Chelmno, Belzec, Treblinka, Sobibor. München 2008.

Browning, Christopher R.: Ganz normale Männer. Das Reserve-Polizeibataillon 101 und die ›Endlösung‹ in Polen. Reinbek 1993.

Browning, Christopher R.: Der Weg zur ›Endlösung‹. Entscheidungen und Täter. Bonn 1998.

Bundeszentrale für politische Bildung (Hrsg.): Zwangsumsiedlung, Flucht und Vertreibung 1939–1959. Atlas zur Geschichte Ostmitteleuropas. Bonn 2009.

Fogelman, Eva: Conscience and Courage – Rescuers of Jews during the Holocaust. New York 1994.

Friedla, Katharina: Juden in Breslau 1945–1956. Der Neuanfang jüdischen Lebens in Niederschlesien nach dem Zweiten Weltkrieg. Unveröffentlichte Magistraarbeit, Berlin 2007.

Friedländer, Saul: Das Dritte Reich und die Juden. Die Jahre der Vernichtung 1939–1945. München 2006.

Gilbert, Martin: The Routledge Atlas of the Holocaust. London/New York 2002.

Gerlach, Christian: Krieg, Ernährung, Völkermord. Forschungen zur deutschen Vernichtungspolitik im Zweiten Weltkrieg. Hamburg 1998.

Gross, Jan T.: Fear – Anti-Semitism in Poland After Auschwitz. New York 2006.

Hilberg, Raul: Die Vernichtung der europäischen Juden. 3 Bd., Frankfurt/Main 1990.

Hertz, Aleksander: The Jews in Polish Culture. Illinois 1988.

Kola, Andrzej: Belzec – The Nazi Camp for Jews in the Light of Archaelogical Sources. Warschau/Washington 2000.

Kosmala, Beate: Ungleiche Opfer in extremer Situation. Die Schwierigkeit der Solidarität im okkupierten Polen. In: Benz, Wolfgang; Wetzel, Juliane (Hrsg.): Solidarität und Hilfe für Juden während der NS-Zeit. Regionalstudien 1: Polen, Rumänien, Griechenland, Luxemburg, Norwegen, Schweiz. Berlin 1996, S. 19–97.

Krausnick, Helmut: Hitlers Einsatzgruppen. Die Truppe des Weltanschauungskrieges 1938–1942. Frankfurt/Main 1998.

Kübler-Ross, Elisabeth: Reif werden zum Tode. München 2004.

Musiał, Bogdan (Hrsg.): ›Aktion Reinhardt‹. Der Völkermord an den Juden im Generalgouvernement 1941–1944. Osnabrück 2004.

Pohl, Dieter: Nationalsozialistische Judenverfolgungen in Ostgalizien 1941–1944. Organisation und Durchführung eines staatlichen Massenverbrechens. München 1996.

Reder, Rudolf: Belzec. Krakau 1999.

Reinke, Renate: Antworte, Mensch! Bremen 1968.

Sandkühler, Thomas: ›Endlösung‹ in Galizien. Der Judenmord in Ostpolen und die Rettungsinitiativen von Berthold Beitz 1941–1944. Bonn 1996.

Sandkühler, Thomas: Berthold Beitz und die ›Endlösung der Judenfrage‹ im Distrikt Galizien
1941–1944. In: Hirschfeld, Gerhard; Jersak, Tobias (Hrsg.): Karrieren im Nationalsozialismus –
Funktionseliten zwischen Mitwirkung und Distanz. Frankfurt/Main 2004, S. 99–126.

Schmalhausen, Bernd: Berthold Beitz im Dritten Reich. Mensch in unmenschlicher Zeit.
Essen 1991.

Schwarz, Chris: Photographing Traces of Memory – A Contemporary View of the Jewish Past in
Polish Galicia. Krakau 2005.

Stiftung Denkmal für die ermordeten Juden Europas (Hrsg.): Materialien zum Denkmal für die
ermordeten Juden Europas. Berlin 2005.

Stiftung Denkmal für die ermordeten Juden Europas (Hrsg.): Denkmal für die ermordeten Juden
Europas. Ort der Information. Berlin/München 2010.

Ther, Phillip: Deutsche und polnische Vertriebene. Gesellschaft und Vertriebenenpolitik in der
SBZ/DDR und in Polen 1945–1956. Göttingen 1998.

Wiesel, Elie: … und das Meer wird nicht voll. Autobiographie 1969–1996. Freiburg 1996.

# ABBILDUNGSNACHWEIS

Archiv Dr. Bernd Schmalhausen: ................................................................................. 4
Archiv für Philatelie der Museumsstiftung Post und Telekommunikation, Bonn: ...................... 23
Howard Moffat, AUSTIC: ......................................................................................... 2
Berthold Beitz: .................................................................................................. 22
Rita Braun: ...................................................................................................... 24
Deutscher Bundestag, Berlin: .................................................................................. 50
Wojciech Kryński: .............................................................................................. 46
Boris Mehl: .................................................................................................. 1, 49
MMCD NEW MEDIA GmbH, Düsseldorf: ...................................................... 54, 55, 56, 57
Muzeum Regionalne im. dr Janusza Petera w Tomaszowie Lubelskim: ............... 43, 44
Helmut Schiffmann: ........................................................................................... 45
Staatsarchiv Bremen: ......................................................................................... 14
Stiftung Denkmal: ............................................................................................. 52
Tomasz Wiśniewski Coll.: ...................................................................................... 3
United States Holocaust Memorial Museum, Washington D.C.: .................... 10, 12, 16, 18
Sabina van der Linden-Wolanski: ................................................................. alle übrigen
Żydowski Instytut Historyczny im. Emanuela Ringelbluma
w Warszawie: .......................................................... 30 (sygn. 1325 AJDC, Nr. 63), 32

# ORTSNAMENKONKORDANZ

Auschwitz – Oświęcim
Belzec – Bełżec
Bentschen – Zbąszyń
Breslau – Wrocław
Borysław / Borislau – Borislav
Danzig – Gdańsk
Drohobycz – Drogobyč
Fürstenstein – Książ
Glatz – Kłodzko
Kattowitz – Katowice
Kiew – Ky'iv
Königsberg – Kaliningrad
Köslin – Koszalin
Krakau – Kraków
Kulmhof – Chełmno nad Nerem
Langenbielau – Bielawa
Lemberg – L'viv (Lwów)
Lodz / Litzmannstadt – Łódź
Plaszow – Płaszów
Posen – Poznań
Prag – Praha
Reichenbach – Dzierżoniów / Rychbach
Sambor – Sambir
Schweidnitz – Świdnica
Sorenbohm – Sarbinowo / Skarbinowo
Stanislau – Ivano-Frankivsk (Stanisławów)
Stettin – Szczecin
Tarnopol – Ternopil'
Waldenburg – Wałbrzych
Warschau – Warszawa
Wilna – Vilnius (Wilno)

Abb. 3 und 4: Borysław, um 1930: Hölzerne Ölfördertürme prägten die Stadt und die Landschaft am Rand der Karpaten, das polnische ›Texas‹ in Ostgalizien.

Abb. 5: Chana und Joel Kulawicz, die Großeltern von Sabina, um 1930.

Abb. 6: Sabinas Vater, Fischel (›Filip‹) Haberman, um 1920.

Abb. 7: Sabinas Mutter Sala Haberman und ihr Sohn Josef (›Josek‹), um 1927.

Abb. 8: Borysław, um 1932: Sabina mit ihrem Kindermädchen Katarzyna (›Kasia‹).

Abb. 9: Borysław, um 1932: die Geschwister Sabina und Josef.

Abb. 10: Borysław, um 1936: Sala Haberman (Mitte) mit Sabina und Josef sowie einer Freundin, Frau Herzfeld, im ›Sonntagsstaat‹.

Abb. 11: Borysław, um 1935: Sabina (hinten, 3. v. l.) und Mitschülerinnen in ländlicher Tracht unter dem Spruch: ›Je mehr Schulen, umso mehr gute Bürger im Staat.‹

Abb. 12: Borysław, 1941: Josef Haberman (3. v. r.) und sein Freund Imek Eisenstein (hockend) mit Mitgliedern der zionistischen Jugendgruppe *Hashomer Hatzair*.

Abb. 13: Bescheinigung für Sabina Haberman, 9. November 1942. Der Nachweis über ihre angebliche Beschäftigung und Unterbringung bot gewissen Schutz vor der SS.

Abb. 14: das Ölfördergebiet um Borysław, 1943.

Abb. 15: Ghetto Borysław, 20. Januar 1943: Josef Haberman (ganz rechts) feiert seinen
19. Geburtstag; v. l. n. r.:  Rolek Harmelin, Ducek Egit, Sabina, Imek Eisenstein.

Abb. 16: Ghetto Borysław, 20. Januar 1943: Josef Haberman (vorn) mit seinen Freunden. Imek
Eisenstein (ganz rechts) war Sabinas Jugendliebe.

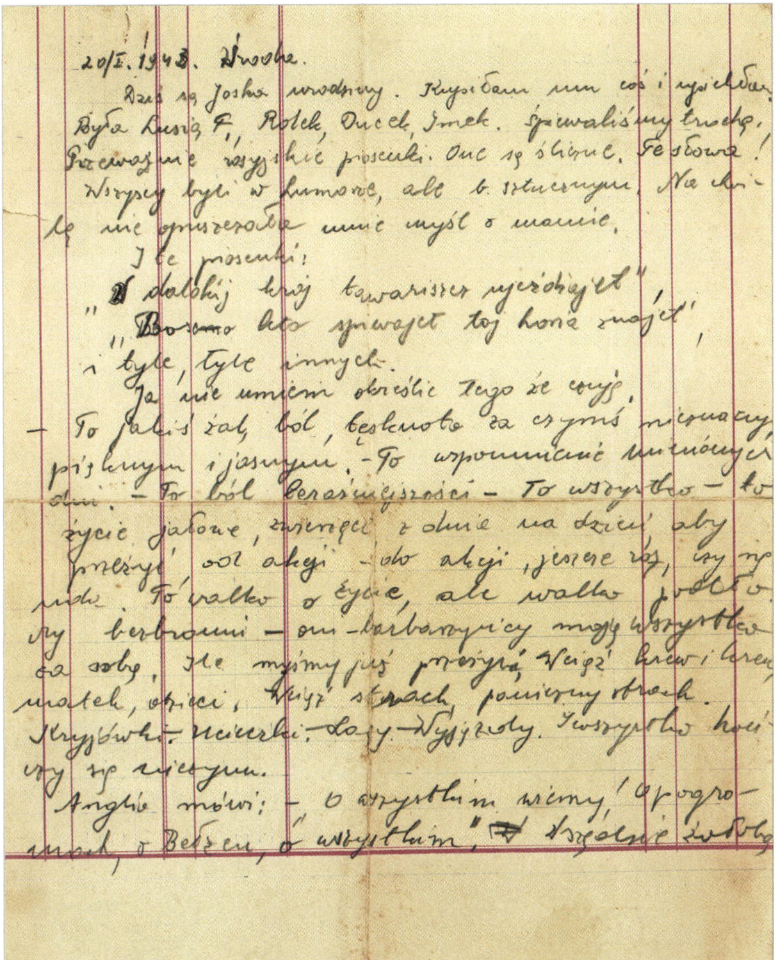

Abb. 17: Sabinas Tagebucheintrag zur Geburtsfeier Josefs, die sie angesichts des Verlustes der Mutter einige Monate zuvor als »etwas gezwungen« empfand.

Abb. 18: Borysław, 1943: Sabina (hinten links, mit abgewandtem Kopf) und weitere festgenommene Juden nach Entdeckung ihres Verstecks.

Abb. 19: Das von ukrainischer Miliz und Wiener Schutzpolizisten geräumte Versteck unter einem Kaninchenstall. Erkennbar sind Kleider, Bettzeug, Brote und Geschirr.

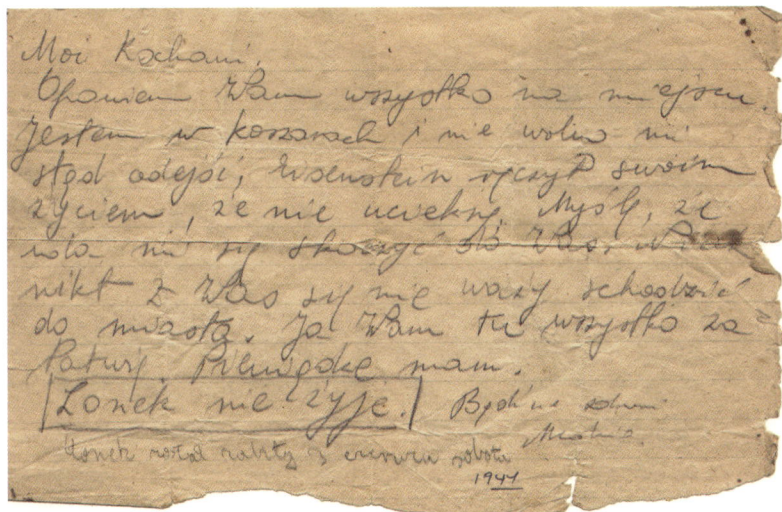

Abb. 20: Mitteilung von Mendzio Dörfler an seine Freunde (»Meine Lieben«) über den Tod Lonek Hoffmans, vermutlich Juni 1944.

Abb. 21: Lonek Hoffman, ein Freund von Josef Haberman und Mendzio Dörfler. Er wirkte maßgeblich am Bau von Verstecken in der Umgebung von Borysław mit.

Abb. 22: Galizien, Januar 1943: Berthold Beitz, kaufmännischer Leiter der *Karpathen-Öl-AG* in Borysław.

Abb. 23: Farbprobe für eine nicht verausgabte Briefmarke des Generalgouvernements mit dem Motiv der Ölförderung, geplantes Erscheinungsdatum war vermutlich Ende 1944.

Abb. 24: Edmund Blum nahm während der deutschen Besatzung unter dem Namen ›Machnicki‹ eine nichtjüdische Identität an und versteckte andere Juden, darunter Sabina.

Abb. 25: Borysław, 2. September 1945: Róża, die Cousine von Sabinas erstem Freund Imek, ist bis heute eine enge Bezugsperson.

Abb. 26: Borysław, 1944: die 17-jährige Sabina nach der Befreiung.

Abb. 27: Borysław, 1945: Sabina (rechts), Nina und Luka Fleischer mit Soldaten der Roten Armee.

Abb. 28: Polen, Ende 1946: Sabinas ›erster richtiger‹ Freund Janek (links), in der Uniform eines Offiziers der volkspolnischen Armee.

Abb. 29: Waldenburg, um 1948: Sabina mit ihrer Freundin Anda Katz, die mit ihr im Keller der Machnickis in Borysław versteckt gewesen war.

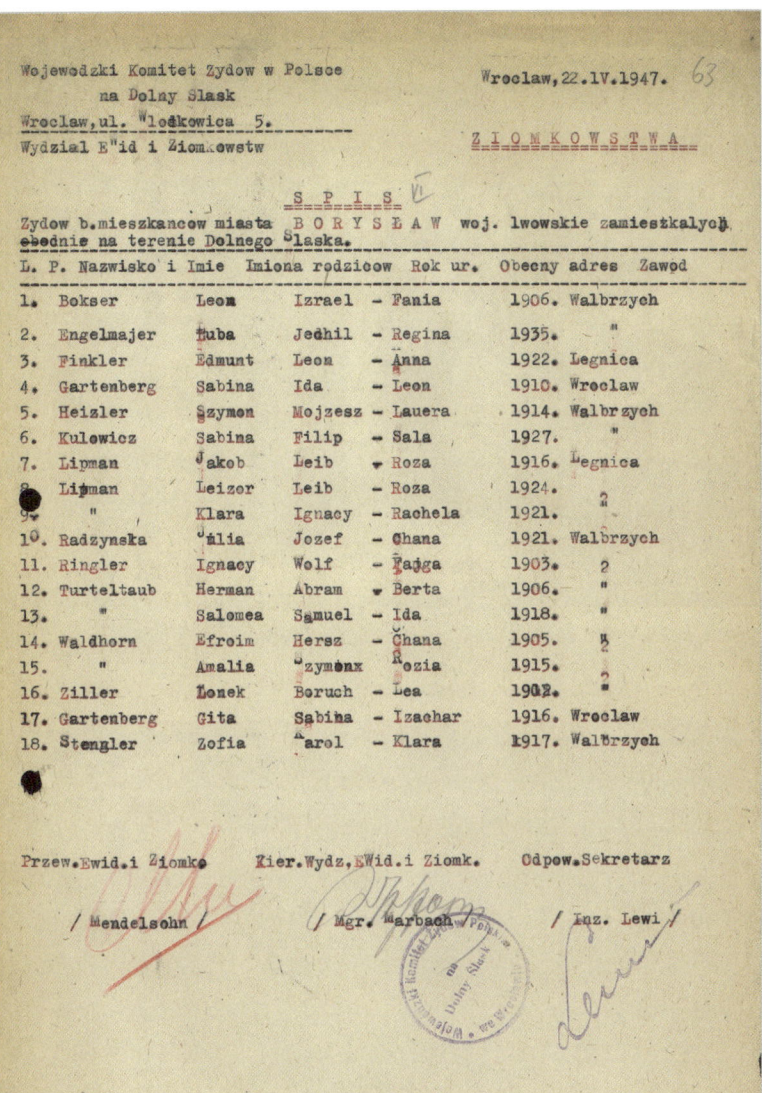

Wojewodzki Komitet Zydow w Polsce         Wroclaw,22.IV.1947.   63
         na Dolny Slask
Wroclaw,ul. Wlodkowica 5.
Wydzial E"id i Ziomkowstw          Z I O M K O W S T W A

S P I S

Zydow b.mieszkancow miasta   B O R Y S Ł A W   woj. lwowskie zamieszkalych
obednie na terenie Dolnego Slaska.

L. P. Nazwisko i Imie   Imiona rodzicow   Rok ur.   Obecny adres   Zawod

| L.P. | Nazwisko i Imie | | Imiona rodzicow | | Rok ur. | Obecny adres | Zawod |
|---|---|---|---|---|---|---|---|
| 1. | Bokser | Leon | Izrael | – Fania | 1906. | Walbrzych | |
| 2. | Engelmajer | Luba | Jedhil | – Regina | 1935. | " | |
| 3. | Finkler | Edmunt | Leon | – Anna | 1922. | Legnica | |
| 4. | Gartenberg | Sabina | Ida | – Leon | 1910. | Wroclaw | |
| 5. | Heizler | Szymon | Mojzesz | – Lauera | 1914. | Walbrzych | |
| 6. | Kulowicz | Sabina | Filip | – Sala | 1927. | " | |
| 7. | Lipman | Jakob | Leib | – Roza | 1916. | Legnica | |
| 8. | Lipman | Leizor | Leib | – Roza | 1924. | ? | |
| 9. | " | Klara | Ignacy | – Rachela | 1921. | | |
| 10. | Radzynska | Julia | Jozef | – Chana | 1921. | Walbrzych | |
| 11. | Ringler | Ignacy | Wolf | – Fajga | 1903. | ? | |
| 12. | Turteltaub | Herman | Abram | – Berta | 1906. | " | |
| 13. | " | Salomea | Samuel | – Ida | 1918. | " | |
| 14. | Waldhorn | Efroim | Hersz | – Chana | 1905. | R | |
| 15. | " | Amalia | Szymon | Rozia | 1915. | ? | |
| 16. | Ziller | Lonek | Boruch | – Lea | 1902. | " | |
| 17. | Gartenberg | Gita | Sabina | – Izachar | 1916. | Wroclaw | |
| 18. | Stengler | Zofia | Karol | – Klara | 1917. | Walbrzych | |

Przew.Ewid.i Ziomk.     Kier.Wydz.Ewid.i Ziomk.     Odpow.Sekretarz

/ Mendelsohn /      / Mgr. Marbach /      / Inz. Lewi /

Abb. 30: Liste der Borysławer Juden des ›Jüdischen Woiwodschaftskomitees von Niederschlesien‹ in Breslau, 22. April 1947. Sabina erscheint unter 6., wohnhaft in Waldenburg.

Abb. 31: Breslau, 1947: Verkauf jüdischer und jiddischer Zeitungen

Abb. 32: Reichenbach (Niederschlesien), um 1946: jüdische ›Repatrianten‹ aus der Sowjetunion.

Abb. 33: Sabina mit ihrer Schäferhündin Dolma in Waldenburg.

Abb. 34: Sabina im Hosenanzug mit Kollegen auf dem Gelände der Holzfabrik in Glatz.

Abb. 35: Sabina, Zdenek und Nina Heilig um 1948 in Niederschlesien unterwegs.

Abb. 36: Sabina und Zdenek (›Dennis‹) Wolanski 1948 in Paris.

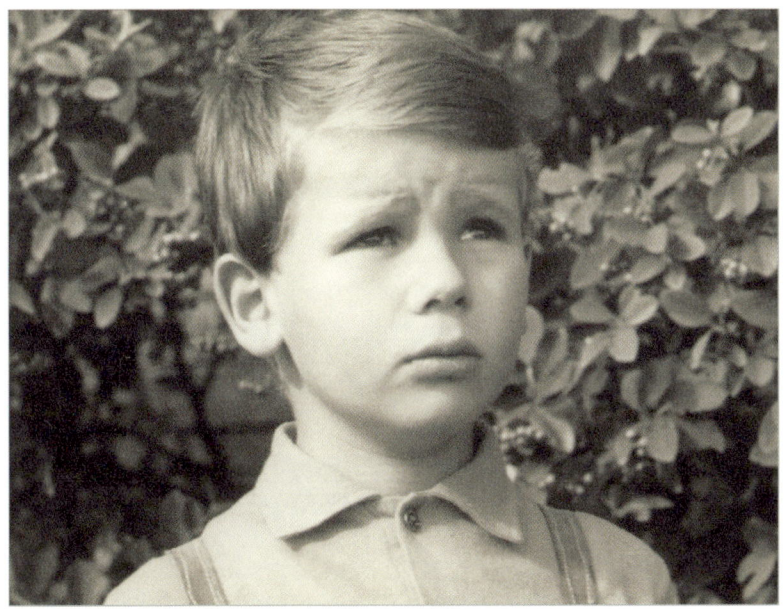

Abb. 37: Phillip Wolanski, Sabinas Sohn, im Alter von sieben Jahren.

Abb. 38: Sabina mit ihrer Tochter Josephine.

Abb. 39: Sydney, 1950-er Jahre: Sabina und Zdenek im Ausstellungsraum ihres ersten Geschäfts-projekts, dem Verkauf von Ansteckkrawatten.

Abb. 40: Sabina mit ihrem dritten Ehemann, Adrian van der Linden, 1968.

# 14jährige verlor Vater und Bruder

## „Hildebrand ließ sie töten" – Auch Mutter wurde erschossen

Die erschütternde Leidensgeschichte der heute 36jährigen Sabina Wolanski aus Sydney in Australien stand gestern im Mittelpunkt des Judenmord-Prozesses gegen den 64jährigen ehemaligen SS-Obersturmführer Fritz Hildebrand. Vater und Bruder der Zeugin, der 46jährige Kaufmann Fischl Habermann und sein 20jähriger Sohn Josef, waren am 19. Juli 1944 angeblich auf Befehl des Angeklagten im Zwangsarbeitslager Boryslaw von drei SS-Männern nach einem Fluchtversuch erschossen worden. Mit ihnen zusammen wurde auch der jüdische Lagerinsasse Immanuel Derfler getötet.

Die damals 14jährige Zeugin hatte nach ihren Angaben von der Ermordung ihres Vaters und ihres Bruders aus dem Munde anderer Leidensgenossen gestern erfahren, als sie von der Arbeit ins Lager zurückgekehrt war. „Zuerst wollte man mir davon überhaupt nichts erzählen, aber ich las an den Gesichtern meiner Freunde, daß etwas Furchtbares geschehen sein mußte. Dann erfuhr ich die Wahrheit. Ich wollte zu Hildebrand gehen und ihn auffordern, mich ebenfalls erschießen zu lassen — mein Leben schien sinnlos geworden zu sein", berichtete Sabina Wolanski unter Tränen. Man habe sie jedoch davon abgehalten.

Die ihr gegebene Schilderung von der Erschießung deckte sich genau mit den Angaben anderer Überlebender, die Zeugen der Exekution geworden waren.

Zuvor hatte Sabina Wolanski von der Festnahme ihrer Mutter im Getto von Boryslaw berichtet. Sie sei damals elf Jahre alt gewesen und habe sich angsterfüllt an den Rock ihrer Mutter geklammert. SS-Leute hätten sie jedoch zurückgestoßen und die Mutter mit etwa 600 Juden in das Kino „Collosseum" gebracht. Von dort aus sei ihre Mutter zur Erschießung abtransportiert worden. Sie selbst sei später ins Lager Boryslaw gekommen.

„Als Hildebrand 1943 Kommandant wurde, da wußten wir, was uns erwartet. Er hatte in Mensinger einen furchtbaren Adjutanten gefunden, der jede Gelegenheit nutzte, um Juden zu erschießen oder zu mißhandeln", sagte die Zeugin. Ihr sei es unverständlich, wie Hildebrand diese ganzen Taten vor seinem Gewissen verantworten könne. Die Zeugin war nach der Ermordung ihres Vaters und ihres Bruders aus dem Lager geflüchtet.

M. H.

Abb. 41: Presseartikel zu Sabinas Aussage vor dem Bremer Landgericht am 20. Februar 1967.

Gestern im Bremer Schwurgerichtssaal: Friedrich Hildebrand (rechts), seit elf Monaten vor Gericht, wartet auf die Urteilsverkündung. Wenige Minuten später hörte er: Lebenslänglich!

Abb. 42: Bremen, 13. Mai 1967: Friedrich Hildebrand am letzten Prozesstag. Das Gericht verurteilte ihn zu einer lebenslänglichen Haftstrafe.

Abb. 43 und 44: Belzec, nach 1944: das ehemalige Lagergelände nach dem Einmarsch der Roten Armee. Die SS hatte versucht, alle Spuren der Vernichtungsstätte zu beseitigen.

Abb. 45 und 46: Belzec, Juni 2002 und Sommer 2005: das Gelände vor und nach dem Neubau der Gedenkstätte.

Abb. 47: Borysław-Mraźnica, 1993: Sabina am Tor des ehemaligen Zwangsarbeiterlagers der *Karpathen-Öl-AG*.

Abb. 48: Borysław, 1993: Sabina mit ihren Kindern an jener Stelle, von der aus sie 1944 die Deportation der letzten Borysławer Juden nach Auschwitz beobachtete.

Abb. 49: Berlin, 10. Mai 2005: Sabina an der Seite des Bundespräsidenten, des Präsidenten des Bundesverfassungsgerichts und des Bundestagspräsidenten.

Abb. 50: Berlin, 10. Mai 2005: als Rednerin beim Festakt zur Eröffnung des Denkmals für die ermordeten Juden Europas.

Abb. 51: Sabina mit ihrer Tochter Josephine, ihrem Sohn Phillip (verdeckt) und dem Enkel Remy Dennis vor der Darstellung ihrer Familie im Ort der Information.

Abb. 52: Berlin, 13. September 2006: Im Rahmen der Vorbereitungen zu ihrer Autobiografie besucht Sabina erneut das Holocaustdenkmal.

Abb. 53 : Sydney, 2007: Sabina feiert im Kreise ihrer Familie den 30. Jahrestag ihrer ›Ehe ohne Trauschein‹ mit Kjeld Hansen.

Abb. 54: Ostmitteleuropa im August 1939, kurz vor Beginn des Zweiten Weltkriegs.

Litauen

Wilna

Minsk

Sowjetunion

Białystok

Polen

Lublin

Kiew

Hureczko
Lemberg
Przemyśl
Drohobycz
Borysław
Truskawiec

Rumänien

Abb. 55: Das besetzte Polen im Dezember 1939.
Borysław und das gesamte östliche Galizien befinden
sich unter sowjetischer Herrschaft.
Gepunktete Linie: Grenzen Polens im August 1939.

Königs-
berg

Danzig

Stettin

Berlin

Posen

Warschau

Lodz

Deutsches Reich

Breslau

General-

Prag

Kattowitz

Krakau

Protektorat
Böhmen und Mähren

Slowakei

Wien

Ungarn

Budapest

Wilna

Minsk

Sowjetunion

Białystok

Lublin

gouvernement

Kiew

Hureczko

Lemberg

Przemyśl

Borysław

Drohobycz

Truskawiec

Rumänien

Abb. 56: Das besetzte Polen nach dem deutschen
Angriff auf die Sowjetunion, Sommer 1941.
Das Generalgouvernement, ein ›Nebenland‹ des
Deutschen Reichs mit eigenen Zollgrenzen,
wird um Ostgalizien erweitert.
Gepunktete Linie: Grenzen Polens im August 1939.
Detailkarte: Distrikt Galizien.

Königsberg

Danzig

Stettin

Berlin

Posen

Warschau

Kulmhof

Lodz

Deutsches Reich

Breslau

General-

Prag

Auschwitz

Krakau
Plaszow

Protektorat
Böhmen und Mähren

Slowakei

Wien

Ungarn

Budapest

General-
gouvernement

Reichskommissaria
Ukraine

Distrikt Galizien

Hureczko

Lemberg

Przemyśl

Tarnopol

Sambor

Drohobycz

Borysław
Tustanowice
Truskawiec

Stryj

Stanislau

Nadwórna

Karpaten

Bug

Dnjestr

Sereth

Pruth

Ungarn

Rumänien

Reichs-
kommissariat
Ostland

Bezirk
Białystok

Białystok

Treblinka

Sobibor

Lublin

Majdanek

Belzec

gouvernement

Hureczko

Lemberg

Przemyśl

Borysław

Drohobycz

Truskawiec

Distrikt
Galizien

Reichskommissariat
Ukraine

Kiew

Rumänien

Abb. 57: Polen nach dem Potsdamer Abkommen 1945.
Gepunktete Linie: Grenze Polens im August 1939.

Wilna

Minsk

Białystok

Sowjetunion

Lublin

Kiew

Belzec

Hureczko

Lemberg

Przemyśl

Borysław   Drohobycz

Truskawiec

Rumänien

Stiftung
Denkmal für die
ermordeten Juden
Europas